重新定義人生下半場

新中年世代的生活宣言

●芭芭拉·布萊德里·哈格提—著
●賴皇伶—譯

LIFE REIMAGINED:
THE SCIENCE, ART, AND OPPORTUNITY *of* MIDLIFE

BARBARA BRADLEY HAGERTY

目次

第1章 結束與另一個開始

步入中年

二〇一二年九月五日，充滿考驗的一天。我花了整個下午推敲字句，回應一位聽眾，因為他不喜歡前一晚《通盤考量》（*All Things Considered*）節目中的一則報導。我在美國全國公共廣播電台，負責宗教線新聞很多年了。每次播出一則報導，就要做好準備，接收如冰雹般來襲的憤怒電子郵件。

我從未適應這樣的情形，何況這封電子郵件令人格外覺得難受。就在送出這封回覆之際，我的胸口出現劇痛，呼吸又急又淺，背部一股熱流上竄。我很驚慌，趕快上網查詢「心臟病發作＋女性」，所得到的結果卻讓人更加不安——畢竟網路上與健康相關的回答，有哪個能令人心安的呢？我撥打行動電話給主治醫師布萊德．穆爾，盡可能平靜地描述自己的症狀。

「呼吸短促聽起來不太對勁，」他說，「請你馬上撥打119。」

「好，我會這麼做……」話還沒說完，整個房間突然傾斜，我的眼前一片黑暗。當我睜開眼睛，同事約翰．依德司提正把一件柔軟的毛衣塞到我的頭下。「救護車快到了。」他輕聲地說。我又聽到同樣也是由穆爾醫師主治的史考特．賽門，引導救護人員到我的辦公隔間。穆爾醫師在電話那頭聽出我昏倒了，馬上打電話請賽門幫忙。

救護車抵達喬治華盛頓大學附設醫院時，我覺得還好——事實上是好到可以回家。我向護理師解釋，我是個注重健康的女性，每天都參加早上六點鐘的飛輪有氧課程，心臟不可能有問題。護理師看著我，給了我醫院的病人服，瞄了一下手上的紀錄。

「你，五十三歲，對嗎？」她問。這個數字聽起來好像一種臨床病症，例如糖尿病。「我想我們還是留你住院觀察一晚。」

那時我才意識到，我生病了：一種稱爲「中年」的身心狀態，病徵是三十幾歲的自我形象與五十幾歲的現實之間出現了落差。每回我經過鏡子，看到自己出現皺紋的臉，模樣與母親五十幾歲時類似，就已察覺出這種病症。工作中也不經意注意到，年輕又充滿志氣的我，堅持自己應該爭取去採訪突發的重大事件；然而，另一個與生理年齡相符的自己卻聳聳肩，只想在晚上好好睡個覺，而不是熬夜。穿著病人服、坐在醫院裡，我承認自己愈來愈多時候有如推著滿滿一車尚未實現的抱負，行走在遍布碎石的陡峭小路上，雖然筋疲力竭，但卻不知道怎樣才能活得不一樣。

我沒有太多時間單獨思考。幾分鐘後，我的丈夫戴文、哥哥戴夫、穆爾醫師、在約翰霍普金斯大學附設醫院擔任外科醫師的好友瑪提．馬卡禮，全都到了，大家在急診室的一角開始一個小小的聚會。我們五個人邊聊邊笑，我的行動電話電子郵件收件匣開始湧入電台朋友與同事的來函，因爲有人發了全體收件的電子郵件，因此大家都知道了。我的好朋友麗比．路易司打電話告訴我，明天一早就會來看我。我感受到被愛與被珍惜。之前我怎麼沒想到要使用這個絕招？

所有的人終究離開了。午夜兩點，我轉到病房，幾小時後醒來，頭部隱隱作痛，聽到鄰床持續的嘟嘟聲。我凝視天花板，想著家人和朋友，還有我多想喝杯咖啡。六點半我打電話給戴文，問他能不能外帶一杯雙倍義式濃縮咖啡給我。他接到我的電話時，正準備要出門。

「你需要打電話給戴夫。」他說。

「爲什麼？」

「就打個電話給他嘛！」他不太自在地說。

我直覺知道：爸爸過世了。實情是，那天清晨五點，父親過世了，享年九十一歲。

我出院那天晚上，我們一家人與幾個朋友到哥哥家吃晚餐。

「這不是昨天晚上應該去探望的親戚嗎？看來我弄錯了。」戴夫領我們進門時，有點嘲弄地說。笑一笑，感覺還不錯。

我們圍著廚房裡的餐桌，開始分享有關父親的故事。我們想起他六十九歲時學會搖擺舞，以及七十四歲、也就是離婚兩年後，在教會中瞥見南西，如何以魅力與忠誠贏得芳心，最後讓南西願意嫁給他。我們談到父親多麼信任我：三年級時，我的課業落後，他花了很多時間教我寫功課，並在黃色便條紙上寫下他的祈願。我們回想起他每天凌晨兩點到三點念法文，自學字彙與文法。雖然他的法文程度始終沒有太大進步，但是他一直堅持就算做得不好，有些事還是值得去做。我想父親的意思是：即使沒有這方面的天賦，即使成效普通，有些事本身就有其價值，值得花費時間並付出努力。父親人生的最後幾年，身心俱殘，幾乎看不見、也聽不到，並且失智，但依然熱情地過每一天，直到最後。

聽到我父親過世的消息，賽門寫了一張小卡片給我。他認識爸爸，因爲他們是同一家健身中心的會員，偶爾還會一起喝咖啡。父親對於賽門的名氣一無所悉。賽門提到他告訴妻子卡洛琳，關於我有驚無險的健康狀況以及我父親過世的消息。

「卡洛琳對我說：『親愛的，不管身心多麼衰弱，人仍然感覺得到來自子女的牽絆。吉恩希望自己先走一步。』」賽門這麼寫道，「我們相信，雖然不曉得吉恩怎麼會知道你需要幫忙，但是他露出難以置信的燦爛笑容對上帝說，『芭比還有好多事要做。我準備好了，帶我走吧！』上帝說：『吉恩，成交。』」

直到現在，即使過了好幾年，這些字句還是會讓我掉淚，它們提醒我，父親愛我有多深，願意毫不猶疑地以他的生命交換我的。賽門所寫的還啓迪了一個更大的眞相：我的人生進入另一個階段。父親走了，而我還在世上，表面上很健康，不過深知只要一件事造成壓力，就可能把我送進醫院，甚至會出現更糟的情況。我看到再過不久就會輪到哥哥和我，我們是接著倒下的世代。

五十三歲，我對自己有限的生命，有了一番新的體認。現在，我要怎麼做？

中年的一個迷思和三個事實

接下來兩年，我探究中年，在美國四處奔走，採訪超過四百位研究人員及普羅大衆，其中有研究大腦的科學家、婚姻治療師、心理學家、遺傳學家，也有腎臟捐贈者、頂尖運動員，試圖理解怎樣才能在中年持續茁壯成長。結果是，我認爲我們對四十歲、五十歲、六十歲世代的了解不夠多，但是在許多方面，這卻是人生的關鍵階段。中年不是人生越過的領空，而是忙碌的轉運點，在世上後續的旅程，端看這時所做的決定。我所學到的令人喜出望外，改變了我面對每一天的方式。

中年聲名狼藉，因爲無法擺脫與「危機」的關聯而受到牽累。

有關中年的負面謠傳始於一九七〇年代，蓋爾．希伊（Gail Sheehy）與其他人對中年的刻板印象是，在這個階段，人生天翻地覆，對於存在的恐懼蜂擁而來，無精打采感到洩氣，夢想失落飽受折磨，或是三者都有。在《人生變遷》（*Passages*）一書中，希伊寫出了「絕望的四十歲世代」、「認命的五十歲世代」。最後這些觀念擄獲大衆想像，化身爲奧斯卡得獎影片的電影情節，經常成爲行爲不檢點的藉口。根據中年危機的說法，少數剛強或幸運的人可以免於落入泥沼，但是大多數的我們都無法逃避這種情緒困境。社會如此看待中年，我們也認爲人人都有「中年危機」。

中年危機實際上沒有太多確鑿的證據，只有數十年前進行的幾個小型初步研究。現今研究人員在人生不同階段，進行長期追蹤調查、檢視受測者的腦部、解析他們的期望與恐懼，觀察他們如何處理愛與疏離、創傷與死亡、善與惡，進而指出中年是更新，而不是危機。在這個階段，你的人生換檔，也許會暫停，但是不會持續停滯。事實上，你將朝新的領域邁進，奠基於對過去經驗的理解，形塑充滿展望的未來，而這樣的時刻令人振奮、而非害怕。

這不是說中年人興高采烈又無憂無慮。如果人生的快樂曲線呈U字形（研究人員認為可能是如此），那麼，四十歲及五十歲世代正好處於曲線的低點。兒女的要求很多，父母卻逐漸衰弱，他們在兩者間來回穿梭，工作上還要擔負重責大任。他們的睡眠與運動都不足，卻吃得太多。不過，九成的人並沒有陷入危機。中年倦怠相當普遍，但是不要把合理的現象貶抑為刻板印象。

當我開始這個無可否認的利己研究計畫時──畢竟這點與你我都有關──我知道需要審視什麼。有如第一次來美國的觀光客，手握著必看景點清單：到了華盛頓特區一定要去看白宮，到了亞歷桑納州要去大峽谷，紐約市則是自由女神像。不過即使到過這些地方遊歷，除非你吸取了一些關鍵的概念：民主、追尋幸福、宗教自由、永遠樂觀，否則你無法眞正了解這個國家。

同樣的，關於中年，有些主題不容我遺漏：（沉悶的）工作、（疏遠的）婚姻，以及需要對外投入、或稱為「傳承創新」（generativity），這是心理學家艾瑞克．艾瑞克遜（Erik Erikson）奉為最足以界定中年的特性。不過當我看看周遭，發現另外三個主題有助於活出豐盛的中年，甚至是不可或缺的。

熱情參與。情感上自生命中的任何一部分退縮，譬如配偶、子女、工作，有如停止供應氧氣，最終將導致死亡。聽起來很悲慘，但這正是我想強調的，因為以下這個領悟不斷浮現：隨波逐流，終將邁向死亡。選擇投注精力之處，並且刻意地這麼做，因爲邁向充滿活力的中年，最清晰的路徑是有自覺的參與。

對年過四十的人，某些方面的最佳典範是十八歲以下的人。兒童用功研讀，學習新技能，全心投入新事物。初學者都會失敗，直到挫折轉變爲成功。他們冒險建立與維持友誼，即使有時會受傷。中年的功課是：在婚姻中注入熱情與敞開，當然這需要努力；重新評價工作，不單爲了收入，也爲了意義，這需要勇氣；想鍛鍊變老的腦，這需要花力氣。但是研究成果很明確：參與你覺得重要的事，喜樂與滿足就會增加，不僅在當下，而且在未來的年歲中皆是如此。

選擇意義，而非快樂。「大家都高估了快樂。」卡羅．瑞夫（Carol Ryff）告訴我。瑞夫是威斯康辛大學心理學家，主持一個大型研究計畫，稱爲「中年在美國」（Midlife in the United States，簡稱 MIDUS）。瑞夫與其他科學家，二十幾年間追蹤上千人，從中年到晚年，用所有可能的方法，衡量他們的健康幸福狀況：體能、情緒、心理、生理、神經。研究人員整理成疊的資料後，歸納出追逐快樂可能適得其反，但是尋求亞里斯多德所謂的「幸福」，則幾乎不會失敗。

對亞里斯多德而言，幸福的概念是人蓬勃發展，追求賦予生命意義的長期目標，而不是短暫的快樂，有如注射一劑多巴胺。這種滿足來自於教養出優秀的子女，或是參加奧林匹克運動會訓練，意味著依循自己獨特的天賦與能力，找出人生目標。這是所有人終極的探索，在中年則顯得格外急切，因爲我們看得到自己距離終點其實沒剩下多少年了。

發掘及追求更深的意義，實際上還有個出乎意料的好處：使人強健。數十項研究發現，如果每天早上有讓你起床的理由，不單可使你更長壽，老年過得比較快樂，也有助於維持記憶力。在面對令人害怕的疾病時，存活的機會可以提高，甚至活得更好。長期的健康與快樂取決於有意義的生命，這比教育或財富更為重要。即使這不是萬靈丹，也相當接近了。

你怎麼想，就怎麼經歷。你的想法可能形塑了你所體驗的世界、工作、關係、健康及快樂。請注意，我不是說只要哼著愉快的曲調，就會讓你變得健康、有錢、有智慧——至少不完全是。你我的人生，有一大部分受到生理與生活環境影響。遺傳——父母是誰、精神或身體是否容易患病、情緒的基準點——有如風推動著生命的小船，朝一定方向走。環境對你也有所控制，如同強大的水流：你在安全、鼓勵成長的家庭中長大，還是在分裂、虐待的家庭中成長？是否受過良好的教育？貧窮還是富裕？你已婚、有工作、信仰虔誠嗎？

不過還有一個稱為「舵」的機制，也就是你的想法——如何面對勝利與挫敗、歡喜、痛苦與失落等無人能倖免的事——決定了你快樂的程度。專家認為，百分之三十至四十的快樂，取決於個人的想法與行動。這個舵無法保護你穿越海洋時不會遇到暴風雨，但是絕對可以影響你多麼享受這趟旅程。

今天的想法與態度，指引明天、後天、大後天的境遇。

迂迴的旅途

如果現在你身處中年（大概是四十歲至六十五歲之間），你的中年將與父母的中年大不相同。你活超過八十歲的機率很高，可能已經結過兩次婚、有兩種以上的職業；健康會更好且更持久，也會有更多時間和身心靈敏度，去參加鐵人三項競賽、學中文、寫小說或創立非營利組織。同時，世界不再充滿無限的可能，你迄今所做的決定，將爲未來設限。你將面對與父母不同的問題、挑戰與選擇，所以他們所有的智慧已不足以應付，你必須自己找出解答。

直到最近，科學家很少注意到中年。研究人員對於〇歲至二十五歲的人格外著迷。爲什麼不呢？在這個人生階段，神經與社會發展有如亂竄的野馬，多元又有活力。如果活到七十五歲以上（活到一百歲以上更好），你將再度成爲科學詳細探究的對象。不過在中年階段，大多數的人健康且有生產力，忙著經營家庭並苦於中年倦怠，這些年有如廣闊的沙漠，是研究上的不毛之地。

然而，研究正如同海嘯般轉向，從生理學及遺傳學，乃至心理學及神經科學，汲取對中年的新認識。現今研究人員不再片段的觀察中年，而是長期追蹤研究，仔細了解成功老化的人，從中蒐集他們的祕訣，以幫助我們這一代。研究正在證實我們直覺上認爲的：你可以在中年時採取某些步驟使自己茁壯成長，爲晚年立下良好的基礎。

吸收有如瀑布般落下的新研究，有時感覺好像從消防栓啜飲。不過身爲記者，每當我想述說一個複雜的故事，就會想起我最喜歡的一個新聞寫作建議：時序是良友。這就是本書的藍圖。我會描述自己研究中年的這一年，是怎樣進展的。在這段期間（以及之後一小段時間），我親身經歷了每一章所談到的主題，有時我並不想要，有時則讓人痛苦。靈光乍現有些幫助。每個月似乎啓動了有關中年的一個獨特概念，這純屬偶然，例如三月開始有關「腦部」的研究，六月則圍繞著「婚姻」。還好這不表示有關這些題目的探索在某個月就結束了，不過某個主題卻在那個月顯得特別鮮明。

學習中年的藝術與科學，比較像是身處濃密的森林中，在沒有指南針的情況下揮刀清理樹叢，而不是在州際高速公路上開車，出口有明確的指標。整個過程很雜亂、無法預測，甚至充滿矛盾。這段期間我進了急診室兩次——其實是三次，如果把我誤吞六顆 Percocet[1]，而不是六顆 Prednisone[2] 的那一次也算進去的話。我參與所謂的「資深奧運會」（Senior Olympics）訓練，也裝了助聽器。在九十一歲的母親摔碎了股骨後，協助照顧她，希望她能活下來，但是也放手讓她選擇死亡。我重新審視友誼、調整工作，另外在喉嚨出現無情的強烈疼痛時，學會運用神經可塑性的原理試圖緩和。

那些認為生命無趣的人，從來沒有經歷過中年。

享受當下這一刻

二〇一三年一月一日，我從晴朗寒冷的華盛頓特區，開車到孤單、黑暗、嚴寒的麻薩諸塞州威廉斯鎮。在我暫時離開美國全國公共廣播電台，開始「寫書假」的第一天，其實感到憂煩苦惱。我原本想像這本書將是遍查中年科學的個人長征，但是又擔心自己承諾得太多了。有一章是關於如何訓練中年大腦、提升智能，這我做得到（第三章）；從線上交友網站學習讓婚姻持久的祕訣，這也還可行（第六章）；但是有關中年嗜好那一章，我在裡面建議「騎自行車橫越美國」（第七章）！我有沒有發現單單每天騎自行車八十公里，就會花掉兩個月的寫書假？

抵達威廉斯鎮時已經接近午夜，氣溫是攝氏零下二十一度，我拖著行李箱、電腦、印表機、三箱研究文獻，爬上租屋處結冰的樓梯。未來四週，我會在母校威廉斯學院教授一門寫作課程，有十名學生。當你沒有親生子女，就必須找些方式充當對下一代的投資，這是健康中年的特徵之一。不只如此，我希望這門課可以在心靈中埋下一些蛻變的種子，讓我將慷慨變為本能，不要把焦點盡都放在自己在意的事情上。事實上，我暗自希望寫這本書會改變我。

在天寒地凍的那一日重新開始，我直覺地認為人不太可能改變。我想我還是當初那個女孩，在大學圖書館裡認真讀書，而不是跟朋友一起吃晚餐；害怕在下次越野賽中又讓同隊的隊員失望，卻從來不會停下來對自己說：「沒錯，就是現在，在這個非常幸福的時刻，我很快樂。」我還是那個被幼稚園老師叫到教室前面的女孩，說我是「班上的擔心大師」；這是很苛刻的評語，卻有先見之明。我還是那個女孩，七歲時在科羅拉多州的農場裡愛上騎馬，每天早上皺著眉頭，臉色有如即將下雷雨般陰暗，意志堅定地朝著畜欄前進，騎上名為「狂奔」的白色小馬，整天騎，持續一整個星期。我墜入愛河，隨著馬兒的震動，年輕的靈魂飛騰，但卻面容焦慮，看到的人會以為我即將受到水刑。我專注到忘了微笑。

我懷疑，即便只是枝微末節，我們有可能改變嗎？中年的人，注定因為本性與半輩子的慣

1 譯註：含鴉片成分的強效止痛藥。
2 譯註：緩解過敏的類固醇藥。

性，只能順著感覺上荒涼而不是有意義的路徑走下去嗎？我們可以重新設定期望、再次協商關係，看看指南針而調整方向嗎？我們對人生可以有另一種想像嗎？在這個時刻，我真的不知道。

一年半後，時值七月底，母親九十三歲生日前幾天，我們在她最喜歡的咖啡館見面，母女倆在露台上喝咖啡。如同往常，她的穿著無可挑剔：長袖黑色襯衫、米色長褲，搭配鑲著黑色緞帶的棕褐色草帽。氣溫大概有攝氏二十九度，但是母親毫不在意，她一心享受與女兒的約會。

「昨晚上床前，我想著這個時刻。今早起床時，我也如此想。」她說，即使我幾乎每天都會看到她。

幾分鐘後，協助我進行研究的年輕記者戴思瑞．摩希加入我們。母親花了幾分鐘問候她生活中的一切。最終，我把話題轉向母親。

「戴思瑞，你知道嗎？」我說，「在培養哥哥與我的品格方面，我的父母採取分工，母親教導我們正直，父親教導我們延遲享受。」

我停頓了一下。

「有時候，我想知道是不是該停止延遲並開始享受。」

母親驚訝地看著我。

「親愛的，就是**現在**！」她舉起手臂說，有如裁判確定達陣時的手勢。「**現在**就是享受人生的時刻。別再浪費任何一刻了！」

我的心靈之眼，有如按下快門，將這個畫面儲存起來，留待日後品味。在那個時刻，我看出自己幸運得讓人難以置信：我在寫書，嫁給一個很好的男人，好比中了樂透般，繼女薇薇安令人驚嘆。在那個當下，我坐在兩個世代中間——母親與戴思瑞，一位充滿過去的智慧，一位充滿未來的力量，兩人都讓我感到欣喜。「記得這一刻，芭比，」我這麼想，「人生眞的很棒。」

研究建議，如果你常常標記心中的里程碑，不僅生命步調似乎慢了下來，也會變得更有意義。所以我訓練自己，擷取當下的影像，好好收藏。坐在咖啡館裡，我發現這些日子以來學習如何在中年茁壯成長，改變了我的情緒基因。我沒有變成另一個人，但是的確有些不同。我的人生變得不一樣，正是因爲這些微小的差異。

第2章

請不要出現中年危機

二〇一一年五月，一個溫暖的晚上，一小群人聚集在母親的教會，參加週三晚間的見證會。三十幾位基督科學教會的會友，安靜地坐在長條椅上，聆聽屬靈的朗讀，然後一一述說信仰如何幫助和療癒他們的故事。

母親站起來，等待招待人員把麥克風拿給她。聽到她的聲音，會衆有些騷動，偷偷朝她的方向看，期待她超自然的見解。母親開始做見證，卻說得結結巴巴，想用的字眼找不到、消失了，只留下背景雜音。在痛苦又漫長的停頓後，母親慢慢的坐回長條椅上。沒有人注意到異狀，畢竟她已經高齡八十九歲了。不過母親卻感到不安，卻不明白爲什麼。

獨居的母親最後找到路回家，二十個小時後，哥哥和我才發現她中風了。週四晚上母親在急診室，醫師測量她的血壓，收縮壓及舒張壓高達二六〇／一二〇。腦部掃描顯示左前額葉出血，擾亂了她的語言及排序能力，無法依序做事，例如穿鞋前先穿襪，或是淋浴前先脫衣。腦部掃描還顯示另外更早的三處中風，讓病情變得更複雜。

在陣亡將士紀念日的長週末，我坐在醫院加護病房母親的床邊。她的意識飄忽不定，偶爾睜開眼，無言地看著我，在困惑中感到迷惘。在她損壞的腦部迷宮中，是否有些話，試圖推擠著找到出路？還是她的腦部空空如也，所有的思想、記憶、個性皆掃除殆盡？這對我很重要，因爲母親最大的天賦就是洞察，她可以仔細聆聽我的故事及困境，以她無懈可擊的道德羅盤指出方向，建議我向前行的道途。母親核心的本性是思考。我害怕她喪失了這樣的本性，而我也就此失去了母親。

幾天後我站在家裡的廚房水槽前，使用旋轉器清洗生菜。窗外一位鄰居帶著狗，快步走在街道上。另一位正在擺置撒水器。這是我最喜愛的季節，一個美好的傍晚，好似青少年的春天，所有生命的美麗顯得格外鮮明，讓我可以回想起年少時的愉悅心情，即使只有片刻。

然而我沒有任何感受，沒有活著的喜悅湧出，沒有因爲看到每年的重生而產生感恩的悸動。我看了丈夫一眼，他正在切番茄。

「我想，我出現中年危機了。」我宣布。

戴文放下番茄。

「不要這樣，」他說，「請不要出現中年危機。」

危機出現的時刻

母親中風提供了火花，點燃了由小小絕望匯集而成的柴薪：日復一日不停的工作、健康狀況雖無大礙卻令人擔心，以及美好人生到此爲止，而接下來每況愈下的恐懼更令人難以接受。

母親中風後幾天，我坐在書桌前，深思這些忽然變得急迫的問題：「中年危機」到底怎麼形成，是我現在所經歷的嗎？這是無法改變的命運，還是因爲我所做的選擇而可以繞過它？我認識的許多人，正在中年倦怠中掙扎，但是有些人則能夠持續茁壯成長，他們是怎麼做到的？如何創造有意義的中年？有任何的科學研究可以給我一些指引嗎？

在思考這些問題時，我興奮的顫抖是忽然找到好題材的一種徵兆。按照記者所受的訓練，我決定開始著手研究。

讓我們從頭開始：「中年危機」出現的時刻。

一九六五年，加拿大心理分析家埃里奧特·傑奎斯（Elliott Jaques）發表了一份研究報告，引爆了一場文化革命。在《國際心理分析期刊》的論文〈死亡與中年危機〉（Death and the Mid-Life Crisis）中，他斷定男人在三十五歲前後會窺見死亡的陰影逐漸逼近，發現在實現青春夢想之前，自己可能早就化爲塵土。（傑奎斯解釋排除女人的原因，是更年期「遮蔽」了中年轉換期。）

傑奎斯的理論是以他所謂「隨機取樣」的三百一十位「天才」爲基礎，其中包括作曲家莫札特、畫家拉斐爾、詩人韓波。他發現這些人有許多在三十七歲左右死亡（不論是自然死亡或自殺），他們都害怕自己的創作力消逝無蹤。傑奎斯承認，有一些天才可以避開中年危機及創造力的衰亡。實際上，有些能力會隨著時間而成熟：但丁到了三十七歲才寫下《神曲》；巴哈原本擔任教堂管風琴師及家庭教師，直至三十八歲才開始創作他最不凡的樂曲。

傑奎斯也在普通人的心靈中，看出中年危機的跡象（具體來說，是從他診療的病患身上看出）。也許有人會問，這些男人尋求精神治療，是否具有代表性。不過傑奎斯發現了一個模式，例如他描述一位病人總是提心吊膽，認爲他越過了一個門檻，相較於已逝的歲月，自己已來日無多。「人生中第一次，他看到自己未來的有限。」傑奎斯寫道，「他無法在一生的年歲中，完成自己想要做的所有事情。他只能做到有限的一部分。他大多數的夢想不會達成，也不會實現。」

並未有太多人注意到傑奎斯的見解，直到一九七八年，丹尼爾．拉文森（Daniel Levinson）的著作《男人的人生四季》（*The Seasons of a Man's Life*），讓中年危機竄紅。（幾十年後他才寫了《女人的人生四季》。）拉文森是心理學家，也是耶魯大學教授，主張所有男人從人生一個階段邁向另一階段，都會經歷轉換期。這些階段從未成年期（出生至二十二歲）開始，朝成年前期（十七歲至四十五歲）、成年中期（四十歲至六十五歲）、成年後期（六十歲至八十五歲）進展，幸運的話可到晚年期（八十歲以上）。他警告，在轉換期要留意情緒不穩定的問題，特別是在中年，可能引發全面的危機。

根據拉文森的說法，他個人對中年轉換特別有興趣。他寫道：「四十六歲時，我想研究中年轉換期，以了解自己所經歷的。」當他與耶魯的同事做過訪談後發現，很明顯地，所有人私下都在跟中年「搏鬥」。這些耶魯教授於是推論，如果連他們都會掙扎，其他人一定也是如此。

爲了測試他的理論，拉文森訪談了四十位男士：十位生物學教授、十位小說家、十位商業經理人，以及十位工廠工人。這些男士的年齡介於三十五歲至四十五歲之間，接受六次至十次訪談，每次約一至兩小時。從這些詳盡且無庸置疑地令人疲倦的訪談中（哪一位到了第二十小時不會承認自己正在面對中年危機？），拉文森斷定在四十歲至四十五歲間，男人體驗到「去幻象化」（de-illusionment）的慘痛過程，將年輕的夢想與灰暗的現實相比，為大多數男人帶來了危機：「他們質疑生命的所有層面，對所顯露的現況大多感到驚恐……他們無法如同往常一般繼續下去，而是需要時間選擇新的道路，或調整先前的路徑。」

在這個狀況下，男人常常做出「虛假的開始」，以及「因著迷惘或衝動……暫時地嘗試多樣的新選擇。」拉文森如是寫道。這時，男人為失去的機會感到哀痛，在為時已晚之前，拚命的試圖獲得新機會，表現出來的作法可能是更年輕的妻子、戲劇性的轉換職業、或是刻版印象的紅色敞篷跑車。你可能在猜想，有多少男人會經歷這樣的存在焦慮？百分之十？百分之二十？不，拉文森聲稱，有百分之八十的男人會出現中年危機。

從傑奎斯小小的概念，拉文森發展出細節詳盡的心理狀態，身為記者的希伊則將拉文森的中年危機變成文化現象。在《人生變遷》中，希伊寫到男人（焦點再次放在男人身上）可以期待四十二歲時出現中年危機。中年危機首次在文化中盛大登場，後來甚至界定了整個世代的心靈。

只有一個問題：其他研究人員找了又找，卻沒有看到證據顯示中年危機是無可避免或是普遍的。

消失的中年危機

「中年危機其實十分罕見。」蘇珊．克勞斯．懷特伯恩（Susan Krauss Whitbourne）對我說。我們站在她的「實驗室」，位於麻薩諸塞大學阿默斯特校區，一個經過改裝的衣櫃。她嬌小卻很強健，雖然已經六十幾歲了，看起來卻至少比實際年齡小十五歲。懷特伯恩站在椅子上，從一個灰色檔案櫃上方，拉出一整箱的ＩＢＭ打孔卡。這些資料卡引領她，長期投身研究中年與虛幻的中年危機。

一九七七年，年輕的懷特伯恩在羅徹斯特大學擔任助理教授，發現了改變她職涯方向的一篇論文。這篇論文分析一項簡短調查，對象是三百五十名羅徹斯特大學學生，詢問其家庭背景、友誼、目標與情緒。懷特伯恩認爲，如果找得到原始資料，她便可追蹤這些學生，進行社會科學最珍貴的研究：一生的長期追蹤調查。最後，她在紐約州波啓浦夕市的一個地下室，找到這些打孔卡。她寫信給這些學生，當時他們的年齡約莫三十出頭，有不少人同意繼續回答她所提出的問題。

懷特伯恩還招募了新的一批羅徹斯特大學學生，在校園的方庭擺上桌子，以檸檬水和餅乾賄賂了幾十名學生。這樣，她就有兩組研究對象，分別代表最年長與最年輕的嬰兒潮世代。接下來三十年，每隔幾年，這些羅徹斯特大學校友，一半是男性、一半是女性，會回應她的詢問。這些回答讓她可以透視嬰兒潮世代成人後的歷程，並於二〇一〇年出版《尋找滿足》（*The Search for Fulfillment*）一書。受到長期追蹤調查的啓發，她又進行了另一項研究，以深度訪談描述從成年初期至中年的歷程。

「我們進行了涵蓋認同、價值、工作、家庭、性別角色等各種層面的深度訪談，」懷特伯恩告訴我，「在細閱這些訪談時，我心想：『中年危機在哪裡？』然後意識到，它不存在！當你問：『你有中年危機嗎？』所得到的一致回答是：『沒有！』」

還有其他研究人員也在找尋中年危機普遍出現的證據，同樣沒有成效。一九八九年，二十幾位學者詳細回顧文獻，尋找中年及應當伴隨的危機是全面、常見、還是偶發？結論是，大約有百分之十的男性可能經歷中年危機。

繼此之後，康乃爾大學社會學家伊蓮．威辛頓（Elaine Wethington），針對參加「中年在美國」研究計畫的數百名對象進行深度訪談，發現有超過四分之一的人聲稱自己曾經發生中年危機，最常出現在四十歲至五十歲之間。

詳問之下，這樣的統計卻消失無蹤了。

「受訪者會說：『對啊，我有過中年危機。』」威辛頓回想，「不過事實上，他們只是以此詮釋發生在他們身上的事。」研究人員繼續追問：他們是否曾苦於存在的焦慮，經歷過對死亡與夢想未達成的驚慌和恐懼，以至於開始摸索重新找回青春的路途？

「然後他們說：『不是啦，完全不是這樣。』」她說，「如果我接著問：『但是你曾有過你**認爲**是中年危機的事嗎？』他們會說：『嗯，對啊，你知道我在四十五歲時失業了。』」

受訪者將任何重大卻不悅的事——意外、疾病、離婚、父母瀕死、兒女上大學——舉凡只要發生在中年的，都稱爲中年危機。不過這些事也可能發生在人生其他階段，研究便顯示出巨幅的變動（包括職涯與家庭）會發生在四十歲以前。最終，威辛頓也估計，每十人中大概只有一人會出現眞正的中年危機。

這不是說威辛頓與其他研究中年的人認爲什麼事都沒有發生。的確有，不過布蘭戴斯大學心理學家瑪姬．拉赫曼（Margie Lachman）偏向稱它爲「中年檢核」，並指出引發這項檢核的方式通常有兩種：第一是迫使人仔細思量的外在事件，即威辛頓描述的常見打擊：離婚或失業，有驚無險的健康狀況，無論是出現在自己、親友或年齡相近的人身上。另一種則來自內在，由「某種省思與內心騷動」所導致。

「你在尋找生命的意義，」她說，「一定會發生某件事，讓人察覺到工作不快樂。不是說他們失業或被解雇了，而是他們意識到：『我沒有感到滿足。這不是我在尋找的。也許我可以做點不一樣的事。』」

現在我完全投入了。她說的就是我。我想知道相同的倦怠是否也糾纏著其他人，因此我轉向網路，不然還能怎麼辦？

中年是低谷，還是巔峰？

二〇一三年八月，我請負責美國全國公共廣播電台網站的同事，在電台的臉書粉絲頁上張貼一個問題：「中年如何對待你？告訴我們你的中年轉換經驗（四十五歲至六十五歲間），以及人生出現變化球之後如何重新振作。」這個請求後面附上了我的電子郵件地址。

不到五分鐘，我的行動電話叮咚作響，有如一台彈珠遊戲機。一開始我很高興，但是很快的就感到擔憂。最後，那天共超過七百人寄給我有關中年歷程的短文，其中有喜悅，也有悲劇。毫無疑問地，專業的民調公司不會採納這些結果。畢竟這群人自我篩選，同質性也高：若參照美國全國公共廣播電台聽衆群，他們應該受過高等教育，而且大多數是白人。另外，我也不知道哪些人沒有寫信給我：是否遺漏了一大群人，他們過著比較典型的中年生活，並不是極度的快樂，也不是特別的悲傷？我不可能知道。

不過以下是我了解的，當我花了兩天時間閱讀這些短文，我知道有些是傑作，攸關著生死的故事、癌症及病症減輕、失去及找到所愛的人、在看似難以捉摸時找尋意義——他們將人生的最好與最糟，歸結成幾段文字。

「我曾經美麗又迷人，」五十一歲的亞麗珊卓．蘭提這麼寫道，「即使在雜貨店，都有男人對我打情罵俏。如今我的膝蓋骨軟化下垂，我不知道這為何會帶給我這麼大的困擾，但是確實如此。男人對我視而不見。除了外表上的轉變，自我形象也改變了。我回到學校、取得學位，結婚、有了繼子女，變老，思考自己做了哪些事、哪些沒有做、哪些曾想要做、哪些還想去做。我沒有成為有名的作家，或變得富裕或充滿智慧，也不是個完美的繼母。我沒有解救世界脫離苦難，也沒有到亞馬遜流域旅行，甚至連瑜伽的蓮花式都沒有練好。對了，我害怕死亡。隨著父母愈來愈衰弱、準備離開世界，我知道接下來就會輪到我，並為此感到恐懼。我非常明白時間無情的流逝，現在我感受到新的急迫感。我為失去青春的美麗、活力與力量感到悲傷，在為此充分的哀悼前，我不認為自己可以繼續前行。直到我可以對已經失去的放手，或許我才會以自己終於長大了為榮。不過目前還沒有。」

在我心中，這算是真正的中年危機，生命因為意識到變老與死亡而斷裂，在青春化為煙霧前，使勁地試著將它抱緊。還有幾位來信者描述自己所面對的危機，有如好萊塢電影。例如有一位婦女離開住在田納西州納什維爾市的丈夫，騎著ＢＭＷ重機在美國四處遊歷，現在與女友住在舊金山。另一位女士琳達．希爾維斯坦在讀了《享受吧！一個人的旅行》後辭職（不過沒有離開她的丈夫）：「我真的覺得自己經歷了中年危機，」她寫道，「我再度問自己十八歲時問過的問題：我是誰？我要去哪裡？為什麼我會在這個世界上？」

然而在每一位描述煩惱與恐懼的來信者之外，會有另外十位堅稱他們絕對不會以自己身體與情緒的試煉，交換輕鬆上行的青春。閱讀他們的故事，有如在陣亡者的遺體取回前，在戰場上四處遊蕩，觸目所見盡是死亡與毀滅。幾乎沒有人可以逃得過面對配偶、摯友、父母，甚至更悲慘的，兒女的死亡。幾乎每一位都失去了某種珍寶：長久的婚姻，熱愛的工作，因為癌症或中風而失去活力。

即使如此，這段中年歲月憂喜參半，大多數人卻描述為黃金時期，就算人生看似困住了他們。「人生經常重重地踹踢我一腳，」維多利亞．格盧奇寫著，「我是尚未完成的作品，雜亂卻美麗，即使有些日子裡我憎惡人生，卻依然珍愛糟糕的每一秒。」東妮．雪德與高中情人結婚已三十三年，直到一天早上她醒來，發現先生因為心臟病發而過世了。不久之後，她被診斷出罹患乳癌（後來成功治癒）。「我拒絕被打敗，」她這麼寫，「這可能是我人生的第二章，但不會是最後一章。遭受試煉的方式，超乎我所想像，但是無論從哪個方面來看，成為倖存者的感覺很好。」

接著還有海瑟．皮爾德．歐森，不但失婚，也失去擔任溝通專家的工作，變成餐廳服務生。後來她墜入情網，也結婚了。「我花掉大部分的積蓄，不太確定下一份工作是什麼。目前我在零售業工作，剛剛完成一份電視連續劇試播劇本。這是我一生中最好的時光。」

「孩子們要離開家了，」艾瑞克．澤爾寫道，「開始有朋友過世了。我的眼力已不如從前。我無法像過去一樣，想在外面待到多晚都可以。我喜歡這一切，感到很正常。中年？我認為是人生的巔峰。」通常他們以困惑的幽默感來看待身體逐漸衰弱這件事。「值班十二小時後，我的臀部會痛，」艾琳．海斯如此描述，「失去腦部細胞的速度，比肌膚乾燥脫皮的速度更快。記憶力不復以往。你問到中年如何對待你？我好喜歡它。」

當我聚精會神閱讀這些故事，從那些在人生中間三分之一仍然茁壯成長的人身上，看到幾個主題明顯浮現。關係變成首要優先，工作與其他成就遠遠退居後面。快樂時，他們活在當下——與朋友慢慢的享受晚餐，或是抱著新生的孫子女——敏銳地意識到這些無憂無慮的時刻，未來將會漸漸減少。失落過後，他們謙恭的允許自己暫停，仔細看看羅盤，再開始下一段旅程。蓋琳．羅福林離開了讓她悲傷又絕望的婚姻，體重減輕了四十五公斤，攀登非洲的吉力馬札羅山，視中年為人生再校準的時刻、而非投降：「這與中年如何對待我無關，而是我如何度過中年。你知道，我只有一次機會。」滿足的中年人享受冒險，但是也珍惜平凡的日常。他們向外投注時間和金錢在子女或孫子女身上，以及在比自己更大的目標上。他們也學會重新定義成功。正如脊髓受傷的藝術家華爾德．金所寫的：「我還看得到自己在西斯汀教堂或是現今類似的地方作畫，只不過教堂比較小。」

浮現中年危機的人，以及用幽默和平靜以對的人，出現分歧的原因，拉赫曼稱爲「雙中年記」。

「我們討論中年的低谷，但是我認爲眞正重要的是知道，即使有這麼多要求，即使有些人的確會出現危機，許多人仍將中年視爲巔峰，」拉赫曼說，「通常這可能是收入最高的時期，也是受人尊敬景仰、思考及解決問題能力的高峰。有許多相關經驗能夠支持這一論點。你還沒有到喪失機能的時候，仍然保有才能，體能上通常也還好。對許多人而言，中年確實是人生最美好的光陰。」

這就是我從研究人員和寫電子郵件給我的人當中，辛苦蒐集而首先獲得的重要領悟：眞正的中年危機，伴隨著焦慮、渦輪增壓的跑車、飄移的目光，只會折磨少數人。大多數人雖然遇到顚簸，有時會踩到自己的腳趾頭，仍能笑著順應。

然而這並非全然喜樂。安卓·奧斯瓦爾德（Andrew Oswald）握有足以證實的統計數據。他發現幾乎所有人在中年時，快樂程度都會下降，甚至連類人猿也無法倖免。迎接人生的U形命運吧！

幸福的兩種色調

奧斯瓦爾德可能是第一位注意到U形快樂曲線的人。自一九九六年起，這位在英國華威大學任教的經濟學教授，調查不同種族、年齡與國籍的人，詢問他們有多快樂。不只是他的研究，其他人的研究也揭露同樣的見解：中年期是低谷。這不見得是危機的證明，但是的確指出普遍且可復原的抑鬱狀態。

「有非常多證據顯示，人的快樂或幸福，在人生中依循著約略呈U形的曲線。」他告訴我，「概略而言，二十幾歲時相當快樂，隨著年齡增加而大幅下滑，通常在四十五歲左右到達低點，隨後有如U形的另一側，開始大幅上升，脫離低谷。」

「如何解釋U形快樂曲線的出現？」我問。

他說，有一個理論是：「人們一開始有很崇高的目標，到了中年，他們發現一般來說達不到這個目標——大多數人不會成爲總經理——因而感到痛苦。不過你現在打算怎麼做？你可以緊抓著目標不放、並感到愈來愈悲傷，或者是你可以調整自己以適應失敗。標準的理論已經轉變爲，我們學會原諒自己和自己的軟弱，並且漸漸的感到更快樂。」

對美國女性來說，調查顯示，最低潮的時刻出現在四十歲前後，美國男性則是在五十歲上下。最近的一項研究中，奧斯瓦爾德和美國達特茅斯學院經濟學家大衛．布朗奇福洛爾（David Blanchflower）合作，在七十二個國家進行調查，發現U形快樂曲線是常規，不管你住在哪裡。無論在美國還是沙烏地阿拉伯，非洲的辛巴威還是東歐的摩爾多瓦，快樂都在四十幾歲時開始下降。奧斯瓦爾德表示，中年的苦痛無法歸咎於處境，因爲研究人員控制了包括失業、健康問題及離婚等變數。他說，相反的，有種深層的東西導致這樣的抑鬱不安，幾乎像是我們天生在這個時期就會感到難過痛苦。

這並非暗示處境不同的兩個人，譬如一位生活富裕，另一位住在貧窮的戰爭地區，他們中年所體驗的不滿意程度會相同。

「他們的快樂曲線都呈U形，但是有些人的U形比其他人高。」奧斯瓦爾德說明道，「如果婚姻美滿、比較有錢，一般來說，U形會比較高。如果經常失業，恐怕就會有一個較低的U形。」

不過，幾乎所有人的快樂曲線都依循相同的軌跡。

這項針對快樂所做的研究，結尾是，人通常在中年後反彈，這是一個由愈來愈多調查、甚至神經學研究所支持的現象。紐約州立石溪大學精神病學與行爲科學教授亞瑟．史東（Arthur Stone），決定不單是要探究好的，也要了解壞的；不只看短期快樂，也要審視人生的不滿意。他發現了相同的模式。他和同事調查了近三十五萬名美國人，將幸福狀況依正面感受及負面感受加以分析。他們發現，短期快樂的高峰出現在二十歲，中年時開始下降，約莫七十歲又再度出現高峰。當他們詢問受訪者的壓力程度，回應是壓力自二十二歲起增加，但是到了五十歲後又減少了。悲傷與擔憂也相同：在中年時達到頂點，然後令人難以理解地又變得比較愉悅放鬆。換句話說，正面情緒增加，負面情緒減少，使得中年後產生的快樂「淨値」增加。

中年時快樂程度大幅下滑，與研究人員及我都看到的和善地擁抱中年翻轉，兩者之間如何權量？人怎麼可能不快樂、卻同時比較滿足？大衛．阿爾梅達（David Almeida）對此提供了線索。這位賓州州立大學研究人員提出中年「壓力源」，例如照顧子女及變老的父母、大學學費及工作耗時費力，它與眞正的快樂不同。沒錯，有時壓力源會因累積而變得「超載」，不過不一定會造成危機，反而是生命豐盛的明證。

這給了我第二個有關中年的重要領悟：意義勝過歡樂。身處於中年混亂的人，或許不會說當下自己很快樂，但從長遠的觀點來衡量，他們會說自己的人生「有意義」。

這個階段的幸福，與年少的興高采烈感觸不同。你活了幾十年，不可能從未受到打擊，一定看過一些親友過世，或是夢想破滅。這些悲喜參半的快樂，讓人深刻地意識到處境雖不完美，與二十一歲時以爲的相差甚多，但至少還算不錯。

從夜店到產房，從專心聚焦於開創事業，到東奔西跑、試圖同時滿足四面八方的要求，從隨時可以加入籃球鬥牛賽，到慢跑不到兩公里就拉傷肌肉，在這些歷程之間的某個時刻，人們適應、轉換夢想、重新定義成功。他們告訴我，相當驚奇的是，以遠大的抱負交換對家人、朋友較小的承諾，反而讓人感到心安。亞立克斯．漢林在紐約曾是胸懷大志的廚師，爲了妻兒放棄夢想，如今他將高級食材賣給其他廚師，卻從未爲此感到後悔。丹．卡斯登歷經了許多麻煩總算離婚，他辭去在俄亥俄州年薪數十萬美元的工作，帶著兩個兒子搬到德州，現在賺的錢只有以前的一小部分。不過角色上的翻轉——父親優先、專業居次，帶來的回報無限：「五年前的我無法想像我會在這裡，變成完全不同的人，有著不同的角色。」他這麼寫道，「現在我無法想像有哪裡會比這裡更好。」

甚少人描述這樣不可思議的轉變，能寫得比四十六歲的道恩．史陶斯更好。自紐約大學著名的蒂施藝術學院畢業後，「我十分確定，我一生將會是女演員（應該也會非常成功）。」現在她擁有毒物學博士學位，在研究機構協助發展及進行肺癌臨床測試。兩個月前，在她四十六歲生日前五天，她第一次結婚。

「到目前爲止，中年是人生最棒的時刻。」她寫道，「如果我能回到過去，告訴那個確信已經定型的自己，她將會住在郊區，爲擁有一份朝九晚五、薪資福利都不錯的工作感到高興，且這個職業需要極佳的人際相處能力、必須相當審慎並循規蹈矩，她大概會割腕（不過很戲劇化且無庸置疑地，她會先侃侃而談說出哲理深奧、有關平衡的存在是浪費生命的獨白）。如果中年時你夠幸運，也夠小心，沒有重大的健康問題，那麼你要感恩，也要好好照顧自己。到目前爲止還不錯，但是未來又會變得艱難。當這樣的時刻來臨，我不希望回頭看時，發現自己沒有好好珍惜現在。」

新的危機

教科書中對中年危機的定義，是跟死亡逼近與機會喪失相關的存在恐懼，然而出現這種危機的人並不多。對許多人來說，中年比較是高峰、而非低谷。我也觀察到茁壯成長的人，會從倖存者歷經風霜的角度，看待新出現的疼痛、健忘，並且標記這個階段的失落、輕蔑和悲劇。通常他們會對自己一笑置之，從所擁有的當中找出意義，而非聚焦於缺乏或是尙未達成的事物。

不過倘若我美化這個階段，有如在表面裹上糖衣，也不正確，因爲有一群人確實遭逢不幸。雖然外在的挫敗不見得來自存在的危機，但是最後可能會變成如此。當今的罪魁禍首通常是二〇〇八年的經濟衰退，證實了許多嬰兒潮世代所懷疑的：對有些人來說，現在的五十五歲等於過去的六十五歲。中年人失業，由比他們年輕二十歲甚至三十歲、理解最新科技且成本較低的人取代，而許多人沒有時間挽回頹勢。

當我讀到來自美國全國公共廣播電台聽衆最悲慘的一些故事時，便充分感受到這個赤裸裸的現實。這些短文否定了一個假設：經濟復甦有利於「人生勝利組」（受過高等教育者）找到工作，「人生失敗組」（未受過高等教育者）則落入終身失業的詛咒。大多數短文來自人生勝利組，他們的弱點不是教育程度、而是年齡。

舉例來說，一位女士在五十四歲時辭去建設公司行政副總裁的工作，想要成爲律師。即使她在紐約及紐澤西都取得執業資格，仍然找不到法律事務所的工作。此後，她的房子遭到拍賣。「我還是無法相信這樣的事會發生在我身上，」她這麼寫著，「我眞的曾經處於世界的巓峰，但現在我卻在谷底，賣掉自己的首飾及其他任何有價值的東西，不知道未來會發生什麼事。」

另一位女士則寫到，在她四十六歲時，人生「差不多結束了」。「我沒有配偶，也沒有子女，只有工作，不過現在沒有價值了，因爲對美國企業來說，我太老了。」即使她應徵了數十個工作，仍無法在原本從事的平面設計業找到穩定的工作，也無法找到秘書的工作，如同她剛從大學畢業時一般。她寫電子郵件給我時，在居家修繕連鎖店上班，時薪十美元。一年後，當我再度跟她聯繫，她寫道：「很不幸地，我的人生每況愈下。」她失去了原本擁有的房子，搬到母親家的地下室。

有一位男士擁有都市規劃碩士學位，熱愛在奧勒岡州政府中從事的交通規劃工作。失業後，他應徵了上千份其他工作，也曾在居家修繕連鎖店做過定期工。現在他在波特蘭市駕駛市區公車，也擔任大專地理學兼任教授。後者雖然是他喜歡的工作，但是報酬很低。

「我常常在想，我是哪裡做錯了？」他寫道，「我做了哪些選擇，讓我走上這條路？我真的想不透！我做了所有該做的事：念大學、認眞讀書、當志工、回饋、努力工作、合群、熱情，然而不知道爲什麼，我卻墜入探不到底、也望不到頂的深淵。」

二〇〇〇年伊蓮．威辛頓開啓了中年危機研究，當我告訴她這些故事時，她難過的點點頭。「如果針對現在四十歲至五十歲的人再次進行研究，也許會發現，經歷中年危機者，比例較先前所估計的高出許多。」六十三歲的威辛頓說，「比我年輕十五歲至二十歲的人，對人生、對成功有更高的期待。另外在就業市場，他們面對的時機更艱難，人生有許多變故。相較之下，我的人生非常穩定，因此我認爲出現中年危機的比例，預估會更高。」

威辛頓與其他研究人員沒有看到新的危機，並非他們的過失。設計研究、著手研究、分析資料，然後在經專家審查的期刊中發表成果，需要許多年的時間。不過除了單純因爲時間所導致的扭曲，這些研究還有一個更嚴重的瑕疵。在我看來，中年研究主要的前提——中年危機不是外在事件，而是對變老與錯過機會所產生的存在憂慮——若加上近期的經濟衰退，其根基似乎有所動搖。

雖然外在的挫折，例如失業，不一定會轉移爲內在的危機，但是它經常如此。這並不讓人感到意外。對許多人來說，特別是專業人士，職業常常成爲身分的象徵：你做什麼，代表你是誰。不過因爲經濟衰退，那些在人生中漂泊的人，當我閱讀他們的來信時，發現到一個模式。

失業後，有些人會一蹶不振，情緒嚴重受創（或是比較少見的，健康出現問題）；但是有些人對於越過挫折好像沒有太大困難，有如開車時遇到小小的障礙一般。這些復原力強的人，雖然失去專門的職務，仍想辦法找到其他工作，通常不在原本的專業領域中，且薪水幾乎都比先前低。然而結局是，很多人就算沒有比較快樂，卻感覺比較知足，甚至對於新的探索感到興奮。

這些人有哪些不同之處？

大多數人都具備一項關鍵的情緒優勢：愛。有愛他們的伴侶、需要他們且給予他們人生意義的兒女、或是讓他們對人生感到滿足的摯友或家人。關係的恩賜與責任提供了避風港。相較之下，許多最憂傷的來信，是由沒有配偶、伴侶或子女的人所寫的；在人生的汪洋大海中，他們孤單的面對暴風雨。

舉例來說，寶拉．馬肯離婚後，重操已經間斷二十年的法律舊業，以撫養她領養的兩個女兒。「有時候我很疑惑自己怎麼有辦法找到力量，但是孩子一個七歲、一個兩歲，意味著不管我是否喜歡，都必須起床。」

四十七歲時，吉恩．羅曼諾的人生陷入四面楚歌。他對工作感到厭煩，但是考量到財務又不能辭職。二〇〇八年房市崩盤後，他在舊金山矽谷的房子，價值只有先前的一半。夜半醒來，「我因害怕失去房子、變成窮人，嚇到動彈不得。」二〇一一年，吉恩的伴侶克里夫被診斷出罹患慢性白血病。不可置信地，兩年後他們又承受了另一個打擊：兩人都失業了。羅曼諾幻想裝死，讓人生重來。

「這時我發現，他的診斷與我的危機，不能共處於同一個屋簷下。」吉恩這麼寫。

「我需要長大，承擔大人的責任。我停止對房子和它的價值感到憂慮，並且了解到，對我而言，所有的一切仍然有其價值。我看到自己的生命中有個很好的男人。他生病了，但是如果失去他，我無法繼續活下去。對於正在經歷中年危機、自我價值空虛的人，我的建議是，眞正專注在你所擁有的，以及如果失去這一切，你的感受會如何。找出人生的珍寶，緊握不放。「現在是中場休息，燈光正在閃爍，所以我可以選擇跑出劇院，或是繼續享受接下來的表演。」

我戒愼恐懼的提出第三個重要領悟，加上一個免責聲明：有時中年所發生的事件，例如失業或疾病，的確會將人打倒，讓人不知所措，我不想責怪受害者。然而讀過這些故事，也訪問了來信者之後，我明白，放寬視野、投注在你所愛的人身上、願意以熱情而不是以履歷認定自己，讓有些人可以張開雙臂，放下燙手的中年危機。人生的襲擊可能會讓你在存在的危機中盤旋，但是不一定非如此不可。你可以選擇。

從過往探尋邁向未來的線索

身爲記者，這些有關倦怠、艱難、喜樂、重振的故事，不僅吸引我，更深觸我心。從跟我同行的人身上找出新的見解會有所幫助，不過他們和我在同一艘船上，而我希望的是能跟已經越過汪洋的人談談，他們可以告訴我，季風吹向何方、停滯不前的生活會持續多久、堡礁在哪裡、颱風季節何時開始。置身中年，需要的不只是相同世代的智慧——我想要窺見未來。倘若老把戲的效果大不如前，例如花更多時間在工作上，或是展開另一個減重計畫（至少對我是如此），研究先前走過的人所留下的紀錄，我認爲是值得的。

最有幫助的線索，有些來自八十年、甚至九十年前出生的人。追蹤一群人一輩子的長期研究，有點像智力競賽節目《危險邊緣》（*Jeopardy!*）。研究人員已經有了答案：知道參與研究者怎麼生活、怎麼死亡。從這些答案，他們需要提問。選擇怎樣的生活型態，例如抽菸或飲酒，會導致早逝？哪些因素將人導向有意義的人生？是婚姻、職業成就，還是沒有壓力的生活？看起來記憶完好無損、避開失智症的人，有哪些習慣或行爲？根據這些九旬長者的經驗，關於未來，我們這些年輕人需要知道些什麼？

一九二一年，史丹福大學心理學家劉易斯·特曼（Lewis Terman）和助理在加州公立學校系統中，尋找有天賦的十一歲學生。他們最後選出超過一千五百名智商在一百三十五以上的男女生（這在當代非常前瞻）。每隔五到十年，他們會訪談這些資優的受訪者，從孩提、成年到老年。這項研究成爲五本書、數十份研究論文的素材。近年出版的《他們爲什麼活到99》（*The Longevity Project*），由加州大學河濱分校的霍華·傅利曼（Howard S. Friedman）與拉西瑞亞大學的萊絲麗·瑪汀（Leslie R. Martin）兩位研究人員合著，內容充滿了有趣的珍寶，告訴我們怎樣才能長壽。

許多發現駁斥了傳統智慧。例如，最能預測長壽的人格特質不是外向或樂觀，而是謹慎。謹慎的人會避開危險的行爲。另一個與直覺相反的結果則爲過勞者帶來希望：壓力可能讓你長壽。這好比建議早餐吃培根及蛋，會比水果和優格好，而藉由參與轉化壓力，可能是茁壯成長的關鍵。那些所謂的「白蟻者」，雖然從事耗時費力的工作，但是比起對工作感到討厭或無聊的人，活得更久。傅利曼與瑪汀寫道：「依循長壽路標前進的人，偏好做的正是：努力達成你的目標，達到後再設定新的目標、持續參與、維持生產力。長壽的人不會因爲害怕壓力會導致提早衰亡而躲避辛苦的工作；事實恰恰相反！」

不過傅利曼與瑪汀發現，比起謹愼的個性、職涯中充分參與、較高的智商、良好的家世、遺傳或其他任何因素，「關係」更有助於長壽。婚姻則是選項。事實上，他們發現婚姻是一把雙刃劍。沒錯，無論是男性或女性，婚姻美滿者比較長壽。不過婚姻不幸福或離婚的人（特別是男性），通常比從未結婚者早逝。

更確切地說，社會網絡的影響最大：教會或工作中的朋友、一起打高爾夫球的夥伴、或是在每月讀書會上見面的姊妹淘。使人長壽的不是社會連結的多寡，而是這些連結的品質。「比起連結數目或互動頻率，當這些連結與幫助他人、伸手援助、積極參與服務他人有關，除了我們已經看到的社會接觸本身所帶來的好處外，還有額外的助益。」瑪汀這麼說。

愛，讓人生富有意義

在我看來，長壽可能是夢想，也可能是噩夢。若沒有親密的朋友或家人，或是沒有什麼意義或目標，或是人生充滿了痛苦又乏味的瑣事，讓人希望終點快點來到，長壽又怎樣？就我個人而言，我不在乎長壽與否，而是希望能維持心靈富饒，即使不可避免地體能方面的限制愈來愈多。中年人可以採取哪些行爲或心態，增加抵達人生終點前仍不斷成長的機率？

當然有。有誰會比一九三九年哈佛大學畢業生更能引領我們找出人生意義？

哈佛研究始於一九三〇年代末期。連鎖店大亨威廉·格蘭（William Grant）捐款六萬美元給哈佛大學，希望回答過去從未有系統地檢視過的一個問題：什麼足以預測成功？哈佛教授、同時也是醫師的阿倫·巴克（Arlen Bock），挑選了一九三九年至一九四四年畢業、前景看好的大二學生，總共有兩百六十八位男生。受測者匿名參與研究，不過有些人的名字遭到洩漏：美國總統約翰·甘迺迪、本·布萊德利[1]，獲選參與研究；作曲及指揮家雷納德·伯恩斯坦、作家諾曼·梅勒則被排除了。

格蘭與巴克醫師有著不同卻互補的目的。格蘭希望找出哪些人會成爲優秀的連鎖店經理人；巴克醫師則想解開長期健康的祕密：是因爲體格健壯，或是男孩在跑步機上可以跑得多快？還是父母的經濟與教育程度，或是祖父母的壽命？什麼會破壞成功：是飲酒過量的父親，還是男孩對性癡迷（或漠不關心）？

「接著發生第二次世界大戰，對如何培養優秀的軍官，人人都有興趣。」喬治·韋蘭特（George Vaillant）告訴我。韋蘭特主持這項研究近四十年，直到二〇〇三年才交接給同事。

戰爭提出一個有趣的問題：如果大多數男性在戰爭一開始擔任二等兵，哪些人會留在這個階級，哪些人會晉升爲少校？研究人員原先以爲善於運動、聰明、家世顯赫、就讀私立名校的

---

1 譯註：Ben Bradlee，美國報界名人，《華盛頓郵報》揭發美國水門事件政治醜聞期間，他擔任該報主編。

年輕人，表現會比較突出。

這是第一個令人驚訝之處。

「晉升爲少校者，都有溫暖的童年。」韋蘭特這麼說，「在西點軍校工作的朋友告訴我，他們發現相同的特點也有助於成爲優秀的領導者。優秀的領導者必須關愛手下的人，如果其他人先花了心力愛你，你也會比較容易愛人。」

這是第一個跡象，長久以來對成功的假設可能是錯誤的。隨著幾十年過去，參與研究的哈佛校友每隔幾年便回覆冗長的問卷，並接受當面訪談。數以億計的資料提供線索，最終導致人生成功快樂的複雜織錦浮現了。它不是生理、遺傳，也不是社會特權，甚至不是智商。

「那是什麼？」我問。

「簡單五個字，」韋蘭特說，「快樂就是愛。就這樣。」

他的身體向後傾，觀察我的反應，好像在說：有時候答案很簡單，有時候學術研究會找到正確答案。雖然已經八十歲了，韋蘭特仍然高大健壯，有如銀毛狐狸般耀眼，眼神銳利、笑口常開，說起話來正如一位來自波士頓的文人雅士。他擅於調情，看來也喜歡這麼做。接下來兩小時，在他位於加州橙郡的家中，我們坐在寬敞、充滿巴洛克風格的接待室，由他揭露「人生如何活得有意義」的祕密。

韋蘭特創造了稱爲「茁壯成長的十項全能運動」，包含成功邁入人生第九個或第十個十年的要素及特點：從列入美國名人錄與職業成就、身心健康、婚姻美滿並與兒女關係親密，到回饋社會和享受晚年生活。一旦韋蘭特定義是什麼構成了茁壯成長的人生，他就可以回頭找出茁壯成長的前因，也就是帶來快樂、有意義、滿足的老年的因素。

這項研究至今已經歷時超過七十年。八十幾歲、甚至九十幾歲高齡的受測者，爲數令人驚訝，讓韋蘭特可以有把握的做些結論。他很訝異對於人生茁壯成長，有些因素是沒有幫助的，例如五十歲後才注意膽固醇、職業成就或是家族財富，這些都沒有太大助益。更令他大吃一驚的是，愛的痕跡有多寬廣和深厚。愛，影響了所有的人生層面。

「愛對人生茁壯成長的影響最大，遠超過其他因素。」他在著作《成功的經驗》（*Triumphs of Experience*）中這麼寫，「不限於人生早期的愛，也不一定是羅曼蒂克的愛情，但是人生早期的愛，不僅有助於後續在人生中擁有愛，也是獲取其他成功的誘因，例如聲望，甚至是高收入……大多數茁壯成長的男士，在三十歲以前就找到了愛，而這是他們爲何得以讓生命旺盛的原因。」

即使如此，他指出第一次婚姻失敗的嬰兒潮世代，仍可重拾信心：許多男士歷經數次失敗後，才找到恆久的愛。

「當我開始研究這些男性，他們剛步入中年，」韋蘭特說，「離婚並不罕見，而且我自己也離婚了。我認爲這是不穩定、神經質與經營關係能力不佳的證明。不過我的編輯李維林．郝蘭德對我說：『喬治，你把離婚看得太嚴重了。能夠長期愛人才是眞正的好，而非離婚是不好的。』」

他的編輯說得沒錯：直到韋蘭特撰寫最後一本書時，他發現有些最快樂、最滿足的男性，在找到恆久的愛以前，曾經結過兩次或三次婚。

如何成功重寫中年劇本

哈佛男性校友有關愛與茁壯成長、退縮與枯萎的故事，蘊含著更深奧的眞理：人生很長，童年或中年都不是命定。基因無法預測人生健康長壽與否，但是中年所選擇的生活型態則可以。有社交焦慮的男性可以不再如此。在職涯中期看來陷入困境或乏善可陳的男性，後續仍可能茁壯成長。

正如韋蘭特所說：「即使中年似乎毫無希望，還是可以發展出喜樂的老年。」

對於置身中年的我們，這項結果很重要：睜大眼睛，你會發現捲土重來的機會。許多哈佛校友到了中場，便開始改寫人生劇本。有一位使用假名丹尼爾．蓋瑞特的男士，早年放棄成爲專業演員的夢想，成爲大學教授。四十歲時，他看到自己「平庸又缺乏想像」。五十幾歲時，他離開終身職的工作，登台表演，成爲備受讚譽的莎士比亞戲劇演員，以扮演李爾王著稱。

另一位研究人員稱爲哥德佛瑞．米諾特．卡密爾的男士，在哈佛就讀時，有難以治療的疑病憂鬱症，後來他成爲一名醫師，但是「討厭依賴他的病人」。三十幾歲時，他染上肺結核，在榮民醫院住院十四個月期間，他經歷了信仰與心理上的重生。在大學期間不受人喜愛的年輕人，變成全心奉獻給兒女和病人的父親與醫師。他的婚姻一度平淡乏味，到了七十五歲才找到眞愛，在壁球場上仍可打敗比他年輕三十歲的男性，八十二歲攀登阿爾卑斯山時，因爲心臟病發而過世。這位男士曾經沒有朋友，在波士頓三一教會舉行的喪禮上卻擠滿了人。

「沒有什麼事情不能改變。」目前主持哈佛研究計畫的羅伯特．瓦爾丁格（Robert J.

Waldinger）這麼告訴我。瓦爾丁格更表示，不是每位參與研究的人都有所改變，而且選擇不改變通常是較佳的選擇，例如內向的人選擇圖書館員爲業，而不是勉強自己成爲演員。

「看起來最快樂的人，是那些可以表達自己至關重要的一面、並對此感到生氣蓬勃的人。你不一定要依循特定的路徑，但是可以在本質上表達你是誰。」

瓦爾丁格高大結實，有如長跑健將，有著灰白的山羊鬍和靦腆的笑容。我注視著他，感覺他在仔細研究這些哈佛校友時，也經歷了中年的蛻變，調整看法、播種培育。

「有意義的人生，不是把自己視爲孤立隔離的個體。」他說，「有意義的是生命廣闊的延續，而我不過是其中一小部分，而且全然相互連結。因此當我開始爲自己的事擔憂，例如，我會得到這個獎嗎？是否有人沒有給我從事研究所需的資源？我可以很快地以更宏觀的角度來看，對人生、對世界，什麼才最重要。不是小小的我，甚至不是我小小的研究計畫，而是更偉大的成就。」

「所以，預測人生最後可否感到滿足，主要的兩、三個洞察是什麼？」我問。

「參與。」他立即說，「持續參與並投入世界。」

他的回答令我吃驚。對我而言，這是個新概念。當我詢問在中年茁壯成長的祕訣，其他研究人員提到的是讓人維持心智敏捷的腦部遊戲、讓婚姻重拾活力的新花招、或是找出讓工作值得做的意義。但是現在瓦爾丁格所提出的洞察，貫穿了這些人生中的元素。

「維持這樣的參與，」他說，對來訪的我慢慢變得親切。「意味你需要投入關係當中，才會擁有社會的支持。因爲當你參與其中時，會注意到你希望延續下去的事，如此一來，你就會傳承創新。你會注意到你想要幫助與培育的人。

「我們會想到充滿活力的長者，通常是因爲他們所思考的依然是這個世界及未來。他們關心時事，興奮的告訴你他們最近讀到什麼，爲今年花園長成的樣子感到高興。他們參與其中。」

我的母親似乎就是瓦爾丁格所提到的那種人。她已經九十幾歲了，頭腦十分靈光，每天早上把《紐約時報》及《華盛頓郵報》從頭看到尾。雖然她活得比同齡的人久，但是仍有比她年輕一輩的朋友會持續來探望她。

二〇一一年母親中風後五天，仍然無法說話，即使她看起來曉得周遭的狀況。陣亡將士紀念日早晨，神經科醫師走進她的病房，後頭跟著幾位住院醫師。自我介紹後，醫師指著窗戶。

「布萊德里太太，我想請教你幾個問題。你看到窗外的樹上有些綠色的東西嗎？這些叫做什麼？」

母親焦急地看著她，聳聳肩。

「沒關係，」神經科醫師安慰她，寫下筆記。「現在有幾輛車路過，你怎麼稱呼它們？」

母親凝視窗外，試圖專注，接著又聳聳肩。

「問她週日上午最喜歡的談話節目是什麼。」哥哥建議。

「布萊德里太太，」神經科醫師提示，「週日上午，你最喜歡哪個談話節目？」

「《法里德．扎卡利亞的環球公共廣場》。」母親馬上回答，有如陽光般自然。母親不在乎車子或花園，但是外交事務？阿拉伯之春[2]？追捕賓拉登的行動？她關注這些事件，這是爲什麼即使有失語症，她仍然可以流利地說出扎卡利亞的名字。

母親又花了好幾週時間才能夠說出複雜的句子，但是現在她的記憶和記名字的能力比我還好。我明白有種解釋是，顯然母親中風的狀況還算好，在腦出血造成永久性傷害前，醫師除去了阻塞的血塊。不過我想，母親的參與，包括國際事件、兒女、朋友、教會，為她的康復提供了線索。這是來自未來的信息，讓置身中年的我，了解該如何茁壯成長。

開始從事研究時，我有些焦慮，不清楚對中年可以有哪些期待。我可以讓人感到有希望，還是這些研究會指向無可避免、令人沮喪的衰老？不過當我與愈來愈多研究調查及處在中年的人交談，我愈來愈看到與中年最相關的是「選擇」。有些人遭逢中年危機，但是大多數人不會，即使悲劇和失落成為他們人生的點綴。茁壯成長的人會調整自己的精力與注意力，從追求快樂到尋覓意義，從獲得成功到珍惜人們與專注當下。

中年的我們，是現在這個樣子，因為在此之前，我們已經做了許許多多選擇，不再能夠成為自己希望的任何人——太空人，紐約大都會博物館的色彩評論家，或者是母親（對有些人來說）。不過，我們仍然有許多選擇可以去超越中年危機文化引導我們相信的。令人高興的是，比起二十五年或三十五年前，現在可以做出比較明智的選擇：我們可以在數十年的勝利與失敗帶領下，蒐集那些塑造我們的經驗，然後轉向人生下半場，以我們擅長的、有永恆意義的（我膽敢這麼說嗎？）、可以帶來喜樂的事情為核心。

---

2 譯註：二〇一〇年十二月，北非突尼西亞首都突尼斯爆發一連串警民抗爭事件，並擴大為反政府與追求民主自由的浪潮，又稱為「茉莉花革命」，對中東地區及世界造成極大衝擊與影響。

好的中年是刻意形塑而成的，所以我們可以選擇如何面對伴侶和朋友、重新看待工作、承擔挫折、留下足跡。讓我們從生命中賦予你得以跟隨我至今的那一部分出發——從你的中年大腦開始。

第3章 中年的腦，還能記住新把戲嗎？

三月

二〇一三年三月十六日星期六

寒冷、陰暗、泥濘的早晨，不過七點三十分，曼哈頓中心區愛迪生聯合電氣大樓裡，亂中有序。數十位來自科學電視台的攝影師、錄音師、製作人，全都穿著螢光橘，在十九樓的大禮堂架設器材，現場一片混亂。在成排的長桌中，五十幾位參賽者三三兩兩聚集一處，有些緊張的笑，有些正在細讀一張張紙。這些年輕人（幾乎都是男士），看起來從二十幾歲到三十幾歲都有，大部分來自鄰近的一所高中。歡迎蒞臨美國記憶錦標賽，在這裡，腦袋勝過肌肉，思考贏過行動。

我掃視全場，對有如寶時捷跑車暖車中的年輕大腦不感興趣；我想找的是有如一九六七年雪佛蘭跑車的中年大腦，試圖很快地加速，然後緊緊握牢。

我看到布萊德．祖柏坐在一張長桌的一端，瘦瘦高高的，娃娃臉上戴著一副無框眼鏡，看起來比實際年齡四十四歲還年輕。你可以把他想像成偵探節目中早熟的數學天才。他正在看一疊卡片，一張張翻閱著。我走近他，有些遲疑。距離競賽開始只有一小時，他戴著耳塞、以手掌輕矇住眼，與世界保持距離。

雖然不太願意這麼做，我還是走到他面前。「我的頭腦無法專注，」他痛苦的說，「心思沒有放在對的地方，著實讓我感到有點壓力。」

祖柏代表了我對中年最深的期許：去年他名列第五。一九九八年，美國開始舉辦這項競賽，參加挑戰的「心智運動員」使出不可思議的本領，例如在幾分鐘內，記住幾十個名字和臉孔、原創的詩詞、長串的數字、甚至多達三組的撲克牌順序。前三年由一位女士獲勝，但是二〇〇一年以來都是由年輕男士奪冠。

前一日的訪談中，祖柏告訴我，他對名字和數字的記憶向來不好。「如果打電話給查號台，對方說：『號碼是……』，我必須寫下來，因為即使只過了掛上電話再撥號的短短時間，我依然無法記清楚這組號碼。」他承認，「名字和臉孔也是如此。」

四十出頭時，他採取防禦行動，買了訓練記憶的書，開始練習。一開始每日幾分鐘，很快便有了進步。記憶曾經是他的弱點，現在卻成為他謀生的方法：他教導小學生記憶的藝術，搭配雜耍和歌舞表演，使他們持續注意並參與其中。對父母、小型企業或任何希望學習如何讓頭腦靈敏的團體，他也如法炮製（但是不會有雜耍）。

祖柏可以在九十五秒內記住一組撲克牌順序（世界紀錄是二十一秒）。比較實用的是，他不再忘記鑰匙放在哪裡，方法是：想像這些鑰匙在放置的桌面上炸出一個洞。我現在也用這一招。他對於記住臉孔依然感到費力，不過當你告訴他電話號碼，他從來不需要用到筆。他說記憶靠的是努力，與年齡無關。

「想像剛開始刷牙時，令人感到不舒服。『啊，這麼做不值得，長大後牙齒也不會有問題的。』突然五年或十年後，你去看牙醫，他說：『嗯，因為你沒有好好照顧牙齒，我們必須把這些牙齒都拔掉。』我們的記憶力也是如此。」

現在，在這個參加競賽的早上，祖柏的自信心降低了。他低頭瞄著手上卡片，在競賽開始前，焦急的把更多東西塞進腦袋裡。我讓他繼續這麼做，抬頭看到保羅．梅勒，他揮手要我過去。

五十四歲的梅勒是另一位我在追蹤的中年參賽者。他曾經進入決賽，相信自己今天仍有機會。他正在與衛冕的尼爾遜．戴里斯閒聊。正值而立之年的戴里斯，其特質組合，書呆子看似不可能擁有：絕頂聰明、嚴守紀律、泳裝模特兒的體格、登山家——他即將二度嘗試攀登聖母峰。他選擇穿著短袖圓領汗衫，將滿身的肌肉緊緊地包起來。我猜想這並非偶然。攝影機主要會對準他，因為他可以在四十秒內記住一組撲克牌，五分鐘內記住三百一十個數字，十五分鐘內將一百九十三個名字與臉孔配對，而且連續兩年衛冕成功。

「你覺得自己準備好了嗎？」我問戴里斯。

「我睡得不多，」他指出，「不過我覺得狀況還不錯，鎮靜、對展開比賽感到興奮。」

我轉向梅勒。

「我很興奮，」梅勒說，看起來很開心。「今天大腦運作良好，看看會發生什麼事吧。我已準備妥當，不會比現在更好了。」

*

前一天我開車到維吉尼亞州威廉斯堡，觀察梅勒如何在公司培訓大會的一百五十位行銷經理人面前，展現他的記憶魔法。身材結實、身高超過一百八十公分、鼻梁挺直、一頭銀髮，梅勒對著熱切希望相信這一切的觀眾，證實了中年的頭腦仍令人驚奇。

開場時，他先請一位自願者寫下二十個字，然後每隔一秒念出一個字。過了幾分鐘，梅勒講了幾個故事、說了幾則笑話後，又以發射機關槍般的速度和準確性，快速的講出這些字。接著，他請自願者將順序倒過來，每隔一個字便圈出一個字。

「所以第二十個字，你圈出的字是『杯』，對嗎？」梅勒問，對答案胸有成竹。「第十八個字是『酒』，第十六個字是『墊』……」他繼續往前推，不斷加速直到「第二個字是『車』」，正確無誤的結束。

觀眾坐著，一陣鴉雀無聲，接著爆出掌聲。

以九十分鐘時間、不用任何筆記，梅勒教導他們記憶的祕訣。先前他也曾對著數十場的觀眾，教導警察如何記住車牌號碼與犯罪現場，訓練辯護律師如何不靠筆記而記住口供證詞、陪審團的臉孔及結辯，還有銀行行員、政治人物、郵局職員、業務員等，任何需要把容貌與姓名、以及相關事實連結在一起的人。

最令我欣賞的是梅勒的演講很實用。我打賭他的觀眾中，沒有什麼人在乎記住一組撲克牌順序，或是一長串數字；不過能夠記住購物清單，或是把名字和臉孔連結起來，這些能力就好比紅寶石般珍貴。

「我常常見到某人，他們才剛說出自己的名字，我就想不起來了，」他告訴觀眾，「然後你心裡想：『糟糕！』這樣的事會發生在你身上嗎？」他這麼問，觀眾會意的點頭。

梅勒說，如果你想記住名字，那就重複它並且運用想像力。當他認識一個名叫華爾特（Walter）的人，便會在腦海裡把他朝著牆（Wall）丟過去[1]；名叫羅克珊（Roxanne），則會想起警察合唱團的歌曲；裘莉（Julie）全身穿戴珠寶（Jewels）[2]；東尼（Tony）是獎座，但是注意不要叫他奧斯卡（Oscar）[3]。

「我真的相信記憶會隨著年齡而變好。」他做出結論。現場觀眾有如嘆了口氣，如釋重負。梅勒的記憶並不完美：他承認自己會忘記眼鏡放在哪裡，或是離開家時是否啓動了防盜警報器。他想起有一次瘋狂地尋找自己的手機，最後才發覺自己正在通話中。

即便如此，當他全神貫注，一定能夠記得住你的名字。例如我是芭芭拉．布萊德里．哈格

1 譯註：以諧音來記憶。
2 譯註：以相似字母來記憶。
3 譯註：前者表彰傑出舞台劇，後者則頒給傑出電影。

提（Barbara Bradley Hagerty），就是鐵絲網（Barbed wire）、本・布拉德利（Ben Bradlee）、惡作劇到令人屁滾尿流（haggarty）。[4]他採買時不需要購物清單，也不需要找紙寫下你的電話號碼。他記得《聖經》經文，演講時不需要備忘稿，當然也可以在五分鐘內記住超過一百個數字。

「如果吞下一顆藥丸就可以增強記憶力，那麼排隊等著領取的人大概可以繞地球一圈了。」梅勒說，「我們的記憶力不足，答案早在自己的大腦裡。我們肩上有個最偉大的電腦系統，只是沒有人教我們如何運用。」

年輕的大腦勝出

上午九點整，參賽者接到幾張紙，上面有一百一十七個臉孔，名字寫在下方。他們有十五分鐘時間可以把這些臉孔和名字銘刻在腦海裡，之後他們會收到另外幾張紙，上面只有臉孔、沒有名字，順序也不一樣，任務是填上名字，愈多愈好。

我看著這些中年的參賽者。祖柏皺著眉頭，緩慢又小心。梅勒看起來很放鬆，鉛筆停在一個臉孔上。戴里斯潦草的寫下名字，速度快如在聽寫。

「我感到很欣慰，」戴里斯事後告訴我，「我可以完全答對，非常順暢，有如一切都同步進行，這種感覺很好。」

梅勒承認自己過去表現的比較好。「我不會名列前茅，」他笑著預料，「但是你也知道，總有一份免費的午餐，沒什麼比這更好了。」

梅勒的話聽來充滿哲理，祖柏則是身心交瘁。

「我的處理速度變慢了，」祖柏承認，「比起三十幾歲時，我知道思考需要花更多時間。」

繼續觀察我的中年夥伴，狀況很快就變得更差了。到了上午場次結束，歷經以狂飆的速度記憶數字、撲克牌及詩詞，梅勒、祖柏及所有其他中年參賽者都被淘汰了。戴里斯遠遠超前，是競賽進入最後幾個回合，衆人最看好的。

如同我們所預期，在要求快速處理的競賽中，決賽屬於年輕人：有兩名高中生、兩名大學生，另外四位男士，年齡都在三十六歲以下。在決賽中，他們需要記住一組或兩組撲克牌順序，然後大概是爲了電視播出，參賽者戲劇性的輪流報出牌序，一個接著一個。很快的，只剩下兩位還站著。

令所有人十分訝異的是，戴里斯在說出牌序後，立即露出如受重創的神情。

「不對！」主持人嚴肅又緩慢的說。觀衆眞的倒抽一口氣，有如置身電影中。

戴里斯不是敗在處理速度，而是野心：他試圖記住兩組撲克牌順序，因此混淆了。觀衆在一片沉寂中，等待因爲戴里斯出現失誤而感到震撼的瑞姆．卡立，猶豫地說出最後一張撲克牌。

「我們產生新的冠軍得主。」主持人宣布。三十二歲的卡立咧嘴笑了。

*

4 譯註：第一個是諧音的物品，第二個是諧音的名人，第三個是諧音的俚語。

幾天後，我在家爲紐約之旅作準備。傍晚時分，我聽到來自側門有些遲疑的敲門聲。一位幫我們修理屋頂的工人，有點難爲情地站在外面，實際上他是在等我。他指了指我的車。

「你的車一直在運轉。」他觀察並說道。

隨著他注視的方向，我看到我的本田汽車還在震動。我讓車子空轉了近四個小時，耗掉四分之一油箱的汽油，還有因爲收音機開著，已經過了三個節目，《通盤考量》節目早已播出一半了。

如果這是例外，我可能會覺得好笑，如同在美國全國公共廣播電台停車場，我首次讓車子空轉一整天。不過這些日子以來，我與狡猾的敵人——健忘的大腦，不斷地打游擊戰。我內在的小小失憶症，一直巧妙地找出遺忘的新方式；而當我打最後一仗時，它總是比我搶先一步。在鳳凰城，我把處方藥遺留在飯店房間裡？好吧，從今以後退房時，我都會仔細檢查浴室。到了亞特蘭大，我把外套留在機艙裡？好吧，離開飛機前，我會一再檢查座位上方的置物箱。即便如此，我仍無法預測下一個健忘的舉動會在哪裡出現。

兩週前，在從辦公室到車子的路上，我忘記自己把那件最喜歡的黑色毛線背心放到哪裡去了，那是妯娌凱薩琳送的禮物。我明明記得在鎖辦公室的門時，我把背心連同電腦袋與皮包披放在手臂上，不過回到家，背心卻不見了，而且沿途我並沒有停下來。單單只有背心消失了，從我若有所思的心眼中脫逃。散漫的大腦再次獲勝。

祖柏告訴我，過去他常常分心，但是透過不斷的訓練，現在他可以在一小時內記住九組撲克牌順序。對此，我說：「但這不會幫我找回背心啊！」不過我採納他想表達的重點。每天都需要給記憶一些挑戰：也許是學習三個新單字，或是記住一個剛認識的人的姓名兩分鐘，這麼一來，我會變得聰明些。希望他是對的。我要嘗試大腦訓練。

激起最深的恐懼

我聽過衡量智力的方式之一，是回想最早的童年記憶在何時發生。我刻意選擇不去證實這個理論。我不想知道答案，因爲我最早的記憶之一，只能回溯到小學三年級。沒錯，我活了八年，只有另一件事在更早之前在腦海中留下永久的印象：四歲時我從蘋果樹上摔下來，很痛。大半時候我做著白日夢，眞實的世界包括乘法表及SRA閱讀實驗室[5]，皆有如過度曝光的照片般模糊。

記得三年級的某個週六上午，我坐在教室裡參加SSAT測驗，以取得資格進入一所私立學校。我就讀的公立小學校長告訴我父母，我的學業落後，可能需要去「特殊學校」。我的父母拒絕這麼相信，認爲我不過需要在人數較少的班級，以及比較嚴格的老師。

「請開始作答。」在那個寒冷的早春上午，監考官宣布。我拿起二號鉛筆，回答第一題，接著是第二題，然後無意中瞥見一個東西。「是一隻知更鳥嗎？」我邊想邊凝視著窗外。「這些是知更鳥寶寶嗎？不知道牠們會不會試著飛行？」

5 譯註：美國閱讀自主學習教材。

「放下鉛筆。」監考官指示。我只回答了兩題，卻度過了不可思議的一小時，想像這些知更鳥新朋友的生活。

我很幸運，父母不贊同校長的請求——把我留級，或是找另一所比較適合我看起來的智商的學校。父親除了幫助我理解家庭作業，相信我，他還每天為我禱告。四年級的老師塞爾斯女士看到了我的努力，把我抱在懷裡，斷言道：「我**知道**你曉得九乘七是多少。」很快的我就會了。煙霧消散，白日夢逐漸遠離，我的成績開始突飛猛進，這一切不過是因為我比其他同學更努力。不管在大學或研究所，在《基督教科學箴言報》或美國全國公共廣播電台，我相信任何成就皆歸功於一個事實：如果我好好努力，就可以表現得比智商所顯示的更好。

四月的某一天，我帶著這樣的心理包袱進入馬里蘭大學的實驗室。幾週前，我讀到兩位瑞士學者所做的研究。蘇珊·賈姬（Susanne Jaeggi）與馬丁·布希庫爾（Martin Buschkuehl）是夫妻，正好在離我家幾公里處教書。二〇〇八年他們顛覆了長久以來對智能的信念。大多數研究智能的人相信，人天生或「流質智力」（fluid intelligence）是由基因所決定，而且在幼年就定型了。這兩位瑞士學者則認為，人的流質智力可以改變，透過訓練便得以加強。我想測試這樣的理論，希望看看腦力訓練是否可以提升我的智商。

他們樂意這麼做，並且表示我應該前往實驗室接受一連串的智力測驗。最後他們會給我一個電腦隨身碟，內含腦力訓練遊戲。接下來一個月內，我必須至少進行二十堂的練習，然後再回去接受第二組測試，就可以看出腦力訓練是否提升了我的智商。

初次拜訪他們的前一晚，我幾乎沒有闔眼。我確信很快就會顯示我不過是個騙子，愚笨卻裝聰明，有如一幢以撲克牌搭建的房屋，假象隨時可能崩毀。第一個非正式測驗：找到前往實驗室的路，我就不及格了。我必須打電話給實驗室的管理人艾莉．史戴格曼，請她來找我。

整個上午，艾莉引導我進行認知測驗。她約莫二十來歲，身材嬌小，留著瀏海與褐色長髮，滿臉笑意，讓我感到輕鬆不少。她引導我到一個沒有窗戶的房間後，我們隨即開始一系列令人感到煎熬的測驗，用來衡量我在推理、將物件在空間中重新定位，以及記憶愈來愈長串數字和字母的能力。

有兩項測驗，我的印象格外深刻。高級圖形補充測驗，又稱瑞文氏測驗（Raven Test），題目中出現好幾個有圖案的立方體，以及一個空白的立方體，你必須找出少了哪個圖案。這是流質智力的標準鑑定測驗，小學與軍方都經常使用。我努力應答這項基本智力測驗，三年級時曾有的自我懷疑如今排山倒海而來。我喃喃自語、邊想邊說，對自己的表現感到難為情。

緊接著艾莉說明一項更有挑戰的測驗，稱為博奇墨氏圖形測驗（Bochumer Matrices Test，簡稱BOMAT）。她把一小疊紙推到我面前，我翻頁看到第一題，有十四個複雜的圖案，方形、圓形、箭頭、三角形、十字交叉的組合令人眼花撩亂，還有一個空白，需要填入少了哪個圖案。艾莉說明，解答可以從橫向、縱向或對角找出來，或者後退，憑直覺看出缺少的圖案。我盯著紙上的組合，然後茫然地看著她。我聽不太懂她的指示。

她站起來，走到門口。

「如果來不及完成測驗，不必擔心，」艾莉安慰我，「這些題目有點難。」

就這樣，她輕輕地關上門，讓我獨自面對夢魘。從一開始解題，我就碰到困難，花了兩分鐘才答完第一個題目，第二題則完全不知道怎麼作答。我不斷自言自語、斥責自己，漫長的十分鐘後，才剛開始進入第五題。我快哭出來了，幾乎要站起來，走出去。然後我想，「如果這件事攸關生死？如果這是電視影集《24小時反恐任務》劇情之一，而想要避免美國遭受核子恐怖攻擊，全靠我在這些測驗中的表現？」我繼續坐著，但是表現並沒有變好。二十五分鐘後，當艾莉回來時，我只做完十五題，而且我猜其中有十一題的回答是錯的。

「有沒有簡單的測驗啊？」我問。

「沒有。」艾莉回答，懊惱地微笑著。

在測驗之間，賈姬與布希庫爾這兩位讓我們對智力改觀的巨擘，走進實驗室與我會面。四十歲的賈姬，中分的褐色長髮下垂到接近腰部處，臉上脂粉未施，戴著褐色眼鏡，穿著V字領褐色長袖運動衫和綠色工作褲。賈姬的丈夫布希庫爾比她小四歲，身高約一百九十五公分，體格強健，短短的捲髮中有些早熟的灰白，典型的英俊面容，下顎方正，金屬邊框眼鏡後面是親切的眼神。我們走到校園的咖啡館聊聊。他說話緩慢而輕柔，她說話則快得有如機關槍。

他們兩人在瑞士伯恩的大學裡相識，從此合作進行認知研究。幾年前有一天，布希庫爾讀到一篇論文，一位認知神經科學家發現，年輕人接受數週腦力遊戲訓練後，一項稱爲「工作記憶」的關鍵智力型態會有所改善。

布希庫爾對此有些質疑。

「我對蘇珊說，『嗯，我不認爲這行得通。』然後我們決定，『好吧，試試看重複這項實驗。』」他如此回顧過往，「我們在另一組人身上進行了這項實驗，結果真的有效。對此，我們其實很訝異。基本上，研究就是這麼開始的。」

他們告訴我，大多數研究大腦的人將智力分爲兩大型態：流質智力與晶質智力（crystallized intelligence）。流質智力指解決新問題、推理、不依賴過去經驗及知識理解事物的能力。這種原生的智力直到二十幾歲都會不斷增加，不過研究人員認爲極限受制於基因。

「因爲這種型態的智力具預測性，試圖改善它很有意思。」賈姬補充，「它可以預測學業及專業成就。」

晶質智力則指從學校、工作、日常生活中學到的所有事物：字彙、常識、特定技能、數學、閱讀能力。這種智力直到中年，甚至對許多人而言，到了七十幾歲都會持續提升。《危險邊緣》電視智力競賽的優勝者即具有強大的晶質智力：鮮爲人知的首都、俄國芭蕾舞者的姓名、一九五〇年代的電影明星。美國記憶錦標賽的優勝者所擁有的晶質智力便有些不同，不是靠天生過目不忘，而是透過訓練記住一組撲克牌。依流質智力我應該去讀特殊學校，但是晶質智力拯救了我。

長久以來，大家知道藉由練習特定的技巧，可以增進記憶與許多其他的認知能力。例如，記住上百個數字，或是透過射擊敵對太空船的電玩遊戲來改善感知速度。盛行的觀點是，磨練一項技能對另一項並沒有幫助，亦即無法「轉移」，因此，記憶競賽的冠軍記得住一組撲克牌，但是記不住雪花的圖案；《危險邊緣》競賽優勝者知道許多事實，但是把臉孔與名字配對，他的表現不見得會比你我好。

賈姬與布希庫爾也曾經這麼相信，但是當他們以特定的電腦遊戲訓練年輕人，他們開始認為從根本上變得更聰明，確實可行。

具體來說，這些年輕人增進了「工作記憶」。工作記憶是短期記憶的高階版，指在操控、同步處理與更新資訊時，把資訊留存在腦海裡的能力。不單是看到單字，而是明白串連成一句時，它們所代表的意義。這是流質智力很重要的元素。

「我們描述工作記憶就好比是大腦的心血管功能，」賈姬解釋，「是各種不同更高級的認知能力基本的運作機制，包括晶質智力、閱讀理解與數學技能。」

賈姬與布希庫爾推論，找出增強工作記憶的方法，也許可以從根本、流質智力的層次，讓人變得更聰明，有如以某種方式鍛鍊身體，讓你在其他方面也更健康。

「如果你藉由慢跑來改善心血管功能，」賈姬這麼說，「對於仰賴心血管功能的其他活動，例如騎自行車、爬樓梯或游泳，可能也有所助益。」

他們所做的，本質上就是增進大腦的心血管系統，請年輕人玩某種電玩遊戲，每天二十分鐘。有些接受八天的訓練，還有些最多接受十九天訓練，並且在接受電玩遊戲前後，以不同方式測試他們的流質智力，就是稍早我所忍受的測驗。令人又驚又喜的是，研究人員發現，參與者不僅對電玩遊戲愈來愈擅長，各種流質智力測驗的表現也進步了，同時也看得出「劑量效應」（dose effect）：訓練的天數愈多，測驗所得的分數愈高。對於害怕面對智力無可避免地衰退的中年人而言，還有更令人高興的發展——這兩位瑞士籍的研究人員後來又發現，對平均年齡六十九歲的年長者，腦力訓練依然可以提升流質智力；而且與年輕人一樣，接受的訓練愈多，改善的幅度愈大。

二〇〇八年五月，這兩位研究人員在著名的《美國國家科學院院刊》發表成果，震撼了認知心理學界。有些評論宣稱這不可能是眞的，堅持這樣的結果無法複製。不過在認知研究學界，有些聲望頗高的學者認眞看待這些結果，很快地有人複製研究，也獲得相同的結論。

即使是現在，腦力訓練的爭議依然熱烈進行著，而我只能描述發生在我身上的事。

這一天到了最後，布希庫爾給我一個內含訓練遊戲的隨身碟。接下來這個月，每週五天我會「玩」這些遊戲，然後再回來看看智力是否有所提升。我對於自己即將面對的折磨與自我懷疑一無所悉，便遲疑地看著賈姬。

「所以我可以讓自己變得更聰明嗎？」我問。

「有可能。」她說。

我倒不這麼肯定。也許年輕人會變得比較聰明，但是我懷疑自己五十三歲的大腦是否可以學會新把戲。

三月二十六日星期二

這星期我需要完成寫這本書所必須進行的背景研究。美國全國公共廣播電台的寫書假已過了將近四個月，終點卻有如非洲的波札那般遙遠。現實人生介入其中。

現在哥哥和我坐在希貝里紀念醫院的家屬等候室，時間已接近午夜。母親進入手術室三個小時了。昨天早上她在公寓的走廊上失足跌倒，導致大腿骨粉碎。我猜九十一歲的骨頭，發生這樣的事不足爲奇。這些骨頭脆弱得令人無法想像，外科醫師正試圖拼湊她的股骨，有如修復破裂的瓷器般。

母親是當天最後一位接受手術的病人。如今只剩戴夫和我坐在光線微弱的房間裡，我們兩人不時將視線從筆記型電腦上移開，抬頭講故事。

「我跟你說過我第一次動手術的事嗎？」戴夫問。我搖搖頭，把身體往後靠。這項手術在很多年前進行，當時戴夫經營一家顧問公司，專營醫療產業。

「由於進行的是腳部手術，所以我只接受了局部麻醉。我仍然有意識，不過很模糊，之後覺得好像整個手術過程中，我都在講話。兩週後複檢，見到外科醫師時，我問他，『手術中我說過話嗎？』

「『沒錯，你有說話。』他說。

「『眞的嗎？我說了些什麼？』我說。

「『你好像在做有關醫師收入的簡報，我們都很感興趣。』他說。

「『整個手術中我都在講話嗎？』我問他。

「『是啊，』他說，『最後你還開放提問。』」

我們兩人笑個不停。守在母親身旁兩天，現在得以短暫的輕鬆一下，確信我們又走過母親衰老的一個里程碑。在我的心靈之眼，又存下這張快照：美好的瞬間，與我敬愛的哥哥在一起，在混亂環伺老年之前，正式開始與管線、嗶嗶作響的監控器、痛苦的物理治療爲伴的間歇。

我很遺憾錯失了子女所帶來的不便，他們總是慣於隨時破壞周全的計畫。不過父母讓我稍稍嘗到箇中滋味，先是父親，現在是母親，需要我騰出更多心力與時間。看著母親漸漸喪失身體機能，我很驚訝自己這麼心痛，不禁思索當她逐步邁向死亡時，怎麼做才是最好的。如果手術後她無法完全復原，永遠不能再走路，對於一位極其獨立的人，可以接受這樣的人生嗎？我希望她善終。我看過相反的景況，當心智、身體、記憶、控制感完全被剝奪，呆滯、咆哮和暴怒似乎變得正當且理所當然。我不希望母親變成這樣。

另外我很羞愧地承認，當母親躺在手術台上時，我擔心的卻是自己的事——怎樣趕上寫書的進度？如何重新安排採訪與出差？在照護她的同時，我怎麼寫稿？即使埋怨母親的念頭只是一閃而過，我都覺得自己很自私：她是我最親近的人，是我多年的知己。不過我明白我們被迫踏上長征，先是復健和物理治療，整天在醫院裡為母親爭取權益，之後每天到她居住的公寓探望，且這樣的時間不知道需要持續多久。就算我曉得對多數的中年人而言，這是進入人生新階段的必經之路，卻依然令我直冒冷汗。

外科醫師走進家屬等候室，看起來筋疲力竭。他說手術很順利，但今晚她會待在加護病房裡。

「骨頭有多少處破裂？」我問。

「數不清。」

他要我們回家。我們都需要盡可能休息。

成年大腦的混合狀態

一旦超過三十歲，大腦就開始出現小毛病；到了四十歲，大腦偶爾會停擺；到了五十歲，你只希望轉動鑰匙時，它會啓動。

「幾乎所有與神經相關的重要層面都會隨著年齡而衰退。」馬克．麥克丹尼爾（Mark McDaniel）觀察到。他是美國聖路易市華盛頓大學心理學教授。

覺得自己的反應變得遲緩？因爲神經突觸放電的速度變慢了。想不起來爲什麼走到地下室？因爲大腦被預設系統所挾持。忘記多年同事的姓名？因爲它塞在大腦皮質某個皺褶深處，暫時無法取得；不過你不需要它時它卻會跳出來。當然這一切都很合理，畢竟你的大腦漸漸縮小了。

「神經化學、生理、傳導互動，這些方面都會隨著年齡而下滑，」麥克丹尼爾這麼說，「所以預期會有些記憶衰退，相當合理。」

儘管如此，麥克丹尼爾與其他腦部研究人員仍然保持樂觀。

「我認爲中年是大腦最好的時期。」丹尼絲．巴可（Denise Park）如此堅稱。她是德州大學達拉斯分校的神經科學家，也是活力長壽研究中心主任。「到了人生這個階段，你擁有兩種認知資源，一是速度、記憶、工作記憶，那好比心智的馬力；不過你同時也有常識、經驗與判斷力。我眞心相信，就整體認知能力而言，知識與認知資源良好的融合，可能成爲你一生中效益最好的時期。」

啊，我覺得好些了。不過在我們將焦點轉向長期使用的大腦到底有多棒之前，讓我們先了解在沒有修整的情況下，大腦會出現哪些小瑕疵。

第一個瑕疵是「舌尖現象」——話在嘴邊，你知道有個字，但是它固執的潛藏著，只差一點點，你就可以找出它了。

「隨著年齡增加，我們喪失對專有名詞的記憶。」亨利（又稱羅迪）．羅迪格三世（Henry "Roddy" Roediger III）這麼說。這位六十五歲的美國聖路易市華盛頓大學心理學家，是《超牢記憶法：記憶管理專家教你過腦不忘的學習力》（*Make It Stick: The Science of Successful Learning*）一書的共同作者。

「要記住熟悉的餐廳名稱，對我似乎有些困難。我可以想像到那個地方，也知道它在哪裡，但就是想不起來它叫什麼。過了十秒可能會想到，但是不像過去，馬上就可以想起來。」

腦部研究人員，例如南加州波莫納學院的黛博拉．柏克（Deborah Burke）認爲會發生這種情況，是記憶三步驟的最後一步——檢索——失敗。當你聽到一個名字（第一步：輸入）[6]，大腦把這個資訊儲存在短期記憶中，直到可以找到更好的地方存放（第二步：儲存），理論上應該可以隨時立即找出（第三步：檢索）。不過名字的聲音，例如安潔莉娜．裘莉（Angelina Jolie），與這個人相關的資訊，儲存在大腦不同的地方。她的職業可能放在「以攻擊性武器爲特色的電影明星」之處，也可能放在影像的小小貯藏箱裡：「漂亮、顴骨高、令人忌妒的瘦。」

6 譯註：又稱編碼。

第三個貯藏的抽屜可能與關係相關：「布萊德．彼特，以及一群小孩。」隨著年齡增長，特別是如果你並不常想到裘莉，名字的聲音與其他有關她的資訊的連結就會變弱。讓情況更加混淆的是，名字是隨意的。爲什麼她叫裘莉，而不是舉例來說叫作愛蓮娜．羅斯福？想要記起她的名字，試試看提示記憶，例如按照字母順序逐一回想。更好的方法是模仿心智運動員：在她身上貼上天使的翅膀，這樣至少腦海中有個圖像可以與她的名字連結。

第二個瑕疵是漫不經心。有多少次你走進廚房，停下腳步，卻想不起來要做什麼？或是多少個早晨，你在房子裡跑來跑去，眼看上班就要遲到了，卻在瘋狂的尋找車鑰匙？還有多少時候，你亂了思緒，不知道自己原來在想什麼或要說什麼？羅迪格說這樣的漫不經心，不但與大腦的變化有關，也與中年的現實要求有關。

「我想，比起四十歲、已婚有兩個小孩、還有一份工作的人，二十二歲的人需要跟進的事比較少。」他說，「可以這麼說，有一部分可能因爲認知負荷增加，人生中需要注意的東西多了很多，以致你會忘了某一些。」

「我想這可能是原因之一，」多倫多大學神經科學家雪洛．葛雷迪（Cheryl Grady）這麼對我說，「另外也因爲我們不曉得大腦已經有所變化。」

其中一種改變牽涉到所謂的「預設系統」，即大腦中讓思緒漫步出界，從手邊的任務轉移到內在世界的系統。

「例如你正專心看著雜誌或電視，」葛雷迪說，「幾分鐘後卻發現思緒已經神遊太虛了，你現在想的是『明天下班後，我要去市場採買……』，預設系統與這樣的思緒漂移有關。」

葛雷迪在多倫多大學的實驗室中看到預設系統如何運作。透過一系列研究，她觀察年輕人、中年人和老年人接受腦部掃描時所產生的現象。有時會給他們認知挑戰，例如回想他們剛才看過的字或圖像；有時只是靜靜地躺著，盯著上方螢幕的十字交叉。

請年輕人集中注意力時，額葉與心智集中相關的部分會發亮，與思緒漂移（預設系統）有關的部分則會變暗。葛雷迪指出，看著運作精確的年輕大腦，從集中注意力轉移到做白日夢後再回來，就像看著兩個孩子玩翹翹板，當一個孩子往天空高飛，另一個就會快速墜落地面。但是年紀大的人，預設系統好像永遠不會關閉，原本快樂的翹翹板遊戲忽然停頓，兩個腦部部位都懸在半空中，胡亂擺動以爭取主導。中年的大腦介於兩者之間，沒有被自省制伏，但也沒有完全專注。

更糟糕的是，逐漸老化的大腦找不到躲避之處。來自四面八方、內外夾攻、使人分心的事務，吵吵鬧鬧的要求注意。當你走進廚房，忽然來了一封簡訊或是想到應該打電話給母親，這些事情轉移了你的焦點，使你想不起來自己到廚房要找什麼。年輕人較少發生這樣的情況。葛雷迪提到，隨著年齡增加，注意力的範疇變得比較廣。你的視野向後退，涵蓋書桌上所有的東西，而不只是面前的筆記型電腦。年長者確實看到了全貌，這在需要創意與智慧時很有幫助，但是在需要專注的時刻就慘了。

這些令人分心的事務可能出現，因爲大腦的開關有如寬容的餐廳領班，讓所有的客人都進去，不論是已經訂位或臨時出現。同樣的，老化的大腦有如吵雜的餐廳，只不過你實際需要的是安靜的燭光晚餐。

四月二十五日星期四：接受大腦訓練的第一天

解決幾個小技術問題後，我總算上載了賈姬與布希庫爾給我的腦力訓練遊戲，稱爲「n-回溯」（n-back）。n代表一個數字，操作方式如後：筆記型電腦螢幕上都是方塊，一個接一個，方塊會隨機變成閃亮的藍色。對我的考驗是，我必須記住先前哪個方塊發亮。1-回溯時，如果看到發亮的方塊，位置與稍早變成藍色的方塊相同（也就是前一個方塊），就按下「A」鍵；如果不是，就按下「L」鍵。2-回溯時，如果看到發亮的方塊，位置與前兩個變成藍色的方塊相同，就按下「A」鍵；若不是，就按下「L」鍵。非常難以解釋，要做到更是難上加難。我完全不喜歡這個遊戲，連一秒鐘也沒有。我的心跳加速，手心出汗，忍受了十五局的煎熬。我在2-回溯時表現尚可，電腦讓我可以晉級至3-回溯，不過我的成績很差，所以又退回比較容易的一級。

我一直想，「沒關係，如果今天表現不好，到了第二十天，表現相對就會好很多。」不過面對這個遊戲，我還是無法處之泰然，不願意看到自己失敗。我皺著眉頭按鍵，即使用一公升的肉毒桿菌也無法消除皺紋。所幸最後還是結束了。我希望明天會更好。

中年的聽力問題

在報告好消息前（有許多值得慶賀），讓我先談談另一個問題，它是愈來愈多中年同儕所熟悉的。

婚禮之後一週，我首次發現自己的聽力可能有問題。我剛滿四十三歲。星期一早上我正在鋪床，戴文站在浴室裡刮鬍子。

「猴子在水槽裡。」我聽到戴文這麼說，無法辨認他所說的意思。我很快地想了想，開始思考各種可能的組合：與猴子（monkey）押韻的字有哪些？厚重（chunky）、時髦（funky）……好像是錢（money）？與水槽（sink）押韻的字有哪些？眨眼（blink）、貂（mink）、收縮（shrink）……還是想（think）？有可能是：「錢在梳妝台上，我想。」但是這聽起來似乎是隨口講講。

過了幾分鐘，戴文對我這麼久都沒有回應感到詫異，這才轉向我，並且說：「你聽到我說的話嗎？」

我看著他，心裡想著：「休士頓，我們出問題了。」

「這顯示失去聽力可能影響到認知能力。」雪莉．威力斯（Sherry Willis）這麼說。她是老化的專家，在華盛頓大學主導「西雅圖長期追蹤研究」，這是持續研究一群人最大型的計畫之一。

聽力專家告訴我，許多人在中年時出現聽力問題。直到聽力受損超過二十五分貝，大多數人才會注意到自己有點耳聾。聽力不佳的人一開始無法在大腦中將資訊順利編碼，當後續需要檢索某人的姓名或回想開車的指示時，資訊根本不存在。我告訴威力斯，我有聽力問題，很可能是遺傳性的（我父親相當重聽），或是職業傷害，因爲身爲美國全國公共廣播電台記者，我花了很多時間戴著耳機，把音量調高，一再聆聽周遭聲音與採訪的錄音。

「如果你只能聽到句子裡的一些字，就好像使用網路或一般電話時通訊效果不佳，」威力斯同情的說，「以致你看起來不若先前機靈，而那其實是你獲取與處理資訊的部分能力受限了。」

即使輕微的聽力受損，隨著時間亦可能造成嚴重傷害。布蘭戴斯大學研究人員發現，輕度與中度聽力受損的人，相較於聽力良好的人，所記得的字比較少。當亞瑟．溫菲爾德（Arthur Wingfield）敘述他所觀察到的，眞有如他聽到了我的心聲：「一旦需要花更多心力理解字句，意味認知資源減少，如此一來便影響了更高層次的理解。」

令人開心的是，這個問題有解：購買助聽器可以解決大多數問題，包括避免讓親友感到厭煩，以及未來出現失智症。不過對我來說，這仍是對過早老化不光彩的投降。我不希望電池電力不足時，有尖銳的嘎嘎聲傳向我，所以寧可學習唇讀方法。戴文，請不要再提起這個主題了。

五月一日星期三：接受大腦訓練的第六天

這愈來愈讓我感到難爲情。遊戲從方塊變成物件：羅馬數字、海灘球、動作片英雄（我幾乎認不出任何一位）。我短暫地晉級至崇高的第四級，看來記住松樹的眼力還不錯。接著是英國城堡分類，我表現得不好，又回到第三級。我覺得自己好像在水面上行走，反應總是不夠快，也覺得赤裸裸的，有一部分的自我認同——行動迅速又正確——正在快速消失。

知識與經驗是關鍵

大腦縮小、神經突觸放電變慢，中年怎麼可能是腦力最佳的時期？威力斯與丈夫華納．雪耶（K. Warner Schaie）共同主導「西雅圖長期追蹤研究」，自一九五六年起追蹤約六千人的一生。這些西雅圖的居民，目前年齡從二十幾歲到超過百歲，每七年接受認知測驗，以衡量記憶、推理能力與處理速度，近幾年還加上腦部掃描。威力斯和雪耶可以描繪出受測者從青年、中年到老年的心智敏捷度曲線。

威力斯指出，中年（她定義爲四十歲至六十歲間）是腦力美好又穩定的時期。「很多人不相信，」她說，「但是若長期追蹤人的閱讀、記憶、計算能力，中年這段期間都很穩定，直到六十幾歲才會開始看到所謂與老化相關的構成性變化。」

當然，若將二十五歲的人與六十五歲的人相比，會發現年輕人記憶的速度比較快，也記得比較牢。不過如果比較同一個人於不同時期的狀況，前景看來就相當有希望。衡量六個面向的認知能力，受測者中年時的表現有四方面比年輕時更好。感知速度（即比較諸如數字、字母、圖案的能力）以及處理速度，在人生早期就已開始減緩。不過在受測者五十幾歲之前，研究人員無法測量出這些能力實質上有所衰退。其他能力則在中年時持續增強。歸納推理（解決問題、理解新概念、察覺模式）、空間定位與語言記憶（即記得讀到或聽到的），這些能力直到六十幾歲都還很穩定。一般來說，直到七十幾歲，字彙也沒有太大變化。

在職場上，講求速度、熟悉新科技，以及能夠以行動電話和靈敏的更新版推特留言，似乎只能給人一絲絲安慰。尼爾．查尼斯（Neil Charness）在佛羅里達州立大學研究專門技能，他發現比起二十五歲的人，六十五歲的人學習新科技需要花上兩倍的時間。不過二十五歲的人無法下載某些東西到自己的行動電話上。

「常識。」查尼斯說，「常識絕對是關鍵變數。」

有時候速度慢，表現反而比速度快更好。史丹福大學的喬伊．泰勒（Joy Taylor）研究一百一十八位機師，年齡從四十歲到六十九歲不等，接受爲期三年、以飛行模擬器進行訓練的測驗結果。一開始，年長機師的表現比年輕機師差，但是過了一段時間後，年長者的表現超越了年輕者，避免更多飛機墜毀。年長的飛航管制人員也會運用經驗或是晶質智力，在複雜的狀況中協助導航。

神經科學家巴可相信，箇中奧祕可能在於大腦適應的方式。她表示，年輕的大腦有如潤滑良好的高效機器，學習新單字或避免飛機在空中相撞時，運用的腦部部位較少。老化的大腦爲了彌補有些部位在一生中體積可能縮減多達百分之二十五，所以運用更多的腦部部位、更多的迴路，以及左腦和右腦並用，把這些增加的神經活動視爲鷹架。

「鷹架不是最理想的，」巴可說，「我的意思是，人人偏好擁有全新的美麗建築，好比鷹架移除後的華盛頓紀念碑。不過鷹架提供保護與支撐，讓建築可以持續屹立不搖。我想，神經鷹架也是如此。」

她指出，這是隨著年齡增加卻沒有看到智力急轉直下的原因。

巴可特別說明：「當你觀察老化的大腦，看到出現一些神經退化的人，他們的行爲良好、毫無問題，因此我常常提出的問題是：我們能如何盡量維持這樣的狀態？而不是：我們為什麼會出現衰退？」

查尼斯和其他人則認為，所謂的晶質智力（終身累積的知識與經驗）為年長者、思考速度較慢的表演者，提供了一條捷徑。他首先在西洋棋賽局中注意到這點，雖然大家都說那是年輕人的遊戲。年長西洋棋能手的反應可能不如年輕者快速，但是因為他看過無數的棋局，瞄一眼就知道應該怎麼下。

「你不會浪費時間在不會帶來任何進展的棋著上。」他說，「例如棋賽大師會立即放棄一個我可能想到的棋著，因為他們馬上知道如此便能以我未曾考慮過的方式破壞我的布局。」

查尼斯和其他研究人員指出，有些專業需仰賴「組型辨識」[7]。醫師曾經看過這些症狀；業務員有厚厚的旋轉式名片盒與廣大的聯絡網；作家和編輯對抑揚頓挫與措詞的感受；經理人懂得協商並解決不同問題，跟不同個性的人交涉；律師和法官（光看美國最高法院大法官就好）——這些人都需要運用長年在某個專業中所培養的情緒與認知智力。

我想到母親大腿骨粉碎後，為她開刀的外科醫師。接近午夜完成手術時，他走出手術房，看起來筋疲力竭，難以置信的蒼老——老到不適合再操刀，我這麼想。不過所有人都要哥哥和我放心，並且對我們說他是最好的。

---

7 譯註：pattern recognition，當感官接受到刺激時，個體必須根據過去認知處理的結果所產生的代碼加以辨識及分類。組型辨識使我們得以正確的解釋外界模糊的感覺刺激，維持生存。

「你會想請哪位幫你開刀？」我問查尼斯，「三十五歲還是五十五歲的外科醫師？」

「從文獻來看，答案相當清楚：你會希望這個人做過這項手術很多次，」查尼斯說，「他們知道如果生理結構出現異常，應該怎麼處理。我看過類似的情形，所以曉得需要做些什麼處置。相對於比較缺乏經驗的外科醫師，或許會不知道該怎麼辦。如果一位三十五歲的外科醫師知道最新的外科技術，還會有效地使用先進機械人手術工具或類似的設備，但若他沒有做過許多手術，便可能不擅於在發生問題前辨認出來。」

五月十三日星期一：接受大腦訓練的第十四天

我最近提過一種酷刑，稱為「n－回溯」嗎？我說過我每天有多麼害怕這個遊戲嗎？我很少會晉級超越「4－回溯」，也就是說，記得前四個看到的東西，與我當下看到的東西，相同或是不同。看花的表現還好，看樹的表現有改善，看旗幟勉強及格，但是在分辨不同貝殼、山嶺與羅馬數字上，我不堪造就。

我不再冒汗，只剩枯燥的厭惡。測驗做得愈多愈讓人迷惑：畢竟接連看了兩百顆海灘球，到底是前三顆、還是前四顆是紫色海灘球，很可能有些混淆。晉級到「5－回溯」的稀罕情況，純靠運氣：「嗯，這棵樹看起來很眼熟……當然，按「A」鍵……有段時間沒看到這個……按「L」鍵……前六個之中好像看過……好吧，不管了，就選它吧……」接著以近乎超然的好奇，看看我表現得有多麼糟糕（有時是有多麼幸運）。

我不知道我的大腦運作速度是否變得比較快，或是比較敏銳。老實說，我很擔心再次接受一系列測驗，但是對此我仍有所期待，這樣我可憐的大腦才可以休息。

培養「認知儲備」的能力

我到母親的公寓探望她，發現她一如往常地坐在客廳的白色椅子上，即將吃完晚餐。

「親愛的，」母親說，把餐盤放到一邊，「你可以告訴我量子力學是什麼嗎？」

我在另一張椅子上坐下，沒有忘記九十幾歲的母親問我有關量子力學的事。我猜想這個好奇，是由閱讀神經外科醫師伊本·亞歷山大（Eben Alexander）的專訪而引發的。他在《天堂際遇》（*Proof of Heaven*）一書中，描述了自己瀕死的經驗。

「嗯，」我開始說，「我來解釋一下什麼是量子物理。」

「不，我想知道的是量子力學。」

「我知道，不過我認爲它們基本上是一樣的。無論如何，即使不完全相同，也很相似。」

「好吧，」她說，口氣變得溫和些，「告訴我什麼是量子物理。」

我告訴她海森堡的測不準原理，在量子能級——

「這是什麼意思？」她打斷我的話。

「意思是比較小、次原子，比原子還小。」我說，「在量子能級，物質有著奇異的特性。在人的大小或星球的層次，物質的特性像是撞球，當一個東西碰撞到另一個，即有可預測的反應，但是在量子能級——」

「你的意思是比原子還小？」

「是的，沒錯。在量子能級就不依循牛頓的自然律，有可能粒子以某種方式作用，朝某個方向移動，但是不確定會如此。」

母親看著我，聚精會神，奮力地想要了解量子物理。我停下來，突然對母親心生敬畏，然後繼續向她說明「量子糾纏」，以及愛因斯坦所預測的「遠距離的鬼魅效應」。

「所以如果將兩個光粒子撞在一起，再把它們分開一百六十公里遠，當你改變其中一個粒子的自旋或速度，另一個粒子的自旋或速度也會立即改變，比光速還快。」我這麼解釋，「就好像它們一旦有所連結，就會持續這麼連結，有如它們成爲同一個粒子或某種東西。」

母親看著我，吸收這一切。「所以這些是什麼意思，親愛的？有什麼涵義？」

「嗯，媽媽，有些人會說一切事物都有關聯，有些人則說上帝交織著宇宙萬物。或者如果你不相信有上帝，那麼就是意識連結世上的一切。」

她想了想。「這是基督科學教會所講的。」她如此評述。

「媽媽，我知道。」

「你很聰明，親愛的。」

「不，媽媽，我只是受過教育。你才是眞正聰明。」

當我告訴哥倫比亞大學神經科學家亞可夫·史登（Yaakov Stern）這段對話，他欽佩的說：「這是老化的例外。」

毫無疑問地，這也是一種「認知儲備」的能力。

投資未來的大腦

「認知儲備」是大腦對抗老化摧殘的防衛機制，用以減緩記憶喪失及失智，同時也是這個問題的答案：當兩個人有相同程度的失智症病理現象（大腦出現類澱粉蛋白斑塊與神經纖維纏結的數量相同），為什麼一個人喜愛有關阿拉伯之春與量子物理的熱烈討論，另一個卻無法辨識出自己的女兒，每隔二十秒、一次又一次提出相同的問題？認知儲備雖然是這個謎題的解答之一，不過它本身就是個奧祕。到底是因爲腦質較多，還是神經連結較多？是因爲當斑塊與纏結擋路時，大腦仍有能力找到傳遞訊息的替代路徑嗎？

擔任哥倫比亞大學醫學院認知神經科學系主任的史登表示，對此，目前我們仍不清楚。不過至少我們知道：你終身都可以增加認知儲備，而且就像退休金，愈早開始、愈經常投資愈好。當然，人到了八十五歲的心智敏捷度，與是否幸運遺傳到好的基因十分有關，但是近年史登與其他研究人員發現，腦力並非由與生俱來的條件所注定。也許阿茲海默症的斑塊與纏結，生理上會自然發生，但是不一定就會喪失記憶，或是眞正損及任何的心智敏捷度。實際上，死後解剖發現腦部有阿茲海默症病徵者，約有三分之一的人在世時沒有出現任何症狀。

人生中有三個時期可以強化神經防衛機制：初期、中期、後期，也就是在你上學時、工作時及退休後。如果你不這麼做，後果必須自負。

人生初期，教育是讓你在八十歲時仍能維持心智健全的靈丹妙藥。最早有關認知儲備的研究之一，是史登與他的同事在一九九〇年代初期，追蹤近六百位年齡超過六十歲的人長達四年。他發現曾接受大學教育者，出現阿茲海默症症狀的機率，是接受教育時間不及八年者（在那個世代這不算稀奇）的一半。從事複雜的工作（例如經理人或律師），而不是建築工人或清潔人員，失智的機率也會減半。

「如果把這兩項加起來，」史登說，「教育程度低、職業成就低的人，相較於教育程度高、職業成就高者，患病的機率高出四倍。」

之後，其他研究人員發現，大學教育可以延緩記憶問題十年以上。當我閱讀這些研究結果時，不禁爲父母不因我三年級的表現糟透了而逼迫我就讀私立學校及大學，獻上感謝的禱告。不過我眞的認爲，當你仍在兒童遊戲區玩泥土時，父母所做的決定已描繪出七十年後你的認知儲備走向，這樣的說法似乎也有些不公平。如果教育即命運，有一大部分的人可能會因此感到驚慌。

不過請等一下！倫敦國王學院的教授馬可斯・理查茲（Marcus Richards）指出，人生任何時候，心智儲備都可能加強或流失。

「終其一生，你都可以使心智儲備增加，或者讓它減少。」他這麼對我說，「時間一過就無可挽回的迷思，絕對不正確。」

理查茲主導一項稱爲「一九四六年英國出生世代」的研究。英國政府詢問一九四六年某一週在英格蘭、蘇格蘭及威爾斯生產的母親，是否可以追蹤她們孩子的一生，自始至終。七十年後，政府蒐集了約其中五千五百位的詳細資料：從長牙與上小學、健康問題與運動習慣，到職業與（有些人）退休。研究人員記錄了孩子八歲、十一歲、十五歲的智商測驗結果。他們認爲智商將強而有力地驅動孩子一生的發展。然而他們錯了。

「有時我們存著固有的觀念，以為智商在幼年時就定型了，」理查茲說，「其實並非如此。智商顯然在年幼時最容易鍛鍊，但是之後仍然可以改善。」

智商以及從中年進入老年的認知功能，順應了人的生活型態。參加成人教育課程，可以在你的認知銀行帳戶中加幾分。培養一種嗜好，例如彈鋼琴或學習西班牙文，可以再加幾分。每天都散步？太好了！想要維護腦力，運動比其他任何東西都有效。不過請注意，熱巧克力聖代和炸魚塊薯條可能有如篩網，導致你未來的敏捷度一點一滴流失。事實上，不同的教育經驗、工作和休閒活動（我所指的不包括在電視機前吃冰淇淋），都會增加不同種類的認知儲備。

「現在我所說的很重要，因為研究指出，幼年之後仍可能繼續增加認知儲備。」史登說，「這是個讓人充滿希望的消息。即使沒有受過很好的教育，或是工作無法讓人感到有趣，你不見得就被困住了。」

史登和他的同事發現，積極參與人生的年長者，出現失智徵狀的機率會大幅降低。相較於最不活躍者，最活躍者罹患失智症的風險減少了百分之三十八。對記憶最有幫助的活動包括閱讀、拜訪親友、看電影、到餐廳用餐，或是走路和短途旅行。這也有累積效應：從事的活動愈多，與孫子女交談時也會感到更快樂。

此後布蘭戴斯大學的研究人員也發現，只有受過高中教育，但是中年時曾鍛鍊大腦的人（閱讀、寫信、參加講座、玩填字遊戲），晚年的記憶力跟大學畢業者一樣好。梅約診所研究人員追蹤近一千八百位年長者，發現教育程度低的人透過閱讀、演奏樂器、桌上遊戲及參與其他具挑戰性的活動，可以延緩失智症的發生超過七年。他們並非自幼就從事這些活動，而是中年才開始。

在中年之後發展認知儲備，我的母親堪稱典範。母親曾上過大學，畢業於愛默生學院戲劇系，不過她說自己受到的教育「不多」。她留在家裡教養哥哥和我，但是五十幾歲時，她開始在爸爸的小公司裡跟他一起工作，爲企業領導人舉辦會議。她清楚記得有一次搭機前往歐洲將一些歐洲企業領導人介紹給美國官員，其中包括詹姆士·施萊辛格，時任美國能源部部長。他的座位在前四排，母親想要請教他一個問題。

「施萊辛格博士旁的位子沒有人坐，我就走上前。」母親回想，即使到今天仍有點佩服自己的膽量。

「我說：『部長先生，請問我可以跟你坐在一起嗎？』他說好，手上拿著《紐約時報》。我說：『如果我只能做一件事來幫助先生的事業，請問我該做什麼？』他拿起《紐約時報》對我說：『把這份報紙從頭到尾讀過，而且要每天讀。』」

母親當時最感興趣的報導是《華盛頓郵報》的時尚版，此後她開始讀所有的版面。起初很辛苦（中東局勢好複雜！），但是很快地，她沒有一天可以少了《紐約時報》、《華盛頓郵報》、《大西洋月刊》、《國家新聞報》及《美國有線電視新聞網》。我從不與她辯論公共政策。她的論點細緻入微，總能贏過我。

給你和我的訊息很清楚明晰：運用你的腦袋，使它直到最終都可以維持清明。不用的話，後果自行承擔。或者向我母親學習：一旦用心研究，中東局勢其實沒那麼複雜。

逆轉大腦時鐘

隨著嬰兒潮世代接近失智的年齡，尋找避免心智失喪良方的競賽也愈趨激烈與多元，從腦力訓練遊戲、到富含藍莓的飲食、到經顱直流電刺激。不過，神經科學家巴可和愈來愈多其他的人聚焦在一個十分簡單的觀念：參與。

巴可把時間花在兩處實驗室，一處在德州大學達拉斯分校，另一處在馬里蘭羅克維爾市，與美國國家老年研究所共同合作。她不僅動作快，講話速度更快。我看到她的垃圾桶中有許多健怡可樂空罐，猜想是這些飲料所帶來的刺激。

最近巴可把心力全放在逆轉老化的徵狀，很單純卻不容易：挑戰大腦，讓它費力用功，就好像過去當學生時學習畢氏定理或法文文法一樣。

「你不應該處於自動駕駛模式，」她說，「在這樣的模式下，你只是在漫遊。」

巴可最近決定測試自己的理論。她招募了兩百一十九人，年齡介於六十歲至九十歲，請他們每週參與（或不參與）某些活動十五小時，爲期三個月。她把受測者分爲幾組，有些如往常般生活；有些進行愉快但是不特別具挑戰性的活動，例如聆聽古典音樂或玩塡字遊戲；有些則從事社交活動、郊遊或一起看電影。有兩組要學習可以開拓心智、新且複雜的技能。她短暫考慮過透過舞蹈（已有研究顯示，舞蹈可以增強老年人的認知能力），但是擔心受測者會受傷。她也想過藉由橋牌或西洋棋，但是這兩者皆具競賽性質，可能導致受測者彼此爭鬥。最後，她決定讓受測者學習數位攝影和縫被。

「縫被聽起來或許是個家常、不具什麼挑戰性的活動，但絕對不是如此。」巴可說。舉例來說，縫被涉及在腦海中旋轉抽象的形狀，數位攝影則牽涉快速學習大量的技術資訊，並且加以應用。這兩種嗜好都必須運用工作記憶、長期記憶及其他高階認知歷程。

三個月後，只有面對具挑戰性活動的人，記憶力增強了。參與數位攝影者輕鬆取勝：語言及空間記憶都明顯增強。參與縫被的人，心智敏捷度有所改善，不過幅度較小，可能因爲縫被一開始很難，但是之後就變成一種例行程序了。一年後，這兩組人的記憶力仍然比較好。

「我不認爲唯有透過數位攝影或縫被才做得到，重點是心智需接受挑戰。」巴可告訴我，「如果你是縫被專家，實際上我會建議不要老是把時間花在縫被上。也許你給自己的挑戰不夠，因此需要做些對你而言獨特、具有挑戰性且有趣的事，以維持這樣的投入。這甚至適用於工作上。」

這些都說明神經可塑性得勝，這是個相當近期才有的觀念——人直到終老，都可以學習新技能，增強記憶力，甚至長出新的腦細胞。

五月二十三日星期四：接受期末考

我一直都很害怕這一天。

很高興的是，我自己順利找到位在馬里蘭大學生物心理大樓地下室的實驗室，希望這是個好兆頭。史戴格曼馬上讓我開始接受測驗，這樣研究人員今天就可以把分數計算出來。在方塊測驗中，我的確感到比較有自信，不過這可能是讓研究人員苦惱的「測驗—再測驗」現象所致：因爲比較熟悉測驗的方式而表現得較好，而非根本上有所改善。

不過當她把我留在房間裡做瑞文氏測驗時，我感覺到本質上的轉變。時間似乎過得比較慢，我覺得自己有比較多的時間思考每一個謎題。我幾乎做完所有的題目，並且認爲大多數答案是正確的。即使是糟糕透頂的博奇墨氏圖形測驗，也已經失去讓我想哭的能力。我備受鼓舞：也許腦力訓練終究有效。

結束測驗、等待結果時，我說：「艾莉，我很好奇你可以做到第幾個回溯？」

她遲疑了一下。

「十三。」

「十三！」我笑了，有如看到從中線漂亮投籃得分般欽佩她，這表示當她看到某座英國城堡時，可以想起它是否與之前看到的十三座城堡一樣。「怎麼可能做到？」

「我只是先記住一組十三座城堡，然後跟第二組的十三座城堡比較，依此類推。」艾莉解釋，「因爲晉級愈高，需要比對的組數便愈少，對我的大腦來說實際上反而變得容易些。」

艾莉拿著我的成績，請賈姬和布希庫爾前來。過了不久，他們走進實驗室，臉色有些嚴肅。我想，夢魘成眞了：第二次表現得更差。距離我上次對標準化測驗感到焦慮，已經過了三十個年頭。我好像回到十七歲，接獲學術能力測驗結果通知打開信封時一般。

「我覺得好緊張。」我對他們說。

布希庫爾露出一絲微笑。他讓我看接受一個月訓練前後，每項測驗結果的長條圖。平均看來，我的表現比之前提高百分之十八。

「這樣的成績好嗎？」我問，放鬆了些。

「很好啊！」賈姬說。

「下一個。」布希庫爾說，現在他咧嘴笑了。他翻過頁，出現了瑞文氏測驗成績，這是認知的標準鑑定測驗，也就是讓我覺得時間慢下來的那個測驗。在某個認知層面，顯然是如此。

「你進步了百分之七十五。」他說，有如對此感到光榮的父母。

「有哪些進步？」我問。

「這是流質智力的典型衡量，」他說，「有關推理表現，解決未曾遇過的問題。」

「不依賴先前獲得的知識，例如字彙或其他技能，解決新問題的能力。」賈姬詳細闡述，

「非常接近所謂的『G』：整體的智力。人們向來假定它相當固定。不過你進步了百分之七十五，非常好。」她補充道，有些輕描淡寫。

他們說這麼顯著的結果，以及更困難的流質智力測驗，即博奇墨氏圖形測驗，我的成績也進步了百分之二十六，大概無法以再測驗效應解釋。他們還說，這同時顯示工作記憶的訓練「n-回溯」，轉移到其他無關的流質智力衡量，專業術語稱爲「遠遷移」（far-transfer）。他們也補充說這不是個符合科學原則的研究，我只是個別的實驗，一個案例，而直到可以訓練更多像我一樣的中年人之前，他們無法做出結論。

我問他們對我的表現會不會感到緊張，畢竟這檢核了他們過去的實驗結果。

「我並不擔心。」賈姬說，「你很認眞的接受訓練，非常重視它，而我們知道對訓練的參與程度跟進步多寡有關。」

「好吧，你知道我向來如此，」我說，「表現得比我的智商好。我一直都這麼看待自己。我沒有那麼聰明，但是因爲努力，所以表現得還不錯。」

「我想這也是我們最終想表達的，」布希庫爾說，「努力就可以變好，這是我們提供訓練的主旨。」

「是的，」賈姬同意，「你必須盡力，最後便會有所改善，但是無法不勞而獲。這的確是我們希望傳遞的信息之一。沒有任何東西可以憑空得到。你必須參與其中，這麼做一定會有收穫。」

第4章 中年友誼的風景

四月

中年的友誼有點類似煙霧警報器，理論上需要它，但是要維護卻有些麻煩，特別是同時面對子女、父母漸漸衰老及工作，你只好任由它失色。你不會想到它，直到房子失火了，你才會希望附近有幾位消防隊員。

對愈來愈多的嬰兒潮世代來說，友誼有如救生索、替代家庭、風暴中新型的避難所。獨居的中年人數創歷史新高，單身或離婚者散居全國各地，與原生家庭分離。甚至在白天，許多人也是獨自一人生活。新經濟型態偏好年輕、成本較低、熟悉科技的員工，以致我們當中有更多人以獨立承攬或自由接案方式工作，沒有可以每天看到同事的辦公室，能夠邊喝咖啡、邊爲華盛頓紅人隊再次輸球而感到遺憾。

匯聚所有的研究後，出現了一個無法撼動的規則：如果想要健康長壽，請投入時間經營友誼，特別是在中年階段。每個演化的本能都在大聲呼喚可靠且值得信任的同伴，愈多愈好，因為朋友愈多，你會愈健康、愈快樂、心智愈敏捷，從現在直到晚年。我們天生就需要朋友。

四月二十九日，維吉尼亞州夏洛茨維爾市

友誼容易辨識，但是不容易界定。我們看過友誼的面貌：朋友發生意外後趕到醫院；知道朋友喝咖啡的習慣（加牛奶和一匙代糖）；朋友的父親過世後，送一盤千層麵到她家，然後留下來陪她談談（或者就只是陪伴著，什麼都不說）。當你拿起電話聊聊的片刻，或是經過一番長談，友誼便不費吹灰之力一點一滴的滲入，隨著年歲起落流動。可能很熱切，也可能很從容，而我們都知道友誼像什麼。

從腦部來看，友誼像什麼？這是在乍暖還寒的四月天，雪瑞．哈德爾（Cherie Harder）和我來到維吉尼亞大學，試圖找到答案的問題。

這個不太舒服的實驗由詹姆士．可安（James Coan）策劃。他是維吉尼亞大學副教授，也主導維吉尼亞情感神經科學實驗室。幾年前他發現，處於良好關係中的人——婚姻、伴侶關係、手足或朋友，呈現出一種神經學的奇特現象。當面對危險時，視他們是孤單一人、與陌生人或跟信任的同伴在一起，腦部的表現皆不同。事實上，可安從觀察腦部活動，經常可以評定關係的親疏。

這是我邀請雪瑞到夏洛茨維爾市的原因。過去十五年，她是我的閨密之一。我們在一場晚宴上認識，兩人都被晾在一旁，跟另一位堅持告訴我們她自己一連串難堪經歷的女士在一起。

那個尷尬的晚上，建立了我們之間的友誼。這麼多年來，我們看著彼此經歷職涯的挑戰、糟糕的關係，以及困難的分手。她參與我的婚禮。跟我一樣，她對基督信仰很熱衷，也是我所認識最聰明的朋友之一，願意嘗試幾乎所有的事。雪瑞是進行友誼的腦部研究最完美的選擇。

在維吉尼亞大學實驗室中負責計畫協調的凱西．布朗迎接我們，帶領我們到心理學大樓地下室的一個房間裡，幾位研究助理及核磁共振儀技術員正準備進行腦部掃描。其中一位技術員請我脫去襪子，把一腳的褲管捲起來。他將我的腳踝四周擦拭乾淨，接著束上黑色踝環。

「我們把會產生刺激的電極與你的腳踝連接，」他溫和的解釋，「讓電流傳導至你的腳踝。」

「不必擔心，」布朗要我們放心，「這不過是輕微的靜電衝擊，好像走過地毯後碰到電子產品般，會有點不舒服，但是不會痛。」

這時，可安走進來。他長得高高瘦瘦的，帶著迷人的微笑，頭髮綁成馬尾，夾雜著些許灰白。他允諾所有的小毛病都解決了，不會再有電流一直開著而不關閉，以至於實驗室助理受到「很久的刺激」的情況發生。可安說在發展實驗步驟期間，自己曾接受這項測試數百次。

在把我送進腦部掃描儀之前，可安解釋拍攝了腦部基準影像後，我會看到上方螢幕出現「O」或「X」，「O」代表不會施行任何刺激，「X」表示有百分之二十的機會，腳踝會受到刺激。可安並不是要觀察當我的腳踝受到刺激時，腦部會有哪些活動；事實上，頭部大概會猛然抽動，讓影像變得模糊而沒有用處。他想觀察的是，當我預期受到刺激時，腦部會有什麼表現。當我在面對危險時，覺得自己是孤單一人、與陌生人一起或跟摯友一起，反應會不同嗎？爲了一一解析，他會在三種情況下給我刺激：沒有握著任何人的手；握著一位我從未謀面的技術員的手；或是握著雪瑞的手，她就站在腦部掃描儀外，感覺有些尷尬。大腦的表現將顯示我多麼信任雪瑞在我感到受威脅時會幫助我。

他們把我放進掃描儀，機器發出震耳的鏗鏘聲。我其實覺得滿舒服的，並不擔心靜電衝擊——它能有多糟？當第一次刺激的電流快速衝進我的腳踝時，好似有三十秒之久（不過他們告訴我其實不到一秒）。啊！當受到電擊的腳因爲疼痛而自行往上彈時，我內心無聲地哀號著。眞的很痛！大腦轉進面對嚴重威脅的模式，任何時候看到紅色的「X」就會引發生存的恐懼。「X」出現了很多次，我以爲永遠不會結束。

之後當雪瑞和我走進控制室，布朗與可安試圖掩飾自己的微笑。

「爲求記錄詳實，我想告訴你們，這並不像是走過地毯後碰到一片金屬的感覺。」我說出心得，試著重拾一點尊嚴。

我失敗了。研究人員忍不住大笑。

有人陪伴的人生較順遂

可安在約翰．高特曼（John Gottman）「愛的實驗室」擔任助理時，開始對關係的神經學感到驚奇。高特曼是華盛頓大學心理學教授，他邀請一對夫妻來到實驗室，請他們咀嚼棉花球，以測量皮質醇濃度（它代表壓力程度），他們的手指裝著感應器，讓研究人員可以測量「生理喚起」的程度。可安指出，研究人員會導入敏感的話題，激起兩人爭吵（令人震驚的是，這很容易做到）。觀察幾分鐘後，高特曼和他的同事，包括可安，就可以預測這對夫妻是否會離婚，準確度超過百分之九十。

可安提到，婚姻得以持續的夫妻學到一個祕訣：在激烈的衝突中，一人會安撫另一人，以笑話化解緊張、輕觸對方膝蓋或是道歉。一旦這麼做，「生理喚起程度就會下降。」可安這麼解釋。與信任的人在一起時，「戰鬥—逃跑」的衝動會完全消散。

情緒、生理、關係的轉接中心當然是大腦。可安相信，大腦對威脅的反應，視其是單獨一人或與其他人在一起，會有所變化。換句話說，這與大腦對彼此的反應有關。

幾年前，可安發展了一個實驗，用來測試他的理論，就是我剛剛所忍受以「O」、「X」及電擊所做的。研究的第一部分，腦部表現與原先預想的相同：當受測者預期自己單獨接受電擊時，處理威脅或危險的大腦部位「有如聖誕樹般發亮」，控制情緒的前額葉皮質會加速運作。握著陌生人的手時，與活動身體相關的大腦部位，例如心跳速度、一般生理喚起，似乎比較平靜些。正如可安預測的，這是因爲有另一個人在，大腦認爲狀況比較沒有威脅。

不過觀察握著信任同伴的人，腦部變化卻出乎可安的預料。他說自己原本預期前額葉皮質會更爲活躍，「因爲那部位的前額葉皮質會通知大腦其他與回應危險有關的部位鎮靜下來。」

相反的，變得平靜的是大腦推理的部位，有如大腦認爲沒有什麼需要擔憂的。

「這眞的造成某種危機，因爲我想不出替代的解釋可能是什麼。」他說，「有如『好吧，到目前爲止都還不錯，但是我猜必須從頭開始。』」

不過當愈來愈多伴侶接受掃描、而每次都出現相同的結果時，可安便頓悟了。

「這個我們以爲是大錯特錯的結果，轉變爲眞正的發現。」他說，「它帶領我們走向完全不同的路徑，藉此了解大腦、它如何演化，以及它本來就設定在社交情境中運作。」

可安指出這個令人驚訝的腦部反應，可以追溯到我們的祖先。讓我們回到西元前一萬年，以狩獵採集爲生的祖先在森林中徘徊，不料卻與一頭熊面對面。如果他是單獨一人，大腦會尖叫說「快跑！」，因爲唯有跑得比熊快，他才能脫險。如果他看到來自另一個部落的陌生人在附近，大腦會放鬆些，因爲現在他只要跑得比那個陌生人快就安全了。若是有打獵的夥伴同行，大腦會認爲這是完全不同的情況，熊不再是威脅，而是今天的晚餐。

快轉一萬年，中年人發現大腦的反應與此類似：當困難（無論是什麼型態）出現時，知道自己不孤單，就會感到寬慰與安全。

可安說，從我的腦部掃描影像來看，很可能是雪瑞改變了我對電擊的看法，從「快把我救出來吧！」的類別，移到「這不算太糟」的分類。他表示，大腦因爲預期會受到電擊之苦而變得比較不那麼驚慌，「這不是因爲你的前額葉皮質控制得比較好，而是因爲你察覺到這根本不是什麼危險或威脅。」

聽起來都是神經學的技術細節，不過似乎呼應了現實。與可靠的伴侶一起教養子女比較容易，不僅因爲兩人同時處理所牽涉的大小事件會比獨自承擔好，也因爲知道有人在身旁，自己可以稍稍鬆口氣。我偏好跟信任的製作人一起出差採訪，這樣彼此可以分工、分擔，還可以一起小酌。有同伴的人生比較順暢，現在我們知道爲什麼：大腦原本的設定就是讓我們彼此依賴。

友誼長存的特質

爲了進一步討論（因爲迄今沒有人測試過），讓我們假設從生理與神經學角度來看，友誼的重要性在一個人的一生中並沒有改變。畢竟無論是在學校操場遇到惡霸時有個好夥伴，或是大學時與男（女）朋友戲劇化分手後有個忠誠的室友，甚至面對生產的喜樂與恐懼時，有個經歷過這些的朋友引導你，都會讓你覺得比較好過些。

不過延續到中年的友誼，具有不一樣的音質，你聽得出過去所忽略的旋律，樂譜一年年變得更複雜。這些友誼不再以升遷、派對和新歡爲核心。友誼走過二十幾歲、三十幾歲的天眞歲月，曾經歷生與死、愛與背叛、成就與失敗。至少這些是我曾經體會過的。

二十年前我認識了裘蒂．哈賽特，當時我們都是三十幾歲的女性，在「硬性新聞界」險惡的汪洋中試著浮上水面。裘蒂是美國有線電視新聞網外交政策總製作人，環遊世界；我則在美國全國公共廣播電台負責司法部這一線的新聞，深陷於法律醜聞的報導中。我們都犧牲了幾乎所有的時間及精力，以滿足新聞業貪得無厭的慾望，爲此沒有生育而陷入掙扎。在我獲得了一個很棒的繼女，而裘蒂與丈夫領養了一名來自哈薩克的男孩之後，我們沒有子女的困境都解決了。我的母親中風後，第一個抵達加護病房的人就是裘蒂。她爲她父親追思禮拜所寫的悼詞，則由我編輯。我出版第一本書時，她教導我接受媒體採訪的藝術。她的第一部紀錄片，旁白是我的聲音。跨越中年轉換，我們成爲彼此的避震器。

從數十人與我分享友誼長存的故事中，我察覺到這個主題（再次感謝因著我的請求而在美國全國公共廣播電台臉書粉絲頁貼文的人）。閱讀這些故事，我發現沒有一個故事是無憂無慮的。離婚、丈夫施暴、配偶過世、子女遭謀殺、自殺未遂、各種疾病——從癌症、帕金森氏症到早發失智症，這些構成了中年友誼的場景。實際上，讓這些友誼歷久不變、值得關注的，正是因爲在這一切創傷、失喪、痛苦當中，有人樂意分攤重擔，甚至親自付出代價。

大家也提到友誼長存獨特的性質：他們都是出於自願而非義務，其中隱含自由與喜樂。李・露易斯・何格勒十五歲時認識麗莎，幼年時，兩人的母親都因癌症過世了。她們一起走過結婚和離婚、法律糾紛、健康問題與職涯轉變。李說麗莎這樣的朋友，在她心中有著獨特的位置。

「這些人不是親戚，並非因爲基因、契約、婚姻或社會習俗而與你相連，」李這麼寫，「他們選擇了你，最大的差異就在此。他們知道何時該打電話而不是傳簡訊，什麼時候你需要聽到一些建言，以及何時你只需有人傾聽就好。他們十分了解哪些事物會讓你受傷，哪些會帶來療癒；但是他們也知道所有圈內人才聽得懂的笑話、臉色上細微的改變、俏皮話，還有讓你熱淚盈眶與開心微笑的回憶。麗莎和我常開玩笑說要一起變老，兩個老太婆同住在某處公寓。不過我們眞的不是在說笑。」

中年的友誼也需要花力氣，因爲我們很容易忽略它。六年級時，克里斯・庫克認識了他最要好的三個朋友。接下來六年，克里斯與法蘭克、傑夫、葛瑞格一起偷喝啤酒、爭奪女友，然後其中三人一起加入美國空軍。最後他們都回到奧克拉荷馬市，走過成年迷宮的混亂——工作、婚姻、子女、離婚、父母逝世，不變的唯有他們之間的友誼。「我們當了這麼久的朋友，是否每天、每週或每個月都見面，已沒有太大差別。」克里斯告訴我。

二〇〇八年一月四日，傑夫開車到克里斯家參加派對。在路上，他發生了致命的腦動脈瘤破裂，車子駛出了道路。

還活著的三個朋友「決定不再把友誼視爲理所當然」。克里斯說，「這件事喚醒我們，朋友不會一直都在身邊，我們都需要珍惜與他們在一起的時光。」現在大多數的週五晚上，他們相聚吃晚餐或喝啤酒，也會彼此照顧。「我的死黨法蘭克不停地煩我，要我活得健康些。」克里斯說，「他說：『小子，我想跟你一起變老。』」克里斯因此減了約二十二公斤的體重。

這些與其他故事顯示出親密友誼陰陽兼具的特性，而我即將親身經歷這樣的明暗。在困難的轉換當中，有朋友支持你是份人生大禮，但是這樣的忠實也可能變成負擔，提醒我們悲傷與痛苦。另一方面，若友誼的力量來自自願的本性，它也成爲了脆弱的根源。你隨時都可以離開。雖然對友誼的投資通常會有好幾倍的回報，但是照顧他人可能讓人感到筋疲力竭。畢竟人生已經夠艱難了，不是嗎？

即使如此，友誼眞正的果實，到了中年仍模糊不清、鮮爲人知。在支持、陪伴與偶爾的犧牲中，你看到葉子發芽，但是要更晚些才能收割。然而疾病卻搶先了一步，生病時你瞥見友誼如何豐富你的心靈、以及你的身體。

不離不棄的友情

在芝加哥的法律事務所，合夥人麗莎・豪威・崔佛多年來協助立遺囑與處理遺產。她說不時會接獲緊急的請求。

「他們走進我的辦公室說：『啊，我被診斷出罹患癌症，只剩三週壽命。我需要把文件準備好。』我和他們在一起，同感悲傷，也看到了他們眼中的震驚與不可置信。這眞的令人難以相信。」她停頓了一下，「即使到現在，就算很痛苦，有時我會想：『眞的嗎？這眞的發生了嗎？』」

麗莎罹患子宮頸癌，瀕臨死亡。她似乎很健康：強健、苗條，留著及肩的褐髮，看起來比她五十三歲的年齡更年輕——直到她緩慢且小心翼翼的移動。我們坐在她位於芝加哥北方約一小時車程、伊利諾州林肯郡的家中。今晚稍後，麗莎和她的丈夫李察將開車前往梅約診所，希望醫師同意進行一項成功機率不高的治療。麗莎幾乎沒有選擇了，但是她不缺朋友。

我們交談時，她的五位摯友來了。這些女士在五年級時相識。在某方面，她們的友誼十分奇特，挑戰了絕大多數對友誼的主張——人會與自己在經濟、社會、教育及政治上相似的人結交，稱爲「同類交往」。就職業而言，這不是個同質的團體。五位朋友之中，珍妮特．拉森在送信，唐娜．史密斯在北伊利諾大學協調課程安排，麗莎．艾克特是平面設計師，瑪麗．艾倫．赫爾在自己的教會中工作，凱西．康斯坦教導五年級的學生。不過她們反映了另一個強大常見的主題：中年人會被認識到自己最純眞狀態的人所吸引，因而轉向尋求兒時同伴。

她們在起居室四周坐下。「今天我看到核磁共振造影結果，」麗莎說，「壞消息是他們看到更多罹癌部位，好消息是看起來沒有增生太多。」接著她敘述不同的選擇，包括她找到並正在研究的新療法。

「你這麼聰明，才可能找得到。」珍妮特戲謔地說，「如果是我，我會說：『醫師，如同猜猜畫畫（Pictionary）遊戲，可以請你簡單畫個圖嗎？好比說，好吧，這裡是膀胱、這裡是卵巢？』麗莎，你眞的令人驚嘆！」

「我想救自己一命，」麗莎笑著說，「接受這樣的教育還算値得。」

整個起居室安靜了一會兒。她們無法逃避，這個陰影愈變愈長。

死亡的可能或許會讓人驚嚇逃跑：它太困難，也太靠近了。不過對麗莎的小學朋友來說，死亡將她們拉入了生命核心，當疾病步步進逼時，她們緊握著共享的過去。

「她們不怕我，」麗莎說，「無論說什麼或做什麼，都不會讓情況變好。不過她們沒有棄我於不顧。我認爲這需要眞正的勇氣。」

二〇一三年五月十一日，這些女士瞞著麗莎，在珍妮特家中舉辦募款活動，擺攤販賣蠟燭、首飾、巧克力火鍋，然後把所得放入一個上面有著麗莎名字的紫色桶子裡。她們共募得兩千五百美元，麗莎用這筆錢帶著家人到紐約，在觀賞完百老匯的演出後見到了馬修・柏德瑞克。[1]

「這事苦樂參半，因爲我們從不希望這麼做。」珍妮特說，「我們都希望麗莎健康。眞想可以……」她有些遲疑。

「治好這個病。」瑪麗・艾倫說。

---

1 譯註：Matthew Broderick，美國電影及舞台劇演員，作品多是喜劇片，成名作爲《同性三分親》（*Torch Song Trilogy*）。

「這眞的很糟糕。」有人喃喃地說。

「你認爲朋友們使你的壽命延長嗎?」我問麗莎。

「絕對是這樣。」她說,「有些日子,如果不是有人對你耳語:『你可以的,加油!』你可能就會對自己說:『好吧,這不値得。』眞的很辛苦。有時你甚至沒有力氣爲自己奮鬥,但是卻願意爲他人這麼做。我還能做什麼,還有哪些治療沒有考慮過?年初會開始新的臨床試驗,如果我能撐到那時候……」

麗莎不夠健康,無法參加新的臨床試驗。幾個月前她發簡訊給我,問我是否寫到她了。我告訴她,我正在努力趕上進度,會盡快寄給她看。接著我知道她住進了安寧病房。可悲的是,她的大限先到了。

無人知曉麗莎的小學朋友是否讓她多活了幾週或幾個月。從單一個案無法得悉,不過有些跡象顯示可能如此。可以確定的是,至少這些朋友增添了她的快樂。

被忽略的仙丹妙藥

像我這樣的人,對朋友向來不太殷勤,經常讓工作和家庭耗費了自己大多數的情緒資源。對此,麗貝卡·亞當斯(Rebecca Adams)給了一些令人恐懼的消息。

「比起家人間的親密關係,健全的友誼更爲重要。」她告訴我。

亞當斯是社會學家,在北卡羅來納大學格林斯柏羅分校研究成人友誼,是這方面少數的學術專家之一。朋友如同人際關係的瑞士刀：具有萬用功能，不僅可促進健康、延年益壽，也有助於維持記憶、職涯發展，讓老化的過程溫和些。

一開始這有點讓人難以置信，特別是已有證據顯示，婚姻美滿的夫妻比較長壽。友誼的燭光，怎麼會勝過家庭關係巨大的火力？不過我愈深入研究（我承認爲數不多），友誼便愈加散發光輝。沒錯，它的角色有如在福爾摩斯旁孜孜不倦卻毫不起眼的華生醫師。不過要記得，福爾摩斯雖然聰明絕頂又有魅力，卻有毒癮。同樣的，相較於家人，朋友所賜與的心理及生理獎賞，顯得更單純、沒有那麼複雜。

「家人，包括不少你可能處不來、或你不會選擇其成爲家人的人。」亞當斯解釋。他們可能帶來壓力或其他對身體有害的影響。「不過你通常會保留對自己有利的友誼，所以想當然，友誼的益處更大。」

我們現在知道，朋友可延年益壽。最早的相關研究之一是，哈佛研究人員從長達九年的研究中發現，與他人沒有連結者的死亡率，是社會關係穩固者的三倍。事實上，相較於抽菸、喝酒、不運動卻有朋友的人，維持健康生活型態卻缺少朋友的人，平均而言更早逝。澳洲研究人員追蹤一千五百位年長者長達十年，發現朋友多的人比起朋友少的人，死亡的機率減少百分之二十二。唯有朋友與這樣的差異相關，有無家庭或子女並沒有影響。針對三千位罹患乳癌護士的研究，也有類似的結果。爲期十年，沒有摯友者的死亡機率是有十位以上好友者的四倍。丈夫則未提高她們的存活機率。

針對男士的部分，他們到酒吧與朋友相聚、爲所支持的球隊加油，心臟病發作的風險會明顯下降。針對瑞典中年男性所做的研究發現，是否會心臟病發作，只受到兩個特質影響：抽菸和友誼。已婚絲毫不會改變發病的機率。另一個觀察乙種腎上腺阻斷藥劑的研究，追蹤心臟病發作後存活的兩千三百位男士發現，社會連結穩固者的死亡率，只有缺少社會連結者的四分之一。對藥品銷售而言，這不是個好消息：就存活率來說，朋友和家人的影響，比進行測試的藥劑還大。

為什麼朋友讓你變得健康？維吉尼亞大學的可安教授指出，有朋友（或其他親密關係）會促使身體停止分泌壓力激素，降低血壓、減輕發炎的程度，並且增強免疫系統。

「朋友愈多，愈不需要使用這麼多個人的資源以面對世界。」可安告訴我，「你可以將這些資源用在增強自己，長出毛髮、修復皮膚、提升免疫系統的能力，在面對人生迎面而來的挑戰時，將更有所準備。不過當你的朋友少，就必須保留這些資源，讓它們在血液中四處流動，因為你永遠不知道會發生什麼事，而你必須自己面對這一切。」

友誼不僅使身體鎮靜，也撫慰了心靈。英國針對近七千名中年男士與女士的研究發現，四十五歲時朋友較少的人，到了五十歲，心理健康也變得較差。至於喪失記憶，則是我所認識的嬰兒潮世代每個人的夢魘。哈佛研究人員針對五十幾歲及六十幾歲的受測者進行測驗及再測驗，為期六年，發現社交活躍者喪失記憶的比率，比起社會參與較少者，少了超過一半。不過友誼的品質、而非數量，才是最重要的。如果你的關係中，壞的與好的一樣多，壞的關係所造成的壓力，抵銷了好的關係所帶來的復原力，這表示大腦希望你篩選關係，只留下快樂、提供支持的友誼。

友誼的第一張成績單

五月二十四日，華盛頓特區

我把好友雪瑞帶到維吉尼亞大學的實驗室後一個月，可安教授的實驗結果出爐了。我有點緊張，我猜想可安也是如此，因爲研究通常聚合了許多人的掃描影像，以確保離群值[2]不會扭曲結果。我想，如果我是異數，該怎麼辦？如果大腦宣布我無法建立友誼，是個一百六十公分高的女版食人魔漢尼拔，又該怎麼辦？

令人寬慰的是，可安打開電腦，出現的影像讓人心安。他指向處理威脅的大腦部位，在我沒有握著任何人的手時發亮，握著陌生人的手時稍微平靜些，握著朋友的手時則幾乎全黑。

「雪瑞相當有效地控制了你對威脅的反應，」可安說，「可能比我們大多數看到的都好。這些效應很顯著。」

能夠建立這樣的連結，我在心裡默默獻上感恩的禱告。不過他說還有一個眞正引人注目的結果。他指著另一個影像，兩個部位有發亮的紅點，其中一個涉及細察危險，另一個與分泌壓力激素、讓身體瞬間進入戰鬥－逃跑模式有關。在我握著雪瑞的手時，這兩個部位明顯變得平靜。看來可安對我下視丘的反應，亦即把皮質醇送進血液的部位，印象特別深刻。

---

2 譯註：outlier，經過統計學處理，被認爲與其他觀察值具有顯著性差異的值。

「通常我們只會在關係確實很好的情況下，看到握手會影響下視丘。」可安說，「一般在朋友間並不會看到，而且只有在婚姻品質最佳的夫妻間才會出現。對我來說，這代表不管你與雪瑞的關係在其他方面如何，你非常信任她。」

「因此我的大腦在說：『芭比，我們即將接受的電擊雖然很痛，不過那算不了什麼！』嗎？」

「你說的是：『實際上，我們處於某種合作關係中。我們是摯友，我們會幫助彼此。』你的大腦假設雪瑞會負責面對危險那部分的任務。」

又一次披頭四說得很對：因為朋友的一些幫助，讓我們覺得好多了。

生命低潮中的友情

也許希拉蕊是對的，不僅教養一個孩子，想要在二十一世紀的美國生存，需要一整個村子。考慮一下嬰兒潮所面對的數據。即使大多數美國人隨著工作而離開家鄉及原生家庭，年齡介於四十五歲至六十五歲的成人有三分之一未婚，相較之下，三十年前只有百分之二十。這些數字加起來都是「一」。我們當中愈來愈多人必須自立，朋友不再只是中年人的奢侈品、可有可無，而是我們生命中的救生索。

這讓我想到我最喜歡的一張婚禮照片，雖然是隨手拍攝的，沒有放在婚禮相本中，但是它在我們的客廳裡占了顯眼的位置。包括雪瑞等八位女士圍繞著我的新郎，我們滿臉笑容，十分驚喜我到了四十三歲總算結婚了。當我細看這張照片，我猜想這種喜樂有部分來自無知：我們很幸福地沒有看到接下來幾年會發生什麼事。我們的人生當時都處於上升階段，由相對年輕的精力所推動；不過當我們一一邁入四十大關，亂流就迎面襲來了。

我們從一九九八年前後開始聚會，有兩人中途離開，另外兩人後續才加入，表面上是為了研讀《聖經》（我的教會稱這些聚會為「小組」）。前面四年左右，我們每週一晚上見面，真的是在討論神學。不過漸漸地，花在訴說自己人生的時間超越了神學：主管與失業、不忠的悲哀、親戚成癮、父母過世、年復一年單身的慢速煎熬、婚姻如刀般鋒利的痛苦。至少對我而言，「小組」是避風港，是個我可以在這裡承認自己的焦慮、慶祝勝利，而不會被評斷為軟弱或自大的地方。我們一點一滴的共同編織出堅固的壁毯。

這是一群活力充沛的女性，大多數都念過知名的大學，其中有一人是博士、一人是醫師，還有三人擁有碩士學位。有兩人負責非營利組織運作，三人在大型新聞媒體當記者，還有一人主管行銷、一人領導專案。目前這個八人小組，只有三人已婚。除了我，其他人的原生家庭都不在附近。我們只有彼此，有點像大型量販店沃爾瑪：職涯建議、補給協助與心理支持，一站購足。

我們甚至是替代家庭。貝絲告訴小組成員，從玩洋娃娃的幼年開始，她就想當媽媽了。（我答應朋友會維護她們的隱私，所以更改了部分名字。）當她看著自己三十五歲、四十歲生日過去，卻沒有丈夫、也沒有子女，短暫的為此哀悼後，便決定要領養。每週一晚上，她讓我們知道最新進展，當聽到一個又一個安排領養的機構拿了錢，而她卻什麼都沒有換到：沒有孩子、沒有希望，讓所有人都感到心痛。最後因為年齡過高，她無法繼續參與領養的程序。

「當領養行不通時，我覺得大家都跟我一起受苦。」當我們在某個冬夜相聚時，貝絲這麼回想。「接著我轉向寄養，索菲亞很快就來了。」

「這麼說太輕描淡寫了。」裘蒂不動聲色卻俏皮地說道。

索菲亞是個早產兒，母親有毒癮，生父也無法撫養她。收到通知後，貝絲只有四十八小時可以準備，展開全然不同、家有早產兒的人生。她把孩子帶回家時，醫院只給了她一片尿布。

「我只有一個汽車幼兒座椅、一張嬰幼兒遊戲床，還有一些新生兒的衣服。」那些對索菲亞顯然太大。「她很冷，又很小，卻不能包上毯子，因爲這麼做可能會造成猝死。她猝死的風險很高。第一天晚上，莎曼莎幫忙外出採買東西。」

「我很快走過塔吉特平價百貨的嬰兒區。」聽到莎曼莎這麼說，我們都因爲其中的不協調而笑了出來。莎曼莎擁有博士頭銜，沒有照顧嬰兒的任何經驗，卻在幫新生兒購物。

「我記得從塔吉特打電話給貝絲說：『好，我在嬰兒區了，現在告訴我，你需要什麼。』」莎曼莎回想，「我在找任何與早產兒有關的東西，推著購物車到處逛。譬如說，『啊，你會需要精靈尿布。』我好像買了一包。我走過一條接一條走道，一邊告訴貝絲我看到什麼、一邊說：『你需要這個嗎？告訴我你需要什麼。』」

「索菲亞對海洛因上癮，所以經歷了戒斷。」貝絲接著說，「她睡不著，需要小心照顧。裘蒂把全家人都帶來了，包括丈夫喬治和四歲的貝克，也把換尿布台與這裡所有的玩具搬來。」

遊戲墊、奶瓶消毒器、家有女嬰的朋友帶來的衣物。貝絲沒有時間布置索菲亞的房間，便由曾擔任新聞網製作人的裘蒂接手。

「她運用那些玩具，與她所買的漂亮東西擺在一起，把房間整理成嬰兒房。」貝絲回想。喬治是頗有成就的攝影師，他拿出相機。「喬治幫我們拍照，所以索菲亞和我有一組專業拍攝的照片。當時他們告訴我，她最多只能待三十天，所以我覺得……」她停頓了一下，擦拭眼鏡後的雙眼。「那時我非常感動，因爲我不認爲她會繼續待下來。」

最初幾週，貝絲無法帶索菲亞出門，她太脆弱了，因此總有人把午餐、晚餐或雜貨帶來。「所有人都打電話或寫電郵給我。這是個令人感觸深刻的經歷。」貝絲說，「我的家人不在這裡，所以你們成爲我的家人，這對我而言意義非常深遠。」

兩年後，貝絲領養了索菲亞。索菲亞的生母因爲用藥過量死亡，生父找不到，祖父母不願意撫養她。貝絲選擇的路並不好走，因爲索菲亞的一生將面對各種的發展挑戰。不過索菲亞是健康的，貝絲也成爲了母親。貝絲常常告訴我們，她不可能更快樂了。我們也一樣。

四月二十二日星期一

今天母親從醫院回家，在她的股骨粉碎了一個月後。她的公寓裡，充滿柔和的暮光。「我只想一直看、一直看，吸收這美好的一切。」她說，凝視著波托馬克河，划船的人朝著下游優雅地漸漸划去。

母親感到疲憊，厭倦了醫院每隔幾分鐘就會震動的床、又戳又刺，還有物理治療。她最擔心的是在地下室走廊跌倒，雖然只有三十秒，卻可能就此粉碎她的獨立，有如手中的乾土一般。我也自私地擔心，我們的角色會改變：我已成年，但是九十一歲的母親有時卻如孩童般無助。這樣的變化慢慢發生，已經超過十年，但是現在已成爲現實。母親需要我全心關注，她也值得我這麼做。不過我所有的關係都會因此改變，這是不爭的事實。

我希望母親回到自己的公寓後，會帶給她平靜。我也希望把幾天前我們有過的對話，推向她思緒中遙遠的角落。

「我最大的問題就是必須面對你和戴夫不希望我往前走。」她曾說。

「你是指死亡？」

「沒錯。」

「你說的對，媽。我們不想讓你死。」

停頓片刻。

「媽媽，你希望死去嗎？」

「我很好奇。」

「你很好奇？」我說，希望讓氣氛輕鬆點。「嗯，我想，要滿足你的好奇是個很大的賭注。」

停頓片刻。

「這是你中風後的體驗嗎？」我問。

「是的，親愛的。」

「再告訴我一次那個體驗吧。」我說，試圖讓她從更悲觀的思緒中轉移。

「嗯，半夜時分，房間裡一片漆黑。我看向窗戶，有一道光穿過百葉窗。我走向它，不確定自己是不是在做夢，然後我用兩根手指頭分開百葉板。」她說，輕輕地示範那個手勢，充滿敬畏。「接著我看到燦爛的光，親愛的，全然的和平、愛與喜樂！我在想，這是上帝的意念。」

「你經常想到這個經驗嗎？」

「成天。」她說，那次探望中首次露出微笑。「無時無刻。」

在那一刻，我領悟了——我必須讓她走。

而我沒有認清的是，我也需要讓朋友離開。

投入時間經營友誼

「讓友誼如此珍貴的事物，同時也能令它如此脆弱。」在散文集《我們什麼都沒學到》（*We Learn Nothing*）中，提姆．克萊德（Tim Kreider）這麼寫道。「友誼完全是自願的，你自由的進入，不受生理或渴望的意圖所強制。名義上，你們彼此互不相欠。」

我讀著克萊德所描述的「解除友誼」，好似被一巴掌打醒般。最近我的「小組」在走過超過十五年的婚姻與離異、生與死、失業與復業後，坦白說瓦解了。它讓我想起海明威小說《太陽依舊升起》（*The Sun Also Rises*）中的對話：「你怎麼會破產？」「有兩種方式。漸漸的，接著忽然的。」

已有一段時間，我們都感受到某種離心力。沒錯，我們有很多年一起分享晚餐和際遇，但是在那段時期，我們的人生發生了大大小小的改變——工作變得更忙亂，出差占去了時間，還有子女與父母的需求。長久以來使我們連結在一起的力量——每個星期一起跨越個別旅程中所面對的挑戰與勝利——開始衰減了。我們有如坐上遊樂園的飛天椅，愈轉愈快，即使離心力試圖將我們甩開，我們仍繫在座椅上，因著彼此過往的感情與經歷而不致讓我們四分五裂。然而有人按錯了鍵，側板掉下來，使我們朝不同的軌道拋射出去，遠離了彼此。

那個人恰好是我。我所按下的鍵，是請朋友分享自己生命中的起伏，也就是這一章中所描寫的那些故事。我以爲她們樂意這麼做：有些人曾開玩笑說，不知道哪位明星會在電影中飾演她們的角色。但是我錯估了。在這個最可靠的地方，我們都曾當過接受告解的神父和懺悔者。在她們認爲披露自己最深的不安與最艱難的時刻，我卻違反了保密協議。這不是我的本意，但是她們不知道。到了我從出乎意料中回神並試著解釋時，傷害已經造成。我們依然是朋友，但是取消了過去如同姊妹、每週並肩走過人生的強烈承諾。即使到現在，這都讓我感到心碎。戴文半開玩笑地建議我把這章的標題改爲：「我如何因爲寫這本書而失去最好的朋友」。

在我開始這些提問之前，顯然已經出現一些裂縫。已經有好幾個月，我們的關係搖擺不定，並非因爲不滿，而是來自，嗯，中年。現在我可以看清楚原因：中年有如離心力，慢慢地耗損心智、身體和情緒。與破產的訴訟程序有點類似，我們排列出時間債權人的優先順序——照顧伴侶、子女和生病的父母，關注工作中的責任。如果我們需要朋友陪伴，緊急時可由同事替代，辛苦了一天後，一起喝杯咖啡或酒。不過，與沒有同住、也沒有血緣的人維持親密的情感連結，很困難，也很稀有。通常當我告訴別人（特別是男士）自己正在寫有關中年時期朋友多麼重要的章節，他們的回應是：「嗯，這很有意思。我想我沒有任何朋友。」

巧的是，有一位科學家指出我的小組崩潰的原因，以及如果我們願意，可以如何補救。

一九九〇年代初期，羅賓．鄧巴（Robin Dunbar）正在研究猴子與人猿社會群體的大小。他目前是牛津大學人類學家與演化心理學家，注意到猴子大腦的大小與社會網絡大小的關係。許多物種，包括黑猩猩、長臂猿、巨猿，大腦愈大，群體就愈大也愈複雜。他想知道：人類又是如何？

幾年後，他找到答案。平均而言，人類的人際網絡可以同時面對約一百五十人，稱為「鄧巴數字」，一個他默默喜歡的稱號。

「約莫十年前，那時我們發現，這個數字只是一系列分層之一。」採訪時，鄧巴這麼表示。最裡面一圈的人，也就是在緊要關頭時你會打電話求助的朋友或家人，平均是五位。接下來的一圈是親近但是不親密的朋友，十五位；然後是一百五十位、五百位及一千五百位。為什麼人傾向這麼特定的數字？答案在於大腦。更明確的說法是，兩部分大腦連結的方式。

鄧巴以腦部掃描進行研究，把焦點放在額葉和顳葉兩處間的迴路。他指出，額葉－顳葉迴路又稱「心智理論迴路」，當你試圖了解另一人的心智狀態時，它會變得活躍。他也發現，額葉特定部位的大小，似乎決定了你能夠同時處理多少心智狀態卻不至於感到迷惘。

「那方面的能力，後續決定了你有多少朋友。」鄧巴說，「它反映了你應對不同個體的能力，有如雜耍者把好幾個球拋擲在空中，卻不會讓球掉到地上或是撞在一起，或者說，發生令人窘迫或遺憾的狀況。」

讓我們更進一步討論最裡面一圈的五個人。鄧巴表示通常包括兩位朋友、兩位家人，還有另一人，可能是朋友或家人。（這正好形容我的核心人際關係。）隨著時間，朋友移入或移出內圈：當一位漂進內圈，就會將另一位擠到下一圈較不親密的十五人中。如果你對此不置可否，不妨看看婚禮的照片。你每週會與當中多少位伴娘或伴郎聯絡？

愛情讓人際網絡陷入混亂的狀態。新歡會把一些朋友趕出母雞舍，這樣他才能在你的生命中創造出又大又舒適的美好空間。心愛的人占據了你的時間和感情空間，甚至是內圈中的兩個位子。

「親密的家人大概會容忍，但是朋友不會。」鄧巴解釋，「他們對你變得有些冷淡。你投入的時間變少，自然會把他們排擠到下一圈，關係中他們所感受的親密也會降低。」

「當你有了子女後會如何？」我問，「會失去更多朋友嗎？」

「我想你會失去幾乎所有的朋友，」他大笑說，「因爲子女年幼時，你眞的沒有任何時間可以給朋友。」

我描述了自己小組的困境。

「不管原因爲何，我們開始跳過聚會，」我說，「有時隔週見面，有時一個月見一次。這麼多年來，這個團體很穩固，陪伴彼此走過人生的千山萬水，卻在忽然間瓦解了。」

鄧巴點點頭，他聽過這樣的故事。

「想要維繫友誼，你必須持續讓彼此知道最近的新鮮事。」他說。

他甚至算出來：對最內圈的朋友，最少每週一次。對再下一圈的十五位朋友，最少每個月一次。

「如果你沒有花時間不斷更新，就會突然發現你們之間的共通處只有這麼多。很快地到了某個點，親密關係從這一圈掉到下一圈，從此你們大概會漸行漸遠。」

他停頓了一下，爲問題與解決方法做了總結。

「一切都與時間的投入有關。」

遠離孤單的襲擊

年老時，孤單是粗魯的跟蹤者，看著你在路旁倒下卻棄之不顧。對於年輕人和中年人，它比較謹愼，造成瘀傷之處掩飾得比較好。不過不要被騙了，孤單可以在任何年齡襲擊你。一項全國性的調查發現，年齡介於四十五歲至六十五歲之間，是美國最孤單的人。孤單攻下的領土愈來愈大，一部分是因爲單單相較於三十年前，獨居的機率多了百分之三十，一部分是因爲失業或長時間工作造成的隔離，還有一部分是科技讓我們可以避免與人接觸。一九八五年當人們被問到，他（她）可以放心討論重要私人問題的知心人有幾位，美國人平均可以說出三個人的名字。二十年後，減少至兩人；還有四分之一的人說，他們沒有任何知己。

我一度相信友誼是奢侈品，現在我知道失去朋友可能會致命。無論年紀多大，感到孤單與被孤立都可能會縮短壽命，與每日抽十五根香菸相當。它摧毀生命的效力有如酗酒，致死機率是肥胖的兩倍。維持與朋友、家人或同事的關係，可提升存活的可能性達百分之五十。

孤單運用許多方法施展它的巫術：使血壓增高，讓大量的壓力激素流入血液，造成組織受損，長期下來導致各種疾病，包括心臟病。孤單使基因重組，並且攻擊免疫系統，讓你易於罹患傳染病，以及受到病毒入侵，範圍從一般感冒到人類免疫缺乏病毒（HIV）。科學家相信，孤立會增加糖尿病與神經退化疾病的風險。孤單的中年人出現失智和阿茲海默症的機率會增加。孤立甚至可能導致智商隨著年齡而降低。科學家也認爲，孤立會讓癌細胞複製增生與腫瘤轉移速度加快。它剝奪了睡眠，讓你飽受「片段甦醒」（micro-awakening）折磨，最後在早上起床時，你感到筋疲力竭，皮質醇濃度也提高，暗示著你又要面對另一個充滿壓力與威脅的一天。你從不曾感到放鬆。若超過六十歲，孤單將大幅增加死亡的機率。

「更不用說，孤單使人生變得悲慘。」約翰．卡喬波（John Cacioppo）說，「這個原因應該足以讓人想要做點什麼以避免孤單。」

卡喬波是芝加哥大學心理學教授，他指出，孤單是心靈海嘯，尾隨著生命而破碎。他也點出一些症狀。

「孤單助長了社會退縮與敵意。生命的意義減少了，對人生與環境的控制感也降低。孤單也與一些強迫性行爲變化有關。當你覺得孤單，比較會暴飲暴食，快樂的程度也會下降，遠超過因爲抑鬱症狀增加所預估導致的幅度。」

自殺和謀殺也跟孤單有所關聯。

催眠激發了卡喬波對孤單的本質存疑。一九九〇年代中期，他是俄亥俄州立大學的年輕教授，知道孤單與早逝及許多健康危害相關。當時有一小群學者相信，孤單來自社交技巧不佳或害羞，認爲最根本的是人的性格不同，而內向的人生來比較不幸。

卡喬波想到史丹福大學的同僚曾找到一群容易被催眠的人進行實驗，於是他飛到加州帕羅奧圖市，透過一些熟練催眠師的協助，讓二十位受測者進入深度催眠狀態。

「我們讓他們感到孤單或有所連結，」他解釋，「讓一半的人先感到孤單，然後是不孤單；另一半的人順序相反。我們眞正訝異的是，發現他們在性格、對人生的展望、社交技巧上都改變了。這麼戲劇性的轉換，單單取決於他們是否感到有所連結。」

也許孤單「不是巴士中的乘客，而是巴士眞正重要的駕駛。其他因素如害羞和社交技巧，其實是隨行的」，卡喬波這麼想。

也許孤單會帶來死亡與毀滅，縮減壽命，讓人生病和不快樂。或許他應該研究孤單。

不過，孤單也不是全無益處。

「孤單是生理信號，好比飢餓、口渴或疼痛，」卡喬波指明，「激勵你照顧自己，如此才能留傳基因。」

正如飢渴告訴你需要養分和水分，疼痛告訴你要把手從爐灶上抽回，避免更多的組織受傷。卡喬波說：「孤單看似是演化而來的負面信號，促使你照顧自己的社會面。」

社會性動物需要彼此才能存活，無論是無助的嬰兒需要由自己的母親餵養，或是成人需要群體的保護，方能倖免於遭到掠奪。

「在社會外圍很危險。」他告訴我，「想想你看過的紀錄片，在一群動物中，處於邊緣者最可能被捕食。」也就是被吃掉的意思。「如果觀察魚，牠們成群的游。當掠食者接近時，處於周邊者最可能被掠食，不是因爲牠們最慢或最弱，只因爲牠們最容易靠近，把牠們與群體分隔後最容易吃到。」

由於演化，當你感到孤單，以爲你在社會外圍，身體就會反抗，大喊著：趕快回到隊伍裡，置身其中才不會被挑出來當作午餐。

接下來二十年，卡喬波記錄了孤單如何摧毀身體、心智和情緒。不過還有一個問題：我們知道孤單所造成的傷害，但它是怎麼運作的？又是如何慢慢進入人的遺傳密碼中？

沒有朋友的人易早逝

卡喬波發現孤單會讓健康的人生病，約在同時，史蒂芬．科爾（Steven Cole）則發現孤單會讓生病的人更快死亡。

當時科爾在加州大學洛杉磯分校進行博士後研究，開始思索情緒、恐懼與世界觀如何在分子層次造成變化。一九九〇年代中期，他仔細考慮這個問題，想到有一大群可能的受測者：HIV測試爲陽性的同性戀男性。科爾注意到這種病毒怎麼發作的一個現象：它有所區別。「即使沒有接受治療，有些人仍維持健康好幾十年，但是有些人不出幾年就發病死亡。」他告訴我，「這讓我想問：這些人有哪些差異？」

經過許多測試之後，有一件事特別突出：是否出櫃。比起出櫃的男性，隱瞞自己性傾向的男士，病毒複製的速度快了三到十倍，也提早兩到三年死亡。

科爾發現，隱瞞性傾向的男性，可能與卡喬波所研究的孤單人士有許多相似之處——兩者都比較早逝，因爲他們感受到這世界帶有敵視的威脅。

這兩位研究人員於是合作進行初步測試。他們發現孤單重組基因的方式，與害怕被發現而隱瞞性傾向男性的基因改變相同。尤其是感到孤立，啟動了發炎的基因（最早對組織受損或細菌危害的回應），也抑制了停止發炎反應的基因。同時，孤單似乎抑制了與抗病毒反應及生產抗體有關的基因。這個糟糕的組合，讓身體容易罹患傳染病，遭到病毒入侵（從一般感冒到HIV），以及其他對發炎敏感的病症，例如心血管疾病。孤單的人並非捏造自己的症狀。在細胞層次，他們的身體的確有所反應，以試圖推著他們去交朋友，回到溫暖又安全的群體中。

說來容易做來難。孤單的人覺得這個世界比較懷有敵意，與他人連結所產生的愉悅也比較少。並非他們試圖這麼做，甚至不是有意識地要這麼做，而是大腦自動幫他們這麼做。

觀察覺得孤單者與覺得有所連結者，在腦部掃描儀中處理資訊（包括高興和悲傷的圖片）時所產生的影像，卡喬波和同事路易絲．霍克利發現了以下情況。最明顯的不同：第一個是當他們想著朋友或家人間快樂互動的圖像時，孤單者大腦的獎勵中心沒有亮起；第二個是當看到負面社交互動時，孤單者會聚焦於此，大腦高度警覺，因為大腦在每個轉角都看到危險，敵意事關重大。

「當你感到孤立，無論你是否跟他人在一起，大腦都會進入自保模式。」卡喬波說明。「你知道自己覺得悲傷，但是可能沒有察覺自己變得具有攻擊性。」

卡喬波表示，社會將孤單、脾氣壞的人推得遠遠的，是導致脫離孤單積習變得很困難的原因。

「譬如我有兩位同事，一位很可愛，另一位有點抑鬱、存著戒心與懷有敵意。」他說，「這兩個人進到辦公室，對待我的態度都不好。對第一位，我可能會說：『發生了什麼事，我可以幫忙嗎？』對第二位，我可能會說：『啊，我很想跟你談談，但是我要去開會，現在必須離開了。』」

「這樣只是證實每次互動都變得不好，」我問，「讓互動成為了威脅？」

卡喬波點點頭，「我把這稱為『社交螺旋』（social spirals）。」

幾乎墜入孤單的漩渦中

從理論來看，這些都很吸引人，直到科學變得與切身相關。我一直都很喜歡朋友，在職場、教會、街坊都有很多朋友，甚至隨機很喜歡一些人。不過在我向美國全國公共廣播電台請假撰寫這本書時，我失去了天天擁抱友誼的機會。

最早幾個月，我的世界仍然充滿了與人的連結，請別人告訴我他們的故事，或是說明他們的研究。不過隨著採訪漸漸結束，我潛入獨自寫作的事務中，花在電腦前的時間愈來愈多，分給關係的時間則逐漸減少，讓我注意到某種險惡正在滋長。

有個恐怖分子開始占據我的心思。對於不經意說出的話、更糟的是沉默，我左思右想，有如牡蠣般翻來覆去，為一粒沙感到苦惱。有時毫無理由地，我害怕追蹤採訪會變得棘手，預想對方在兩分鐘後就中斷採訪，任憑我自行面對沒有答案的問題。一段原本非常親密的友誼擱淺了，一部分原因是我有太多時間，一個人把（確實是無意的）傷害分門別類，自己把它駛向淺灘。

對於自己的思緒，我感到震驚。這讓我想到美國廣播公司《夜線》電視節目主播丹．哈里斯（Dan Harris），在他有關冥想的書《快樂，多10%就足夠》（*10% Happier*）所寫的。「在我腦海中的聲音，」他觀察，「其實是個笨蛋。」

身爲（通常是）衆所皆知的派對人物，我稍稍整理，把它順成一個朗朗上口的抑揚格五音步：「在我腦海中的聲音，是個瘋子。」每天好幾次，我會對自己這麼說。「在我腦海中的聲音，是個瘋子。」讀過這些研究後，我還要加上：「現在要停止孤單的作爲。」

我明白卡喬波可能對這樣的比較感到難堪。我並不符合他對孤單的定義：每晚我都會見到丈夫，每天都會打電話給母親，就我所知還有些朋友看到我從遠處走來不會躲到柱子後面。不過我懷疑，如果卡喬波把我放進腦部掃描儀，他會看到孤單大腦的開端嗎？考量有許多人發現自己中年時從機構型勞動人力中遭到削除，轉而擔任顧問，在虛擬的辦公空間中運作（我就是在星巴克編輯這本書），或以其他方式單獨作業，我猜想，研究孤單的人員即將找到一大群受測對象。

四月二十九日星期一

昨天我到母親的公寓一趟。她看起來很美，高雅地坐在躺椅上，穿著淡紫色家居便服，擦了淺紅色口紅。不過她一看到我，臉卻皺成一團，手上緊握著一篇《基督科學時報》的文章。她讀了又讀，不太能理解。從研究中我明白，住院可能會顯著地削弱認知能力，特別是老年人。

「我就是不了解，沒辦法突破到形而上的眞理。」她說。我的心涼了，因爲母親終其一生都仰仗自己的心智敏捷度。

「媽媽，你的感覺有如置身雲霧中嗎？」我問，準備好要解釋麻醉劑仍可能讓她覺得昏昏沉沉，不過終究會消散。

她點點頭，又回到讓我害怕的話題：死亡。

「我告訴戴夫，他必須讓我往前走。」她說。

「你想這麼做嗎？」

「有時候。」她輕聲地說。

我驚訝地看著她。我所認識的母親從來不對處境屈服，不讓自己陷入懷疑的泥淖。我想起兩年前有一天，我們開車送她去國家復健醫院進行語言治療。八十九歲的母親腦中風，失語症奪走了她大多數的字彙和完整表達想法的能力。我們在紅燈停下，母親開始說：「瑪麗……」然後燈號變了，使她分心，摧毀了表達那個想法的任何希望。我心想，「那句話講完了。」母親低下頭，皺著眉頭、十分專心，然後對自己低語：「用力推、用力推，努力推到另一邊。」她抬起頭說：「瑪麗昨天來看我。」不起眼的想法，卻是偉大的勝利。一生的心智操練看似奏效了，母親克服了失語症。母親完全復原，醫師對此感到十分吃驚，稱她爲「扭轉職涯的病人」，好奇她如何能夠重拾自己心智的敏捷，而與她同齡的其他人卻做不到。

兩年後，永不沮喪的母親看來被擊敗了。即使如此，到了九十一歲、股骨粉碎了，面對餘生需要坐輪椅，誰不會感到無助。獨立的母親，被剝奪了決定自己人生走向、甚至最平凡瑣事的能力，必須依賴他人幫她準備晚餐、洗澡、打開冷氣機、從大門階梯平台拿回報紙。那時我知道，母親不需要有人告訴她要振作，也不需要以粉飾嚴酷事實的話語來鼓勵她。她需要的是決定的權利——思索死亡，然後選擇生命。

「媽媽，」我說，心跳加快，有如躲避瘟疫般想迴避困難又私密的對話。「如果你想活下來，繼續奮鬥，再次行走，沒有任何理由是你做不到的。戴夫和我會竭盡所能讓此成眞。」我淚水盈眶地接著說：「不過如果你想往前走，在做出這個決定時，我依然會陪伴你。我不希望你死，不過我會陪著你。」

母親不發一語，接著她伸出手，緊握著我的手。我們安靜地坐了一會兒，直到她點點頭，放開我的手。

自從跌倒後，今天母親首次穿戴整齊，漂亮的毛衣搭配長褲，整理好的頭髮上綁著緞帶，坐著輪椅經過一條街，來到戴夫的辦公室。我不知道我們的對話與此是否有任何關係，但是她似乎已經決定活下來，而且是充滿生氣地活著。

*

在採訪與撰寫有關中年的種種時，泰半時候我給友誼的空間很小。與許多中年的專業人士相同，工作和家庭占據了我所有的時間。我在想該如何收復我所失去的，畢竟投入時間在關係中將對我有益，因爲這將驅動長期的健康狀態與心智敏捷。不過這個動機似乎太過策略性、也太過交易化，無法完全表達爲什麼我需要朋友。在廣播電台同事的圈子之外，我懷念單純的友誼，因為它不像工作或家庭，要求如此堅決。

有天晚上，我設法花點時間與麗比．路易司在一起。將近二十年前，麗比和我一起新進美國全國公共廣播電台，我們很快便成為好朋友。她間接促成了我的婚姻：當時她的男友（現在是她的丈夫）堅持要我試試婚友網站，最後我讓步了，而且幾乎馬上就認識戴文。每天早上，麗比和我會一起到廣播電台的輕食餐廳買咖啡。我們討論對報導的想法、分享新聞來源，花好多時間在一起，甚至到了我們開始看起來愈來愈像彼此的地步。旁人曾問我們是不是姊妹。我認為麗比是我人生中不可或缺的朋友，少了她讓我感到空虛。

「你知道過去幾週，我學到很多有關友誼的理論。」我這麼告訴她。在鄰近兩人住家的一間法式咖啡館中，我們一起喝茶。

我描述了「朋友地位模式」，這是指你只有少數幾個友誼的位子，而你只讓能幫助你存活的人占據這些位子。對狩獵採集者，圈內人可能包括善用矛的人，以及懂得在森林中指引路徑、領你回家的人。現在則可能包括了解你職業的人、必要時可以幫你看小孩的人、網球球技與你相當的人、知道哪裡可以撿便宜的人。此外，你也必須擁有認為你難以取代的朋友。

我還告訴麗比另一個令人感興趣的理論——聯盟假說，這是指你需要朋友認為你有價值，與你認為對方有價值的程度相當，不然你無法指望在必要時，對方會對你絕對忠誠。

「這些都是學術上的解釋，」我說，「不過我從石溪大學年輕的社會學家、名叫彼得．迪史奇奧利（Peter DeScioli）所說的當中，領悟到一點。他發現，如果你把某人當作最好的朋友，卻發現在對方的排序中，你的地位沒有這麼高，則會因為權力失衡而令人十分不安。他說，如果你處於失衡的友誼中，可以選擇做兩件事的其中之一。」

「是哪兩件事？」麗比問。

「努力變成對方最好的朋友，或是找另一位朋友。」

「還有第三個方法，」麗比如此評述，「問自己：我想要這份友誼嗎？它對我重要嗎？然後就饒了對方吧！」

我發現麗比正是如此對待我。也許，中年友誼終究不是那麼複雜。

第5章

心主導了你的人生

母親常說兩句話，串起了我的幼年，也形塑了我的思想。第一句話通常在長途搭車時出現，那時哥哥和我繫著安全帶，坐在轎車後座。戴夫大我六歲半，以只有我聽得到的氣聲重複的說：「芭比很幼稚，胖得像隻豬。」最後我受不了，便氣呼呼地向母親告狀，要求她介入。母親轉過頭，然後聲明：「你沒有權利破壞這美好的時刻。」遭到責備的總是我，而不是戴夫，因為只要母親一轉頭，他就停止作聲，沉著地望向窗外。即使到了現在，每當我要說出嘲諷的評語或是嘀咕的抱怨前，會時而想起這句話：你沒有權利破壞這美好的時刻。

第二句話更深植我心。「你所想的，即成為你的經歷。」母親從日常中觀察，通常又是在我發牢騷或煩惱時。出身基督科學教會，給了她這個概念。無論你怎麼看待基督科學教會，以及信徒拒絕醫療協助這件事，在科學家批評「身心相連結」（mind-body connection）這個概念之前一百年，他們就聚焦於此關鍵的觀念。基督科學教會信徒相信，你對世界的體會，主要受思想、態度及禱告影響。幾乎任何問題都可以藉由「修正」思想而獲得改善，從流行性感冒，到解雇、婚姻及財務問題。

二十年前我離開了基督科學教會，不過並沒有拋棄這個核心概念。現在科學家不斷發現，想法如何影響生命中各個層面：即使腦部出現斑塊和纏結，你的思想仍可以穿透失智症的雲霧；思想使你延年益壽，保護你免於各種疾病；思想抑制導致發炎和早夭的基因，甚至緩和長期疼痛的喧擾。這些老少皆然，不過到了中年，看到終點就在前方不遠處，開始接觸脆弱的邊緣，想法於是變得更加緊要。我們還有些時間調整思考模式。

因爲我帶有父親屈服於失智的基因，這些新的科學發現讓我充滿希望，指引我越過慢性疼痛向前行。沒有藥物可以治癒這種疼痛，不過我熱切期盼我可以怎麼想而讓它減輕些。研究思想復原與破壞的力量，也讓研究人員看到其中細微的差別。並不是所有的想法，其效力都相同。有種獨特的態度，似乎可以提升生命的每個層面：心智、身體、壽命，甚至快樂的程度。請容我賣個關子，證實心思精巧且蓄積的威力，就從每位我認識的中年人都懼怕的失智症談起。

五月六日星期一

裘莉．施耐德（Julie Schneider）大步邁入無窗又冰冷的房間，環視她小小的王國。「我們稱這裡爲『骯髒實驗室』。」這位神經病理學家這麼說。不過對我而言，房間看起來其實很乾淨，即使食物掉到地上都還敢撿起來吃；但若是掉在櫃台上則不然，上面排列的腦部切片有如楔形的白花椰菜，切塊等著上架炙烤。她靠近腦部切片站著，揮手要我過去。我有如一個怯生生的孩子，對於要靠近這些，感覺有些驚悚卻又著迷。

施耐德戴著手套，拿起其中一個切片朝著螢光燈舉起，它來自一位名叫瑪喬麗的婦女。

「我們無法藉由直接觀看腦部來診斷失智症，不過我們可以觀察跟認知受損相關的徵狀。」施耐德一邊解釋，一邊把切片翻過來，以便檢查得更仔細。「到目前為止，看起來還不錯……那裡……看到白色的區域嗎？」她問，拿起腦部切片朝我貼近，令人有些不舒服。「那個白色區域就是血管中的斑塊。血管看起來應該都是藍色的。」

身處於一片片腦部組織當中，容易忽視這位芝加哥拉許大學醫學中心神經病理學家的特質。她的身形纖瘦卻強健，自信卻令人心安。這些樣本代表我的世代還有希望。我們熱切期盼並非所有人都將落入失智的流沙中。特別是瑪喬麗的樣本，述說著一個美好的故事：即使我們罹患失智症，卻不見得會忘記所有重要的人、事、物。

過了幾分鐘，我滿懷感恩地隨著施耐德走出冰冷的「骯髒實驗室」，來到排列著顯微鏡、陽光普照的房間裡。她坐到其中一台顯微鏡旁，把瑪喬麗的腦部組織切片滑到鏡頭下。

「我掃視皮質，看到為數中等的神經炎斑塊，這也是失智症的特徵。」她說，又選了另一個切片。「我看到足夠的斑塊可以診斷為失智症。這是中等程度的失智症。」

「你預期她會出現記憶方面的問題嗎？」我問。

「嗯，從研究中我已經得悉，許多人有這些病理特徵，卻沒有出現記憶問題。」她說。

「為什麼會如此？」

「我想大腦有補償作用，不過還不太確定怎麼補償。是生命早期產生較多連結，還是在中年時期？有些人比較善於找尋替代連結嗎？人們具有認知儲備的原因可能很多。」

五個小時後，貝蒂．波爾曼（Betty Borman）歡迎我來到她在阿靈頓海茲鎮的家，此地位於芝加哥西北方約四十公里處。與我一起抵達的是大衛．班奈特（David Bennett），他是拉許大學失智症中心主任，曾經跟她進行多次訪談。早在十五年前，班奈特就開始在芝加哥周遭的養老院，召募年齡在六十五歲以上的健康老人參與研究，目前已有超過一千七百人同意定期接受認知測驗，以及死後進行腦部解剖。

八十六歲的貝蒂，穿著輕便，卻細心搭配黃色休閒衫、黃色開襟毛衣及鵝黃色長褲。她的舉止優雅又博學，而且出乎起初的意料，言談中經常穿插解嘲的妙語。

看著摯友逐漸失智，幾年前，貝蒂加入了「拉許記憶與老化研究計畫」。

「到了最後，她甚至不認得我，這真的很讓人心痛。」她說，「我想，我一定要做點什麼。這是我參與研究的原因。」

貝蒂不是一般的參與研究者。她的姐姐是瑪喬麗，稍早我在顯微鏡下看到她的腦部切片。一九四〇年代，這對姊妹就讀芝加哥師範學院，對那個年代的婦女而言，她們可說走上了一條不尋常的人生路。當時的女性通常高中一畢業就結婚了。即將獲得歷史碩士學位前，瑪姬才步入婚姻、生兒育女。在養育兒女前後，兩人都在中學任教多年。

「瑪姬求學的時間有二十二年，」看著檔案資料，班奈特補充說，當時平均就學年數是十四年。「我們和其他的研究人員都發現，教育具有保護效果。」

「『保護』是什麼意思？」我問。

「教育會延後失智的出現，亦即失智症或其他因素引起的失智臨床症狀或徵兆。」他解釋。受過的教育愈多愈好：大學畢業比高中畢業好，博士又比學士好——幾位有博士學位的大學研究人員高興的主動提出這點。

「實際上如果罹患失智症，時間會延後，但是進程會稍微快些。」班奈特加上註解。班奈特指出，「疾病進程壓縮」有兩個好處：延後失智症狀出現，直到斑塊和纏結制伏了大腦，接著身心功能隨即快速衰弱，快到可能只有幾年的時間處於失智的狀態。班奈特表示，教育建立了認知儲備，藉此可減緩記憶喪失。

「瑪姬終身都喜愛閱讀，」貝蒂回想，接著提到瑪姬的丈夫過世後，她因為背部問題，幾乎無法行動。「當地圖書館會把她預約的書，整箱送到她家。她一天讀一本。我的意思是，一本可能厚達七百頁的書，她花一天就讀完了，然後打電話跟我說：『你一定要讀讀這本有關整個德國帝國的書。』」

「我會說：『好吧，瑪姬，不過我還在寫雜貨購物清單。』」貝蒂說，笑著回憶起這件事。「她一直讀一直讀，我相信這支持了她繼續活下去。她的背不好，人生遭遇很多苦難，三個兒子失去了兩個，兩任丈夫都比她早逝，但是她從不抱怨。」

「對這兩件事，我做點補充說明。」班奈特插嘴道。他拿出瑪姬的檔案，裡面的人格及認知測驗結果，提供了大腦對抗退化的數據。

「我們評估的項目之一是受測者一生中，包括晚年，在認知方面有多麼活躍。」班奈特說。瑪姬終身閱讀的習慣，讓她在認知活動的部分獲得很高的成績：以一到五記分，受測者平均得到三分，她的分數爲四點二。

研究人員還評估其他非認知的特質，這點也使得「拉許計畫」與其他研究有所不同。最有意思的一項人格特質是「神經質」，也就是一個人對壓力的內在反應。班奈特表示，得分低比較好。平均分數爲十五點七，瑪姬只得到十一分。

「因此當你聽到她怎樣二度面對孩子與丈夫去世，」班奈特說，「證明她是位適應力強的婦女。有些人具有韌性，有些人則沒有。」

班奈特接著向我們一一指出其他態度或傾向，保護瑪姬免於失智。在增加認知衰退的人格或風格特質方面，包括危害逃避（害羞及遁世離群）、焦慮、覺察社會孤立（孤獨），她的分數都比平均低了許多。在看來有助於維持心智完整無損的特徵方面，例如社會參與、認眞負責，以及一項稱爲「人生有目的」的態度，她的分數則領先。

直到八十七歲時過世，瑪姬每年在稱爲「簡短智能測驗」的標準認知測驗中都獲得高分。在「延遲回憶測驗」中（說一個複雜的故事，接著二十分鐘分散她的注意力，之後再請她重述故事細節，愈多愈好），瑪姬可以想到二十五項細節中的十六項。

「這樣的表現好嗎？」我問。

「如果你我有這樣的成績，算我們運氣好。」班奈特笑著說。

我回想看到瑪姬的腦部切片中出現許多斑塊與纏結，便轉向貝蒂。直到瑪姬生命終了前，貝蒂每週都會與姐姐交談一兩次。

「你有注意到任何變化嗎？」

「完全沒有！」她激動的說，「我聽到從她的腦部看得出失智症的跡象，感到相當驚訝。我比任何人都了解她，一定會察覺到，但是我沒有發現任何異樣。」

班奈特說，令人吃驚的不只是她的腦部在與失智進行叢林戰的同時，仍能不費吹灰之力通過認知測驗，更值得注意的是，這樣的表現很尋常。死後解剖有失智病理特徵的人，足足有三分之一生前沒有出現失智症，認知功能也沒有衰退。起初其他科學家有些懷疑，但在解剖約五百人後，現在這項發現已經不具爭議。

班奈特告訴我，他與同事從不同的角度展開失智症研究。

「大多數都把焦點放在：如何抑制病理特徵出現，或是如何逆轉，讓這樣的特徵從大腦消失？」他說，「我們也對這些問題有興趣，不過相反的，我們暫時假設這遲早會出現，接著將焦點放在：怎樣建立更好的大腦，就算它積聚了這樣的病理特徵，仍然不會失去記憶？因爲記憶是人最珍貴的事物之一，而那才是大家希望保留下來的。」

為什麼有些人可以從失智中逃脫

先前的研究，包括所謂的「修女研究」，對象是將近七百位年長的天主教修女，指出有些人的腦部雖然盡是導致失智的斑塊和纏結，卻沒有任何症狀。他們稱之爲「逃脫者」。比起當代一般婦女，這些修女受過更多的教育，過著智識活躍的生活，即使已屆退休年齡都還在教書。

班奈特對「修女研究」深深著迷，想知道得更多，包括：態度與人格是否相關？如果他和同事不只觀察一個人做了什麼——玩填字遊戲、每天散步、跟朋友和家人見面——也看看他（她）怎麼想，結果會怎樣？如果早些召募研究對象，從他們認知仍然健全時開始，接著追蹤數十年，看看他們是否出現失智症，或是從中「逃脫」，結果又會怎樣？

從一九九四年起，班奈特召募了超過一千兩百五十位天主教修女、修士和神父，後來又納入約一千七百五十位不同種族、教育程度、收入的一般信徒。

「我們希望蒐集與老化有關的所有資料。」他告訴我。他不僅希望檢視常見的一些因素（教育、家庭背景、嗜好、社會網絡、運動），也研究人格特質與對人生的態度。

從兩種態度預測一個人是否會出現失智症，看來相當準確。無論男女，在認眞負責方面得分最高者，也就是懂得控制自己的衝動，可靠又目標導向的人，比起最不認眞負責的人，罹患失智症的機率減少了百分之八十九。即使將一些與認眞負責相關的行爲，例如按時服藥、運動與生活有紀律，納入考量後，結果依然如此。

不過最令人感到意外的因素是——幾乎如同特效妙方——人生有目的。班奈特解釋，這些人認爲每天都具有意義，每天早上都有起床的理由。「他們很快樂，就算已經八十八歲或九十八歲，還是期待著明天。」

班奈特說，比起人生沒有什麼目的的人，擁有人生目標的人，罹患失智症或出現認知衰退的可能性少了很多，即使死後解剖顯示他們有失智的病理特徵。事實上，人生沒有什麼目的的人，得到失智症的機率，是人生有使命者的二點五倍。比起其他任何因素，包括教育、快樂的童年、終身學習、運動、正確飲食，這種積極參與人生的態度，是直到終了都維持心智敏捷的祕密。

「這讓我想起中風後的母親，」我說，「當時她已經八十九歲，復原情況非凡。之後我與她的語言治療師談到此事，她說：『你知道嗎，我從未聽過八十九歲的人談到對未來的計畫，但是令堂就會這麼做。她提到夏天打算回到南塔克特島。』」

「這就是我們所討論的，」班奈特說，「我記得祖母九十幾歲時被診斷出得了癌症，醫師對她說：『我們會送您回家，並且幫助您感到舒適。』她說：『門兒都沒有！六個月後我要參加一場猶太成人禮。』」

「她參加了嗎？」我邊笑邊問。

「是啊，她還在我小兒子的猶太成人禮中跳舞。」

班奈特又說，隨著時間，認爲人生有目的的態度所帶來的好處愈來愈多。

「不曉得爲什麼，人生有目的不僅可延後失智症出現，也影響了腦部如何應對病理特徵的積聚。」

「這怎麼可能？」我問道，「無形的人生展望，怎麼會使有形的大腦更靈活，讓它可以繞過斑塊、纏結和其他的神經路障，繼續前進？」

「大腦與其他器官最大的不同是可塑性，也就是反應逆境的能力。」班奈特說，「不知道爲什麼，人生比較有目標的人，腦部的可塑性較高，他們比較可以容忍腦部當中出現異物，這不僅是與生俱來的較佳設計，也因爲比起生活沒有目標的人，他們有其他的方法可以面對這些病理特徵。」

我放鬆地向後坐，思索這一切。想法和思維真的主導了人生。我領悟到班奈特的研究，對中年人如我所提出的建議很清楚：現在，不論是四十幾歲、五十幾歲、六十幾歲，就要發展思考模式，特別是要讓人生過得有目標。找到除了職業以外的人生宗旨，因爲有一天你會退休。當自己的後代不再需要你時，在需要你的下一代、下下一代之中找到目的。從現在起開始儲備動能，超越今天的例行公事，找出十年後、甚至之後二十年，讓你從床上爬起來的理由——新的熱情、嗜好、目標。我想到每週六上德文課的七十七歲鄰居（這是他學習的第七種語言），還有我的繼母參加一百英里馬賽，直到她八十歲，我父親才說服她降級參加五十英里的比賽。有如班奈特所稱的「逃脫者」，他們及早發展自己的目標，在天然資源衰減時，讓這些熱情引領他們前行。

快樂的兩個面向

從許多層面來看，班奈特所做的研究都讓我感到十分滿意。我過去是基督科學教會會友，對一個人的想法，諸如態度、鍛鍊智能、剛毅的決心，有辦法避免失智造成損害的概念，感到振奮。或許對其他疾病也是如此？我也是個認眞負責的知識分子，一個不會在週五晚上喝得酩酊大醉的大學生，因爲隔天早上我要參加越野賽。最後，我也是父親的女兒，學會延遲享樂，爲更長遠的目標犧牲，而這可能是人類衆多特質中的至善。

不過，班奈特的研究成果也導致分歧。多年來正向心理學家將各種好處，包括豐盛人生及長壽，歸功於快樂。不過看來，快樂與「人生有目的」即使不對立，兩者間也沒什麼關聯。我跟班奈特談論時，意外地有了這個啓發。快樂有兩種：短暫的快樂與長期的意義。

卡羅．瑞夫（Carol Ryff）告訴我，超過兩千年前，古希臘人花了相當多時間與精力辯論什麼是快樂。她是威斯康辛大學心理學教授，主持「中年在美國」研究計畫，過去二十年追蹤上千位美國人，從成人前期到晚年。一邊是享樂（*hedonia*），即享樂主義（hedonism）的字根，感覺快樂，「滿足慾望，喝杯啤酒，吃頓美食，享受性愛。」瑞夫這麼說。

不過她說，亞里斯多德同時也問了其他問題，例如什麼是至善？什麼是美好的人生？「他明確地提到，這不是指感覺愉快、知足或滿足慾望。」她說，「實際上，他以牛羊在草地上吃草爲例，表示不僅於此。他寫到人的至善，在於實現自己眞正的潛能。對我來說，這個概念很美，我們生來就具有人類獨特的能力，他稱之爲『性靈』[1]。人生的功課就是找到自己獨特的能力，然後盡力去實現。」

這是「眞幸福論」（eudaimonic happiness）的源起，指的是蓬勃發展、勤奮工作、有目的的參與，這樣的努力，短期可能造成壓力、甚至痛苦，但是長期則會帶來意義，投資將獲得非常豐厚的回報。想一想：養兒育女、馬拉松賽訓練、留在辦公室完成報告、或是熬夜製作晨間新聞的報導。

1 譯註：*daimon* 原意爲希臘人神特質兼具的存在，後來有許多衍生的意義。

直到最近，幸福才從享樂的陰影中走出來。過去幾年，心理學家開始仔細窺究幸福的兩個面向。與人生中的許多事相同（例如，長期而言，哪位勝算較高，是高中美式足球隊四分衛，還是創辦微軟的書呆子？），長遠來看，羞澀、刻苦的幸福，似乎獲得比較好的評價。

乍看之下，這違反直覺。有意義的人生可能是累贅，它牽涉到犧牲和壓力，為了哺育小嬰兒而徹夜未眠，為了讓子女讀大學而長時間工作，妻子癌末需隨侍在旁，即使失智症竊取了父親分享記憶、笑話或溫柔言語的能力，仍前往探望他。

到底意義與幸福，有什麼重要？事實上，我們的身心都偏好它們。羅徹斯特大學的研究人員追蹤一百五十位近期畢業生，分為追求內在目標者（看重「深度長久關係」或「幫助他人改善生活」），以及追求外在目標者（例如財富、面貌、名聲）。兩年後再度與他們取得聯繫，發現達到自己外在、與形象相關目標的年輕人過得並不好。他們回報說，例如羞愧或憤怒的負面情緒，以及頭痛、胃痛、失去精力的身體症狀都比較多。追求內在目標的那組人，重視關係與個人成長。他們回報說，對自己及他人而言，正面情緒較多，壓力所導致的身體症狀也比較少。

更深入地從生理來看，我們的身體偏好無私的快樂，而非自我中心，並且以幸福長壽為獎勵。科學家發現追求幸福的人，與糖尿病、心血管疾病、骨質疏鬆症、失智症等健康問題相關，某種發炎生物標記物的濃度比較低。這些人生有目標者，連膽固醇的濃度都較低。

史蒂芬．科爾告訴我，再進一步看，甚至我們的基因也獎賞幸福及意義，懲罰享樂。他是加州大學洛杉磯分校醫學院醫學、精神醫學暨行為科學教授，意外展開有關幸福的研究。他的職涯以刻劃壓力、威脅、孤單、苦難對身體的不良影響著稱，最近則對問題的另一面感興趣：疾病對免疫系統所造成的損害，有可能透過幸福而逆轉嗎？他看到一些有趣的線索，罹患乳癌的婦女若壓力程度減輕，竟然可抑制導致發炎與癌症的基因。為此，他想了解更多。

「我想，我必須自己找一位研究快樂的人。」

在一場研討會中，科爾巧遇北卡羅來納大學教堂山分校的芭芭拉．弗瑞德克森（Barbara Fredrickson），她以研究快樂聞名。

「她首先問我：『我們討論的是哪種快樂？』」

從這個入門的問題（在某些圈子裡則頗具爭議），開啓了十分創新的探索。

他們請八十位參與研究者，回答廣泛被接受、用來辨識享樂傾向的一種問卷：你感到快樂又滿足嗎？從中也試圖看出幸福的傾向：你的人生有意義、有方向嗎？對社會有貢獻嗎？然後研究人員抽血檢驗稱之爲「對逆境的保護性轉錄反應」（conserved transcriptional response to adversity，簡稱CTRA）的東西，這是基因體上壓力留下痕跡的學術用語。

從先前的研究中，科爾知道當人感到孤單或承受壓力時，譬如爲工作或金錢擔憂、離婚或失去摯愛，身體會直接進入威脅模式，基因會以特定且格外有害的方式回應。發炎基因開啓，抗病毒基因關閉。

「我們基因體的程式設計是遭受壓力時即啓動發炎反應，這尤其麻煩。」他說，「發炎好比是心血管疾病、癌症轉移與神經退化疾病的分子肥料。」

不過當科爾將兩種快樂分開來看——區別尋找短期快樂的人與追求長期意義的人——發現

了令人驚訝的事。追求享受超過意義的人，基因體指標輪廓（genomic fingerprint profile）比較差，有危險免疫反應的痕跡。然而，傾向眞幸福式快樂的人，對壓力的反應則相反：他們的細胞層次會受到保護。

「我的反應是，啊，這眞的好到令人難以置信！」科爾回想道，「亞里斯多德想必也會這麼說！看來，我們的基因體設計也贊同。」

這項研究在具聲望的《美國國家科學院院刊》發表，以標題宣告那些掃興的心理學家長久以來所嚴肅爭論的：良善比快樂更好。

爲什麼我們的身體偏好意義、延遲享樂、努力及相對苦行的幸福？

科爾的推論是這些人感受的威脅較少，因此比較不需要戰鬥或逃跑。他說，「如果我的快樂與自我價値大多源自享樂所產生的幸福感，若壞事發生在我身上，人生因此變得不幸或不快樂，就會危及我得到快樂感受的一切。基本上，我就只能任由它來擺布自己的生命與經歷。」從身體的觀點來看，這樣的處境很危險。

「相反的，若我最重視的是自己所支持的這個主張、這些人、希望興旺發展的這個社區、或是來自參與崇高的事業，亦即如果快樂是來自外在，那麼即使壞事發生在我身上，也不會對我造成太大的威脅。」他說，「因爲我所珍惜的，某種程度是在自己的身體與享樂機制之外，在這個目標、使命或社區上，即使我的身體不復存在，仍能延續並蓬勃發展。」

即使不確定爲何會如此，但參與追求幸福，譬如深耕社區、奉獻自己投入於家庭或目標，這麼做，使得身體似乎知道自己更能抵擋疾病，並且有其他的資源、朋友、家人、人際網絡可以依靠。身體也能夠抑制那些長期可能導致提早或痛苦死亡的基因，以及由於壓力而釋出的化學物質，這麼一來，身體也就可以深吸口氣並且放鬆。

身體的祕密武器

從某方面來看，「中年在美國」研究計畫是個大型的心理實驗。自一九九五年起，研究人員召募了約七千人、年齡介於二十五歲至七十四歲之間，定期回到診所提供血液及唾液樣本，以檢驗壓力激素、發炎標記及心血管風險，同時接受心理測驗和神經學檢查，填答內容包羅萬象的問卷，從財富、教育到婚姻美滿度、志願服務、運動及飲食習慣。

研究人員正在彌補錯過的光陰：科學家研究年輕人及老年人長達數十年，卻忽略了中年人。現在由瑞夫帶領的科學家，可以隨著參與研究者從青年前期進入中年，直到老年，觀察他們的身體及大腦。

研究人員希望發掘人口統計特性、對人生的心理觀點及行為，以及與健康之間的關聯。瑞夫和同事走在一條傳統醫學較少涉及的道途上。大多數現代的研究，專注於導致身體不適、官能不良、疾病的路徑，試圖找出如何治癒癌症、控制心臟疾病、或是消除腦部斑塊和纏結。

「我不是說這些不重要，」瑞夫告訴我，「不過實際上讓人維持身心健康的因素，我們卻很少關注。」

她說自己看著數以千計的人走過中年，目睹人類可能遭受的各種災禍：貧窮與教育程度低、癌症與失智症、痛失伴侶、養育有心理疾病的兒女。

「我的意思是，這些都是中年歷程的一部分。」她說，「我們找到的證據是，在面對這些挑戰時，許多人擁有所需的內在及外在資源，讓自己可以保有健康及幸福。在這樣的逆境中，有些人還是過得很好，爲什麼？」

瑞夫想知道有哪些「內部資源」，亦即心理組成，使人能夠彈性且健康的面對挑戰，而不致將他推下憂鬱或疾病的斷崖？經過許多測試，她和同事得出一組共六項的態度或思維，似乎可以預測健康與幸福：

1. 與他人的正面關係。
2. 對環境的掌握，或有能力創造或選擇環境，隨著事件發生，依然可以處理並持續發展。
3. 自我接納，或了解自己的優缺點。
4. 自主，也就是獨立，可以控制自己的行爲，不尋求他人的肯定。
5. 個人成長，表示你不斷進步，終身學習。
6. 人生有目標，或從日常生活中找出意義，即使情況變得（非常）糟糕；覺得人生有方向、對生命有熱情。

瑞夫似乎特別偏重「人生有目的」，與二戰猶太人大屠殺倖存者維克多．弗蘭克（Viktor Frankl）相同，他是這項特質的現代知識倡起人。在他一九四六年的著作《活出意義來》

（*Man's Search for Meaning*）當中，這位奧地利的精神科醫師描述自己在納粹集中營尋找目的，即使這些地方剝奪了囚禁者的尊嚴、健康、甚至人性。有天早上，弗蘭克擔心一個特別殘酷的監工，並且煩惱是否要以最後一根香菸交換一碗湯，忽然間他領悟到自己所想的是多麼微不足道且自私自利，眼光狹隘如同一隻落入陷阱的動物。他意識到生存的關鍵不是香菸與湯之間的成本效益分析，甚至無關自監工憤怒的注視中偷偷溜走。祕訣在於每天找出意義與目標。弗蘭克從思念他的妻子中，找到這樣的意義。她被送到另一個集中營，而且已經死亡（他不知道）。藉著想像未來有一天他可以向學生解說集中營的心理學，爲這幾乎無法想像的苦難帶來了些許意義。

「人生變得令人難以忍受，向來不是因爲境遇，」有人宣稱弗蘭克曾這麼說，「單單是因爲缺少了意義與目的。」

「基本上他所說的就是，」瑞夫觀察，「不管身上發生怎樣的壞事，你都有機會。實際上我甚至會說，你有責任，眞的在當中找到一些意義。若你做得到這點，不但可以改善自己的主觀經驗，我們的研究也顯示，對健康的不同層面亦會有所助益。」

過去十年，瑞夫和其他科學家企圖藉由複雜的分析研究，測量人生有目的的健康效益。以下的例子僅是抽樣代表，並非詳盡的清單。拉許大學的班奈特和同事指出，追蹤五年後，於「人生有目的」這項獲得高分的長者，存活的機會是得分低者的兩倍。這樣的益處不限於老年人，若年輕人及中年人具備這樣的特質，十四年後存活的機會亦比沒有這項特質的人高，這促使研究人員特別提到：「愈早找到人生方向，保護作用可能愈早產生。」

每天早上有個理由從床上起來，不僅可延年益壽，也讓人活得更健康。有項研究指出，認爲自己的生活有具體目標的美國男性，比起沒有什麼目標者，中風的機率減少百分之二十二。對日本男性的研究則發現，有生存意義者，中風、心臟病發或死亡的機率比較低。或許毫不令人驚訝的是，家庭關係親密、工作有意義、投入嗜好或與自身利益無直接相關的組織，例如教會、社會或政治運動，這樣的中年及老年的美國人，活得比較久。研究人員發現，生活有目的會改變行爲：比較會照顧自己、注意健康，接受高膽固醇以及乳房、攝護腺、結腸等各項癌症檢查，住院時間也明顯比較短。另外，研究人員看到，隨著逐漸老化，生活有目的似乎可減少罹患多重慢性病的風險。

對瑞夫而言，最令她意外的是，一個人的心理架構（不只是生活有目的，也包括其他五項幸福的特質），似乎可以消弭貧窮與教育程度不高所造成的一些影響。她表示，毫無疑問地，財富與接受教育的年數是最能預測健康的指標，但是從某些標準來看，心理健康得分高的窮人，比同樣弱勢的同儕健康許多。研究人員檢視發炎標記，發現高中畢業、心理健康的人，與大學畢業者一樣，也遠比同樣教育程度較低的同儕健康。

「我們當中沒有任何人揮一揮魔棒，就可以一夕之間重新分配財富及教育成就。」瑞夫說，「我想同時知道這些，確實可鼓舞人心，特別是對沒有接受大學教育、工作地位不高的人而言，長期健康狀況不見得注定就比較糟糕。」

自然地擁有更快樂的大腦

這時候，一些忙碌的中年人也許會這麼想：當然，有人中了心理樂透，充滿樂觀、無私的本能與目標，但是爲了照料上一代與下一代而疲於奔命、繳房貸又要負擔大學學費，同時還要遊走於工作挑戰及交件期限的其他人呢？難道還要把心理改造放入待辦清單嗎？

所幸史丹福大學心理學家蘿拉．卡斯滕森（Laura Carstensen）說，想擁有快樂的大腦，不需要積極追求幸福或人生的目的。

卡斯滕森徹底改變了科學對老化的看法。她愈研究老年人，便愈感到驚奇。老年人帶著疾病和助行器、記憶有缺陷且活動的世界縮小，但他們卻是我們當中最知足的。她指出中年是研究的黑洞，因爲處於這個階段的人，趕著去工作、開車接送小孩去練足球、帶父母去看醫生，忙到沒有時間到實驗室接受檢測，因此大多數有關中年的了解來自推演——把從小到老的數據點以虛線連起來。

由於缺乏研究，使得卡斯滕森長達十年的「呼叫器研究」更加稀奇和有價值。一九九四年卡斯滕森召募了近兩百位北加州的居民，年齡在十八歲至九十四歲之間，請他們攜帶電子呼叫器一週。每天五次，她隨機呼叫他們（有時在不太方便的時刻），提醒他們從十九項情緒中選擇一項（包括快樂、驕傲到憤怒、罪惡感、厭煩感），並寫下當時感覺的強度。五年後她重複了這項爲期一週的實驗，隔五年又做一次。參與研究者前往實驗室進行心理測驗，接受腦部掃描，咀嚼棉花球，讓研究人員得以測量壓力激素皮質醇。

「我們看到的是曲線上揚，負面情緒減少，正面情緒維持得相當穩定。」卡斯滕森告訴我，「因此隨著年齡，正面情緒與負面情緒的平衡有所改善。」

她說，最快樂的時期介於六十幾歲後半至七十幾歲前半。有相當多的紀錄顯示，四十幾歲至五十幾歲的人沉浸在享樂和短暫的快樂變少了，但是她與其他人一樣，相信這時出現了潛在的化學變化。中年時，人們開始聚焦，停下來從更多的層面欣賞小事：主要是關係與當下。

「我們的想法是，這與感到時間即將用完有關，所以隨著人生經歷，他們看到更多正面的部分，享受並體會這些。你知道他們想像老朋友的臉，愈來愈意識到生命的脆弱，我認爲這讓情緒經驗變得比過往更豐富。」

從十八歲至四十歲中年早期，人的快樂曲線急速上升，接著維持穩定。老年人的優勢在於「不快樂」曲線：一般來說，愈老愈善於管理情緒。與年輕人相比，中年人和老年人傾向看到「杯子半滿」，而且他們從逆境中復原的速度似乎也比較快。

卡斯滕森稱此爲「正面效應」。在好幾項研究中，她和同事請年輕人與老年人檢視一系列的照片，影像包括令人愉悅或快樂者（小狗、開懷大笑的嬰孩、沙漠中的落日），以及令人不安或悲傷者（蛇、年老的男人與太太在醫院裡）。年輕人記得負面的照片比較多，老年人記得的正面照片則是負面照片的兩倍。其中一項研究，卡斯滕森納入中年人。這些參與研究的中年人也是記得正面的照片比負面的多，但是比老年人少，這指出他們符合進程，觀點漸趨快樂。

接著，卡斯滕森將他們送進掃描儀，觀察大腦如何處理資訊。研究人員發現，年老大腦反應的方式與年輕大腦十分不同。她對大腦的情緒中樞杏仁核特別有興趣。結果很確定：年輕人的大腦杏仁核，看到快樂和悲傷的照片時都會亮起。

「至於老年人，杏仁核沒有因爲負面影像而活化，但是對正面影像有反應且明顯活化。」她說，「杏仁核是大腦中告訴你『這很重要，請注意』的部分。看來，老年人看到負面資訊時，這個部分的大腦沒有活化。」

換句話說，大腦會忽略（或視而不見）不好的消息。隨著年齡增長，大腦有如快樂的指揮家，協調不同的部位，建立比較快樂的模式，觀點漸漸地轉變爲杯子半滿。其他研究人員也指出，不論年齡，人生比較有目標的人，處理負面資訊的方式會較爲深思熟慮和正面。

從這些發現，中年人可以獲得哪些洞見？我請教卡斯滕森。

「人生有些部分，只會愈變愈好。」卡斯滕森這麼說，「關係看來之所以變好，我想是因爲你以大局爲重，不再拘泥於微不足道的問題。你凝視著坐在早餐桌對面的多年伴侶，知道不會永遠這般，但是現在確實存在，所以你專注當下。陽光普照，你也一切安好。」

我不知道爲什麼隨著老化，人會變得知足？老年人是自然而然地變得開朗，還是經年累月刻意培養這樣的技能？

卡斯滕森認爲兩者都有可能。根據她所提出且已被廣泛接受的「社會情緒選擇理論」，隨著年齡增長，動機會有所改變，更能調節時間——不僅根據時鐘或日曆，而是依循自己的人生。二十歲的人視未來「好似絕對無限」，也如此行動：嘗試不同工作、與非常不合適的人約會，因爲好吧，爲什麼不這麼做？五十歲的人看到沿著這條路，終點就在幾公里外，便開始改變行爲。正如卡斯滕森所說：「五十歲的人不會因爲有人介紹就隨便約會。」七十歲的人非常清楚自己未來的時日已不長。

「我們發現的是，時間的前景縮短，與目標改變有關。看到大限將至的人，會調整動機與目標，專注在眞正重要的事物上。」

「例如什麼呢？」

「對大多數人而言，眞正重要的是其他人。」

就算從自己九十幾歲的母親身上也可以看到這點，領悟到預期剩下的時日無多，體現了早夭者的情緒。二〇一三年八月，當我詢問美國全國公共廣播電台聽衆，中年有哪些起伏震盪，收到十幾封回應，皆是來自中年已成爲死亡前最後一站的人。這些短文令我驚奇：我原以爲憤怒會盤踞他們的人生，卻反而是由感恩主宰；我以爲他們會對於錯過子女的高中畢業舞會或婚禮而耿耿於懷或感到遺憾，取而代之的是堅定不移的專注，從當下擠出任何一點喜樂。在見到卡斯滕森之前，這令我困惑；現在當我閱讀這些處於死蔭下的小小智慧傑作時，我認出她的社會情緒選擇理論。

我最愛的或許是恰克．布萊恩特的紀錄，於是開始與他通信。十年前他四十七歲，被診斷出罹患第四期攝護腺癌。

「經過兩輪放射線治療和兩種化學治療，總算擊退這個小傢伙。」二〇一三年他這麼寫，「然而最近幾個月它們又展開新的攻擊。」

恰克譏諷地說，讓他繼續活著的，「顯然是某種堅持下去的生理天性」，以及「關係」：與他的教會，以及最重要的跟他在六年半前結婚的女士。

我未來還有的時間，表面上看來比較長，因而疏忽了持續與他聯繫。隔了一年當我再寫信給恰克，擔心最糟糕的情況會發生，以為我的電子郵件會被退回，這是二十一世紀宣告死亡的現代信號。在立即收到他的回覆後，讓我鬆了一口氣。

恰克的癌症步步逼近，一一切斷了他所有的選擇。他的攝護腺特異抗原（PSA）指數上升一倍，超過三百，骨骼掃描看出他的骨架「發亮有如聖誕樹」。腫瘤科醫師對他說：「依這樣的速度，你很快就會死亡。」

接著他描述前一晚發生的事：在教會的音樂會上，演奏的曲目是貝多芬的《月光奏鳴曲》與舒伯特的《在遠方》，然後他請朋友到家裡吃點心。

「最棒的是，」恰克這麼寫，「聽著音樂，珍的頭靠著我的右肩，她的手臂環繞著我，觸碰我的左肩。我閉上眼睛，感受每個音符。或許現在我的身體對刺激過度敏感，但是所帶來的喜悅，筆墨難以形容。

「看來我已無可避免地接近我的鐘形曲線終點，然而在整個過程中，卻有一群忠誠的朋友和家人繼續堅定有力的支持我。我企圖維持神智清醒，以便能覺察所有最好的與最壞的經歷。我還活著時，就收到了夠多的花束。夫復何求？總而言之，我或許有些偏見，不過我無法想像有誰的人生比我的更蒙福。」

五十五歲的我，期盼未來還有許多光陰，不再以失焦的忙碌生活浪費了這些時間。我的人生已經過半，需要暫停、細細品味這些瞬間。當我與戴文、薇薇在社區小酒吧輕鬆的吃晚餐，母親重複說著同樣的故事或裘蒂提起的笑話，這些只有我們才知道，讓我不禁感謝這些一眨眼就會消失的小小恩典。我想要更多。

用笑趕走疼痛

五月七日星期二

「歡迎蒞臨大笑俱樂部，」凱薩琳．帕克特（Katherine Puckett）熱情的說，「藉此機會與大家一起笑，而不是嘲笑彼此。」

一群人面無表情地看著她。十幾個人圍成一圈，有些倚著拐杖，幾位坐著輪椅或靠著灰色金屬椅，一位年長女士還帶著靜脈注射支架。

帕克特知道，這是勸進最難的一刻。她微笑，試圖與每位癌症病患保持目光接觸。她知道現在放上紅色泡棉做成的小丑鼻子還太早，但是依據經驗，她曉得即使在這樣的環境──伊利諾州錫安鎮美國癌症治療中心開著日光燈的會議室中──群衆很快地就會哄堂大笑。

「我們爲什麼做這些？」她反問，「因爲大笑對健康助益良多，無論是對生理、心理或情緒。」

帕克特向這些罹患各種癌症且伴隨相關疼痛的人說明，身體有三個笑的中心。嘻嘻中心──請把你的手放在臉頰上──是頭腦中心。哈哈中心──請把你的手放在心臟部位──是心理中心。呵呵中心──你猜到了──是腹部中心。她以意想不到的虛張聲勢，請安靜的群衆跟著她所示範的動作做，開始緩慢重複的高呼「嘻、嘻、嘻、嘻」，然後速度愈來愈快，聲音愈來愈大，「嘻、嘻、嘻……」，直到假裝的笑聲變成眞正的大笑。

我心想，幸好我不需要做這些。幾位病人彼此對望，我覺得他們大概也是這麼想，不過出於禮貌還是照著做。一分鐘後，每位都大聲的「嘻、嘻、嘻……」，在這樣的情境下，音量十分驚人。

「現在試試『哈、哈、哈』。」帕克特大喊，掌控全場。接下來一小時，病人彼此握手，自我介紹，不過不是用名字，而是用「嘻嘻」、「哈哈」或「呵呵」。他們使用同樣的語彙唱生日快樂歌。他們以慢動作，把看不見的雪球丟向彼此，想像自己搭著雲霄飛車，騎著馬飛奔，搖動輪椅，又叫又笑。我瞠目結舌地看著，有如看到人死裡復活。

帕克特是位中年女士，穿著訂做的紅色夾克，戴著細金邊眼鏡，滿頭捲曲的褐色亂髮。她告訴我，自己並非天生的丑角。不過十幾年前有一天，一位病人來到她的辦公室，對她說：「你們這些人在這裡，需要多點歡樂。」身爲美國癌症治療中心身心醫學全國主任，她覺得自己有責任做點事。

一開始，帕克特邀請病人帶著笑話、故事塡字遊戲[2]或好笑的影片前來，不過卻徹底失敗。之後她聽到有關大笑俱樂部的消息，便邀請經過認證的「大笑帶領人」（沒錯，的確有這樣的職業）前來示範。她慢慢地明白怎麼做，或是說，大笑漸漸變得流行，具感染力，有如流

2 譯註：爲自創短篇故事集，每篇有標記詞性的空格，朗讀者請聽眾提供字彙塡入，再念出故事。

行性感冒。不過她堅持自己應該取得大笑帶領人的認證。

「起初我很害怕，」她說，「因爲我以爲，『眞的，他們要我變成小丑，不過我不是，也不想做這些愚蠢的事！』然而難以置信的是，我愛上了這些訓練。眞的很喜歡！」

看似不可能，但是病人很喜歡，即使坐著輪椅、拄著助行器也會來，就算他們臥床爬不起來，她也會把笑聲帶去。

「我們有位坐著輪椅的女士，有天在那裡度過一段很快樂的時光。」她回想，「最後，她說：『我要把這些歡笑帶回家，告訴我的子女及孫子女。我眞的好喜歡。』」出乎意料地，隔天她過世了。瞬間我想到，「天啊，大笑俱樂部帶給她太大的壓力嗎？對她來說難以負荷嗎？」好吧，其實並沒有關聯。接著我又想，「她大笑，玩得很開心，甚至打算離開後與人分享。」在她人生的最後一天有這樣的經驗，後來我覺得也很好。

帕克特對於大笑可帶來療癒的證據不多這件事，並不特別在意，至少從科學的學術標準來看。有些研究指出，大笑有助於短期間控制血壓、改善循環與分泌腦內啡，這是一種讓人感到愉悅的激素。有些跡象顯示，大笑可能減少壓力激素，也可能增強免疫系統。不過，大笑的功效，最明顯的證據與疼痛有關。在無可避免地專注於疼痛與死亡時，光是暫停這些主要的思緒，就已經夠好了。

「當我們大笑時，大腦當下只能處理這個。」帕克特說。她說得對：科學家發現，分散注意力可以暫時緩和長期及急性疼痛。「即使我們感到悲傷、甚至憤怒，一旦開始大笑，其他感覺就會擱置一旁。大腦無法同時處理這麼多感覺，雖然稍後它可能再回到其他感覺，但是當下我們可以大笑，讓我們能夠休息片刻。」

這是爲什麼帕克特聽到有關大笑俱樂部的消息十年後，有五處的美國癌症治療中心都提供這項活動；這也是爲什麼在小小的會議室中，十幾位病人看起來暫時有所轉變，容光煥發，笑得如孩子般燦爛，活動更敏捷，甚至笑到喘不過氣。在企鵝走路與把紅色泡棉小丑球放在鼻尖之間，我請他們停止動作，並問了幾個問題。

泰瑞莎．弗錄罹患乳癌，她認爲這樣的活動「太有趣了，我的意思是，在整天無聊的就診當中，精神能夠受到鼓舞，感覺會比較輕鬆、比較快樂」。

「我自己覺得比較放鬆了，」另一位拄著拐杖的病人也說。他罹患攝護腺癌，但是希望匿名。「你知道嗎，我的腳一直很痛，然而在這裡，我幾乎感覺不到痛楚。疼痛離開了。」

羅比．羅賓森罹患非何傑金氏淋巴癌，十年前結束治療，但是他就住在附近，因此依然盡可能前來參加大笑俱樂部。「我仍然需面對很多的神經病變、治療導致的疼痛等等，」他說，「今天我進來時眞的很痛苦，但是我忘了，現在覺得還不錯。雖然疼痛還在，但大笑讓心思將它遺忘，與任何藥物一樣有效。」

我想著，「還是吃顆強效止痛藥吧！」不過下一刻我又十分認眞的問：「思想果眞可以讓我免於疼痛嗎？」

你的所思所想，將成為你的經歷

疾病與痛苦，有時不拘年齡。癌症可能襲擊三歲幼兒，糖尿病往往在孩子青少年之前就折磨他。不過一般來說，身體會開始反抗，壓力會轉變爲生理症候，這段過程要花幾十年。通常癌症與帕金森氏症的基因會等到一定時間才啓動，臀部也會稍候才產生關節炎的抱怨。我的丈夫到了四十幾歲才出現第一型糖尿病。近五十年來我都很健康，直到中年時先是沉默，緊接而來的便是疼痛。

二〇〇九年五月四日，我四十九歲，失聲了。那天早上醒來，我發現自己感冒了，然後我在研討會中演講二十分鐘。就這樣，聲音不見了。

對現場廣播記者來說，失聲必然是個難題，尤其這次來得特別不是時候。不到兩週，我的第一本書就要出版，且已經安排我上幾個廣播節目，包括《黛安．雷姆秀》。加上我正在爲美國全國公共廣播電台製作五集的系列報導，廣播稿都還沒有寫好，更別提錄音了，而且剪輯及最後製作都需要講話。一開始我安慰自己，這不過是感冒，幾天後聲音就回來了。然而一天又一天過去，我還是發不出聲音，連啞啞作聲都沒有辦法，我開始覺得恐慌不安。一位朋友事後觀察：「這是壓力導致的內在爆裂。」我想他說的有道裡。

最後靠著強效的類固醇治療，我的聲音勉強回復了，距離期限只剩兩天。之後我的聲帶變得變幻無常，因不甘心超時工作，忽然間就罷工了。

這樣令人不安的緩和關係，持續約三年，直到二〇一二年四月的某個星期一。那時我感冒了，聲帶停工兩週。最後它屈尊回來工作，又以新的方式抱怨。起初只是我的右聲帶有些微不舒服，然後愈來愈嚴重，在兩週內稱霸一切。我的整個心思眞的只有疼痛。記得當時我負責報導神父遭指控有戀童癖的審訊，我強迫自己專心聆聽被告辯護的證詞，但是滿腦子想的卻是：「怎樣才能逃離這一切？怎樣才能逃離自己的身體？」

我明白這些聽起來很誇張，又不是得到癌症、多發性硬化症或是精神分裂症。即便如此，我從未遇過一樣事物像這樣無時無刻影響我。疼痛陣陣襲來，眼前五公分處有個銳利的紅色活物擋住我整個世界，我只能從眼角看到丈夫、母親、主編、截稿日期，吵吵鬧鬧的爭取我的注意。截稿時間縮短，使得疼痛加劇：我竭力趕上報導進度、採訪、廣播前瘋狂的寫稿、剪輯（需要聲音）、廣播稿錄音（需要聲音），當我開車回家時雖然全身僵硬卻感到解脫，想到終於可以睡覺而充滿感恩，因爲唯有這個時刻我才可以躲避疼痛。

倒不是因爲疼痛有多麼劇烈，而是它毫不止息又無趣。誰會想聽我談自己的聲帶？即使我的世界縮小到只剩這個小麻煩。

當疼痛開始，我終於可以了解哥哥的聲音問題。一九八八年接近聖誕節時，當時哥哥戴夫三十五歲，已經成功創業，與聰明又優雅的嫂嫂凱薩琳結婚兩年。他正在進行一項節食計畫，不料一場感冒後失聲了。感冒痊癒後，他依然沒有聲音，接下來四個月都無法說話，直到他找到眞正的聲音專家教他如何重新訓練癱瘓的聲帶，好讓他能再度說話。

接下來九年，哥哥時好時壞。一九九八年十月，他開始另一項嚴格的節食計畫，這讓他再度失聲了，而他尙未發現節食與聲帶之間的關聯。這次疼痛來襲，而且賴著不走。到了此時，他已經認識全美國許多頂尖的耳鼻喉專科醫師，且都建議他接受手術治療。

「他們的看法是，不斷藉著手術使我的聲帶變直，並且不必太費力，疼痛就會消失。」戴夫回想道，「他們的確把聲帶變直了，但是疼痛完全沒有減輕。」

接下來五年，戴夫接受了十次聲帶手術。

二〇一四年十一月，我們坐在戴夫的水門辦公室，沐浴在陽光下，俯瞰波托馬克河。我買了全麥薄餅，這是我們最喜愛、可以讓我們感到開心的食物，也讓我們的喉嚨覺得舒服。我們很高興的吃完一包。當時戴夫已經賣掉自己創辦的公司，買下《大西洋月刊》，人生看來令人稱羨：富有、妻子美麗又有才華、三個表現傑出的兒子分別就讀耶魯和普林斯頓大學。然而若有人細看，知道他的痛苦，我不相信對方會希望與他交換人生。

「這種疼痛雖不至於讓我無法勉強度日，」哥哥說，「不過卻讓我想到，若餘生都必須如此，我不知道自己是否會選擇繼續活下去。」

「這正是我的感受。」我承認，「並不是說明天我就要去自殺，但是我會想，若要如此再過四十年，我做不到。」

二〇一二年當疼痛開始出現時，不曉得為什麼，我忘了戴夫不僅聲音靠不住，還必須與疼痛共存。戴夫也不了解我受苦的程度，以為由於我任職於廣播電台，因此只是害怕失聲而已。

直到過了幾個月，某個週日下午，母親、戴夫和我開車前往維吉尼亞州米德爾堡，我們才就此與彼此建立連結。我瑟縮地坐在後座一角，不想讓人看到我在哭。最後在不讓母親聽到的情況下，我才對哥哥說。他立刻拿出手機，發簡訊給他的醫師。發現其他人在承受痛苦，特別是妹妹，他描述那種感覺有如自己「遭受攻擊般同理」。那週我便到紐約與他的聲帶專家會商，透過一種稱爲鎮頑癲的止痛藥，開始有所緩解。因爲基因的某種偶然，我們兩人都有相同又十分罕見的聲帶癱瘓。戴夫的情況比較糟，因爲他延誤治療的時間較長，不過這情況就如雪撬姐妹[3]所唱的，《我們都是一家人》。

結束對話前，我告訴戴夫，我最近在翻閱生活雜記，想找一篇有關他的紀錄。我曾經斷斷續續寫過心靈雜記，大概從一九九九年開始，我在黃色筆記頁上寫了很多有關他聲音的禱告。這是我從父親那裡學來的習慣。我對哥哥說，我記得其中的一個禱告，不過還沒有找到。

「我知道大約是在一九九九年或二〇〇〇年寫的。」我說，「我的禱告是，挪去你的難處，由我代替你承擔聲音的問題。」

哥哥停頓了一下，全神貫注。

「很遺憾你如此禱告，看看現在你身上發生了什麼事。」他說，「我真的很難過。」接著他說：「禱告求它離開。撤回那個禱告。」

「之後我試過，」我笑著說，「二〇一一年時。你知道，我是開玩笑的啦！」

「你認爲這有因果關係嗎？」

「我想一部分與基因有關。」我開始說。

「我的看法是，絕對是這樣。」他說。

3譯註：Sister Sledge，爲一九七一年由四位姊妹組成的美國流行樂團。

「對啊，我的意思是，有多少機率？」我說，「不過我相信，我們必須時時警惕並覺察自己的所思所想。」

這的確來自我的基督科學教會背景：你所想的，即成爲你的經歷。不過儘管我看到正面思考對健康的影響，卻從未想過負面思考可能向疾病或是聲帶癱瘓敞開大門。那聽起來很迷信。

我對精神科醫師詹姆士．戈登（James Gordon）提出這個問題。他的資歷無懈可擊：哈佛醫學院畢業、喬治城大學醫學院臨床教授。因爲他是身心醫學中心的創辦人，我想他會認眞看待這個有些怪異的身心問題。我描述自己聲音的問題，接著告訴他，我爲哥哥所做的禱告，並且覺得有點愚蠢。

「我們無法排除有些強大的基因因素。」他說。

不過他表示也無法排除心智的因素。

「若處於放鬆的催眠狀態，如同你在禱告時，非常可能即是處於這樣的情況。」戈登告訴我，「若我把一根粉筆放在你的手中，告訴你那是根點燃的香菸，你的手可能會燒傷。由於心智極富有力量，所以藉由表達那個願望、那個禱告，也許就成眞了。這是有可能的。」

他沉思了一會兒。

「佛教有種修行稱爲『自他交換』，亦即由你來承擔別人的苦難。不過這是去除我執過程的一部分，我想你還沒有眞正放手。」

雖然止痛劑解救了我，鎮頑癲卻使我昏昏沉沉。大部分疼痛是消除了，但很緩慢，有如我在及胸的水裡跑步。我的看法是，自己的智能緩衝幅度有限，無法爲這樣的遲鈍留餘地。我很感恩藥物減輕了痛苦，但是也產生另一個難題：吃了這種神經藥物，使我無法發揮正常功能；但是不吃，我根本無法活動。

這就是當時我在美國癌症治療中心，看著十幾位癌症病人以笑驅除疼痛所得到的結論。

我不認爲大笑是長效解藥，不過那個當下我想的是：心智可以改變疼痛訊息的路徑嗎？想法可以減輕疼痛嗎？

沒有多少問題比這個更迫切，或者更有希望。

第6章 中年婚姻是荒漠，還是綠洲？

六月

六月二十五日星期二

陽光燦爛又炙熱，氣溫超過攝氏三十度，我們把車子停在馬里蘭州德國鎮的露營車租賃公司「周遊美國」辦公室前。我和家裡的混種拉不拉多黃金獵犬、重約三十六公斤的珊卓拉·戴一起排隊，站在兩位前來領取露營車的顧客後面。爲了這次旅行，戴文與薇薇安冒險出去買冷飲，在相隔兩個店面的酒品專賣店旁小心翼翼的等候，直到門口兩個男人完成毒品交易。

這是個醞釀了超過十一年的夢想，或說是嚴峻的考驗，端看問了誰。從二〇〇二年三月我們第二次約會時，戴文就提到，他夢想有一天開著露營車周遊美國，在不同的小鎮上停留，或在無人踏及的森林裡露營，然後在曙光乍現時拔營，開上寬廣的大道。我想不出還有什麼事，比這更無意義、更無聊。

即便如此，我們就在這裡，聽著「周遊美國」的經理就露營車生活作最後的說明。傑喋喋不休、舉止誇張地向我們展示車中的各種設施。他打開狹小的淋浴間，看起來似乎是爲肯亞纖瘦的長跑選手所設置的。接著他走到櫥櫃旁，裡面滿是瓷盤、馬克杯和塑膠杯；在路上的第一個轉彎處，當櫥櫃的門忽然打開時，這些杯盤可能會飛越至露營車的另一側。傑有如電視遊戲節目中引導觀衆目光的模特兒，指向雙人床的位置，它位於駕駛座上方（限高約六十公分），然後以戲劇性的動作打開柵門，揭露位於後方的臥室，裡面有張加大雙人床。他完全沒有提到如何操控露營車這個龐然大物，也沒有說除了看後視鏡外，車子轉彎時要注意什麼細節，或是發電機、車廂電池、瓦斯產生的電力和插入電源插座有什麼差別，灰水（來自淋浴間）與黑水（來自馬桶）有什麼不同，更沒有警告我們水龍頭流出的水不能直接飲用，還有最重要的如何排放車裡的汙水。我們一無所悉，甚至愚蠢到連要問些什麼都不知道。

我們向薇薇安道別，兩週後她會到這裡接我們回家，接著我們就擠進車子裡。戴文爬上駕駛座，接著這一幕每天都會重演數次——珊卓拉和我搶著坐進前方的副駕駛座。她贏了。我拉她下來，自己坐進去。我們環視停車場。戴文發動引擎，從「停車」換檔到「駕駛」前，他停了一下，看著公路上急駛而過的車輛說：「對街就有一個拖車住家停車場，今晚要不要就住在那裡？」我仍舊懷疑，他不是開玩笑吧？

為中年的愛情注入新鮮感

我們在藍嶺公園路[1]上開著約九公尺長的露營車，而必須爲此直接負責的人是亞瑟·亞倫（Arthur Aron），他是石溪大學研究心理學家。亞倫研究過愛情心理學及神經生理學，仔細思考過這個難解的謎題：中年夫妻如何維持婚姻的生氣蓬勃？

「當你墜入愛河，」他告訴我，「令你興奮又激動，覺得世界變大了。你們分享回憶，接著就慢了下來。」

我只知道這麼多。十一年前我與戴文墜入愛河時，熱烈得讓我喘不過氣，無時無刻都想和他在一起。我倆相遇後不久，我就告訴摯友：「信不信由你，我準備開始新的人生了。」我們結婚時，戴文四十歲，我四十三歲，他是再婚，我則是第一次步入婚姻。不過讓兩個獨立、老練的成人能相互融合所帶來的壓力，很快地便讓愛情失色，有如引擎漏油。因爲我在廣播電台負責報導與司法部相關的新聞，需要花很多時間，而戴文在馬里蘭大學工作，需要長時間通勤至巴爾的摩郡，更加速了這個歷程。我們所面對的處境還算單純，畢竟沒有孩子跟我們住在一起。

不過亞倫堅持，有些夫妻會抗拒這樣的感情降溫。約有三分之一結婚已久的夫妻宣稱彼此依然熱烈相愛。他想知道這些人的大腦是否也證實如此，因此決定查明清楚。

1 譯註：Blue Ridge Parkway，爲美國東部著名的阿帕拉契山區風景路線。

首先要做的是找出在大腦中，愛情如何呈現。爲此，亞倫與羅格斯大學生物人類學家暨婚友網站Match.com首席科學顧問海倫．費雪（Helen Fisher）合作，召募最近墜入愛河的人，請他們躺在腦部掃描儀上，注視戀人的照片。掃描所顯示的，顛覆了他們對愛情的定義。

「我一直以爲愛情是種情緒，」費雪告訴我，「但是當我看到這些腦部掃描時，領悟到，『天啊，愛情最基本的特質是由腦部獎勵系統所產生的。』」

她表示，大腦的情緒中心很平靜，發亮的是大腦其他區域。「與精力、動機、專注、目標導向的行爲有關，而不是情緒。」

當你墜入情網——這裡指的是愛情，而非充滿肉慾的一夜情——大量的多巴胺釋出，淹沒整個大腦，有如禁食一天後急切的飢餓、大熱天揮之不去的口渴，甚至類似古柯鹼所伴隨的渴望。連結母親與孩子、男人與女人的擁抱激素——催產素，分布於大腦中。亞倫說這樣的渴望並不限於年輕人。

「六十歲的人墜入愛河，與二十歲剛開始戀愛的人一樣，都跟七歲時的迷戀類似。」他又說。

這是新鮮的愛情。那成熟的愛情呢？亞倫和費雪找了十七位五十幾歲至六十幾歲的人，平均婚齡爲二十一年，他們堅稱自己對配偶依然感受到熱切的愛意。

「我們看著自己說：『他們在說謊吧？』」費雪回想，「所以我們也把他們放進掃描儀，果然看到大腦的報酬與驅動區域十分活躍，跟剛墜入愛河、充滿幸福的人相同。不過我們也發現了一些差異。」

具體來說，長期在一起的夫妻，與依戀有關的腦部區域會變得活躍；但是剛開始戀愛的人，這些區域則維持平靜。馬拉松式的愛意味承諾，促使兩人一起養兒育女。相較起初戀愛時的瘋狂，長期的愛看起來平靜些、沒有那麼痛苦，焦慮也比較少。神經學對此提供了很好的解釋：凝視著珍愛的長期伴侶，大大活化了富含類鴉片和血清素的區域，進而增加愉悅、減輕疼痛。事實上，為了緩解焦慮與強迫症，醫師也會針對這些區域施以治療。不過二十年的婚姻比去藥房好：比較便宜，還附帶一些「娛樂性藥物」[2]的效果。

「很棒啊！」我這麼想。不過如果成熟的婚姻，因著分心與疲憊而打斷了刺激和神祕的化學變化，又該如何重拾浪漫？怎樣才能從阿奇與伊迪絲．邦克夫婦，成為保羅．紐曼與喬安娜．華德？[3]亞倫說，只要在生活中加入一個元素，你我都做得到。

新奇感。

早在腦部掃描告訴我們，愛情是一種動力之前——大腦認為對我們的祖先而言，這是生存與繁衍不可或缺的——亞倫就在思考約會之夜該如何安排。他把五十三對成熟夫妻、平均結婚十五年，分成三組。三分之一的人請他們每週花九十分鐘一起做些熟悉又愉快的事，例如看電

---

2 譯註：recreational drug，通常被用來產生欣快感、阻止不快樂的記憶、增加愉悅感並減少壓力。作者在此是指長久婚姻所導致的腦部化學變化，類似這些毒品。

3 譯註：Archie和Edith Bunker為美國一九七〇年代電視影集《一家子》的主角，在此意指平凡的夫妻；Paul Newman和Joanne Woodward則為好萊塢著名的銀色夫妻，廝守終老成為佳話。

影；另外三分之一請他們做些平常不會做的事，例如跳舞、滑雪、聽音樂會；第三組則不需要從事任何活動。十週後，約會之夜做些新鮮事的夫妻，比起去看電影或生活一如往常的夫妻，表示對婚姻的滿意度明顯提升。緊接著他進行了另一項實驗，把一些夫妻的膝蓋和手腕以魔鬼氈綁在一起，然後請他們夾著枕頭爬行穿過房間。另一些夫妻則從事一項無聊的任務，一個人一邊爬、一邊把球滾到房間另一側，配偶則在一旁觀看。那些從事「新奇」任務的夫妻，表示感覺彼此的關係比較愉快，也更加接納自己的配偶。

現在我們知道原因。大腦會獎勵新奇的活動，並且渴望有驚喜。難怪在關係中加入一些新奇感的夫妻，感受到由多巴胺驅動的一點獎勵，與古柯鹼帶來的快感、催產素傳達的親密有些類似，這些都會讓人覺得浪漫。

當我思考如何在自己的婚姻裡測試這樣的假設時，我想像自己的丈夫，賓州大學博士，專精於了解戰爭、恐怖主義與遏止核子武器，爬過健身中心地墊，我們兩人之間還夾著枕頭。不，我了解他，與其如此，他寧可死在所鍾愛的其中一種核子武器上。該怎麼辦？我馬上知道，也試圖在它吶喊前就壓抑這樣的想法，不過最後爲了科學更崇高的利益以及我們的婚姻，我仍然讓這個想法存留下來。

我打電話給「周遊美國」。

當我告訴亞倫，他給了我靈感，使我決定安排兩週的露營車之旅時，他嘆了口氣。

「從研究及理論，我唯一會說的是，你不希望此行造成很大的壓力。」他說。也許他察覺到內向的戴文和外向的我，處在如此狹窄的空間裡，可能會造成一些傷害。

「刺激、新奇感、挑戰，到某種程度是好的，」亞倫說，「不過如果這麼做會帶來很大的壓力，或者過於困難、令人不舒服，那就不好了。」

看到我的態度堅持——畢竟我們已經付了訂金——亞倫提議進行一項基本的測驗。戴文和我在開始旅行前，各畫一張圖，但是不要讓對方看到。每張圖都必須包括戴文和我、車子、房子與樹。等我們兩人一回來，再各畫一張圖，然後把所有的圖放進信封裡，寄給他進行分析。

那天晚上我請戴文畫張圖，包括他和我、車子、房子與樹。他看著我好一會兒，有如我在講荷蘭語。我充滿期待地等著。他拿出黃色筆記本，開始畫圖。

六月二十六日星期三

昨日晚間八點過後不久，我們開車到了維吉尼亞州溫徹斯特的糖果山營地。又瘦又高、經驗老到的經理看了我們的露營車一眼，兩側漆著惡地與大峽谷國家公園美景及電話「800-RV4-Rent」，就快步走進去。

「他們不應該到第十七格停車位，」他告訴在登記處的女士，然後指定位置。「他們開的車是租來的。」語氣聽起來有些不屑。顯然出租的露營車，水管和排水管比較短，所以我們需要的停車位必須讓車子可以緊鄰水龍頭及排水孔。

他引導我們到另一處。我們開車進去，接上電源等著冷氣機啓動。毫無動靜，我們開始冒汗。戴文拿出手冊，不幸的是，這是為許多不同露營車型所寫的通用版本，沒有任何關於水、冰箱、暖氣機、冷氣機的圖示，看起來只是有點類似我們眼前看到的東西，於是我開始隨便按鈕。

到了十點，珊卓拉．戴氣喘吁吁，我則脫到只剩無袖上衣及短褲，戴文把手冊丟回車內的置物箱。我想到即將展開的假期看來會又悶又熱。不過我知道該怎麼辦。一等到戴文帶著珊卓拉去散步，我就衝向旁邊豪華的露營車（即使在露營車的世界裡，還是有人位居前面的百分之一），敲了敲門。

「很抱歉打擾您，」我對著前來應門、好像爺爺的男士說，「這是我們第一天晚上待在露營車裡，不曉得爲什麼冷氣機無法啓動。」

他握著手電筒。

「我叫杜倫，跟公牛隊來自的城市名一樣[4]。」他說。

「我叫芭比。不好意思這麼晚了請您幫忙。」

「沒問題。」他寬容地說，接著走到露營車旁的電源插座，打開開關，露營車立刻轟轟作響、開始運作。

「我猜插上插座時，你把電源關掉了。」他說，爲我們感到難爲情。我領悟到在這個新世界，我們所受過的高等教育和學識上的成就都無濟於事。接下來的旅程，我們需要許多「杜倫先生」。

那天晚上在我們涼爽的露營車內，即將入睡之際，我想到我們不經意地證實了長期婚姻的關鍵發現。一般來說，有關婚姻的研究非常強調一點：異性相吸，然後互相攻擊。比起人格特質、世界觀、教育程度、衝突風格不同者，這些方面類似的夫妻，婚姻比較幸福。這讓我感到不安，因爲戴文和我往往看起來就像是住在不同星球上的人。

不過有個重要的例外與中年婚姻有關，雖不全然如此，但經常是。過了最初幾年，特質不同的夫妻表示覺得自己快樂者，比相似的夫妻多。年輕的夫妻起初一起探索世界，兩人都有外向、勇於嘗試新體驗、認眞負責等人格特質，會讓過程比較平順。不過中年與完成任務有關：養兒育女、支付帳單、兼顧兩份工作、盡可能享受社交生活。如果兩人都認眞負責，可能會爲了誰比較懂得處理家庭財務而爭吵，卻沒有人安排小孩和玩伴一起玩的時間。如果認眞負責的人與外向的人結婚，那麼這個家庭裡有人處理帳單，也有人可以安排與朋友共進晚餐。

哈格提家正是如此。戴文是運輸部長，負責處理生活中的各種勤務，確保車輛運作，支付帳單，規劃從華盛頓特區到羅諾克的最佳路線。我是國務卿，負責打電話給水管工匠，預約牙醫診療，詢問露營車的冷氣機怎麼啓動，廣泛而言便是與世界互動。我們彼此分工：靜態、需要細心的工作歸內向的丈夫，我則負責公眾事務。

我們的風格不同，可能造成關係有點緊張，不過在露營車歷險中，我們洋洋得意。今天我沿著藍嶺公園路騎了約四十三公里的自行車，在灑滿陽光的路上奔馳，直到筋疲力竭。自從一年前因爲右膝蓋關節炎，我便停止跑步，這讓我無法如同過去三十五年般藉著每日規律運動，維持頭腦清晰、身體健康，所以我發展了新的嗜好：騎自行車。長途跑步讓我的腳步愈趨沉重，但是騎自行車則讓我覺得輕如空氣。今天我再也忍不住了，開口高唱：

---

4 譯註：公牛隊爲北卡羅萊納州杜倫市的小聯盟棒球隊。

「耶利米是牛蛙，答、啦、啦，」我喘著氣，「也是我的好朋友，答、啦、啦。」

這些時刻，我不是五十幾歲已婚的人，騎著車在藍嶺公園路上上下下。我是在好友貝琪家的地下室，兩個七年級生，重複播放同一張唱片，搭配經典讚美詩歌《普世歡騰》的曲調，對著想像的麥克風和聲唱。

這幾分鐘，我蛻去中年的身分，在騎車當中，重返十二歲的光景。

戴文和珊卓拉．戴開著車在前方等我，每日都是如此。當我騎近戴文時，他正坐在戶外折疊椅上看書，椅子是花了九點九九美元從沃爾瑪量販店買來的。我們都萬分開心。我體會到亞倫是對的。離開熟悉的世界去探險，也許就是我們的婚姻所需要的。我猜想，這也許會成爲有史以來最美好的假期。

苟延殘喘的中年婚姻

若有任何畫面可以捕捉中年婚姻令人困惑的複雜，應該就是二〇〇〇年美國民主黨大會中，艾爾．高爾與妻子蒂珀．高爾有些限制級、透過全國電視轉播的一吻。當我目睹此景，心想：「還有希望，你可以親眼看到熱情洋溢的明證。」接著在二〇一〇年，兩人宣布分居。

證據清楚指出，中年婚姻已然磨損到幾乎破裂。近期離婚的人，有四分之一超過五十歲，是我們父母親那一輩的兩倍。即使整體離婚率開始減緩，嬰兒潮世代仍持續打破紀錄。

蘇珊．布朗（Susan Brown）稱此爲「銀髮離婚革命」。她是鮑林格林州立大學的研究員，表示幾個趨勢加在一起，引發了這樣的革命。首先，嬰兒潮世代開始進入（第一次）婚姻是在一九七〇至八〇年代，正當各州法令讓結束婚姻變得比較容易之際。再者，當他們再婚時，也比較可能離婚。曾經離婚的人比較願意再度離婚，比例是從未離婚者的二點五倍。

「他們知道離婚後，人生仍可以繼續下去。」布朗說，「因此倘若不滿意，這些人寧願喊停。」

研究發現，與早期離異相較，中年離婚會有不同的感受與特性。結婚前七年就離婚的人，比較可能有爭鬥和叫罵的情況。結婚十四年會出現另一個離婚高峰，但是這些夫妻疏離又冷淡、激情盡失，他們壓抑了自己的負面情緒，讓原有的情感縮小到變為塵埃。在情緒方面，這些婚姻已死。

加州聖芭芭拉市婚姻治療師羅素·柯林斯（Russell Collins）說，這時「威而鋼理論」發揮了效力。比起史上任何一代，嬰兒潮世代活得更久，也更加生氣勃勃。他猜想自己的父母對婚姻談不上感到興奮，但是如果退休後只會再活幾年，那麼離婚的意義便不大。

「我想，人們看到自己仍有二十五年的壽命，也覺得自己健康有活力，所以會說：『你知道嗎？人生還有另外一章。』」

柯林斯表示，最常見的是，妻子對自己人生下一章的想像，亦即沒有現在的丈夫；而且史上第一回，她們在財務上負擔得起。「現代的婦女愈來愈可能說：『我活得不快樂。我的銀行裡有足夠的存款，自己也有工作，我已不再需要你。』」

不過若健康與財務自主是促成離婚的理由，許多研究人員看到除此之外的根本原因是，嬰兒潮世代獨有的心態；換句話說，「自我」的世代。對丈夫及妻子而言，現代的婚姻必須服膺於更遠大的目標：自我實現。

「若婚姻沒有帶來預期的效果，離婚便是可接受的解決方式。」布朗說，「加上預期效果的門檻提高了，若從歷史的角度看，對女人來說，當個傳統的賢妻良母就夠了，對男人而言，能夠養家活口就行了，然而現在並非如此。女人也必須有能力養家，男人也要參與親職，分擔一半的家事。還有配偶必須是你最好的朋友，性生活要美滿，要求的清單愈來愈長。要達到這些標準已經不容易了，遑論要維持幾十年。」

當然不是每個人對銀髮離婚革命都感到束手無策。其中一位是費雪，「有很多理由，讓我對未來的關係感到十分樂觀。」

費雪認爲婚姻的確需要調整：過往是個陷阱，特別是對女性，唯一的職業選擇是嫁個好丈夫。離婚革命不過是修正，有如道瓊指數下跌兩百點，最後會回升。

「一百年前，絕大多數的男女必須選擇對的人，背景、親族關係、社會屬性、經濟狀況、宗教信仰，都必須是對的。」她說，「但現在這些都已不再重要。」

也許這不是放諸四海皆然，但是她的論點也不是毫無道理：內在的愛與承諾，優先於外在的金錢和宗教。若婚姻無法維繫，也是件好事。

「人們不會從美滿的婚姻中出走。」費雪說，「現在我們走出不好的婚姻，有些人口學家相信，美滿的婚姻將來會多出很多，因爲人們可以結束不好的婚姻。」

這究竟是怎麼回事？中年婚姻正快速、痛苦的死去，還是以新的型態自行重塑？西北大學心理學教授以利．芬可（Eli Finkel）指出，現代的婚姻變得更好，也變得更糟，端看一個人具備多少社會優勢。

芬可注意到，一九六〇至八〇年代之間，離婚增加了一倍。這段期間擁有大學以上學位、從事專門職業的夫妻，相較只有高中畢業、從事藍領工作者，兩者離婚的機率幾乎相同。從一九八〇年起，離婚率趨於穩定，但是受過較多與較少教育者的離婚率，差異明顯擴大。學歷只有高中畢業者，離婚的機率是受過大學教育者的三倍。

他說，婚姻變成奢侈品。有能力僱用保母或固定有人照顧幼兒的夫妻，晚上可以常常約會，或搭飛機去度過浪漫的假期。這些人在婚姻樂透中贏了。

「這些少數婚姻所正經歷的幸福，」芬可說，「過往的人沒有機會觸及。」其他的呢？

芬可提到，中產階級的婚姻同樣承受不小的壓力，不僅因爲經濟，也因爲期望大幅上升。直到約一八五〇年代，婚姻環繞著建立養兒育女的經濟單位，提供食物、住宅及保護的時代已經過去。一直到一九六〇年代，以陪伴、愛、藉著固定的性別角色以建立家庭爲核心的婚姻，也不復存在。他表示，現代的夫妻希望在情緒上、專業上、愛情上都得到滿足，並且希望配偶可以幫助他們實現所有的夢想。他把此與馬斯洛需求層次的最高階相比：你被期待「深度了解配偶的本質，心裡的夢想、希望與內在掙扎的特性，其重要程度遠遠超過之前的世代」。

聽起來讓人筋疲力竭。想要創造這樣的婚姻天堂，夫妻需要很多高品質的相處時間。

「問題是當你看到數據，一般來說美國人無法做到這些。」芬可說，「沒有小孩的人工作時間很長；有小孩的人對親職有股狂熱。這當然沒問題，我不認為那是負面的，只是說如果你花這麼多時間在工作或子女身上，就騰不出時間給配偶了，而這樣的狀況對現代的婚姻特別不利。」

中年愛情帳戶的存入與提領

隨便把石頭丟向任何方向，我都可以找到符合前面描述對婚姻不滿意的中年夫妻。我偶然遇到一對夫妻，在兩次婚姻中，不快樂與滿足兩者都經歷了，可以跟我分享他們是如何從荒漠走向愛的綠洲。

瑪麗露·歐布萊恩和安東·施特隆茨，坐在馬里蘭州蓋瑟斯堡家中的沙發上。女士六十一歲，一頭褐髮有著不可置信的光澤，戴著有如圖書館員的眼鏡，溫柔地咧齒微笑。男士五十九歲，禿頭、頭型卻很好看，身材瘦高，眼睛看起來彷彿在說一個只有圈內人才會了解的笑話。女士的手臂隨意地放在男方的腿上，男士的手臂則環繞著女方的肩膀。他們有如拼圖中相連的兩塊，如果沒有對方加上的說明，他們的句子似乎就不完整，但絕不是以競爭的方式，而是闡述、互補、讚賞，也許只是補充一個細節、一個笑聲或一個回憶就已足夠。

聆聽他們的故事，我了解他們是典型的二十一世紀夫妻：因為期望過高而受傷，但是也受益於婚姻中新的科學發現。

安東的第一次婚姻幾乎起初就開始瓦解。他和妻子都來自鄉下，但是他說：「我們的相似點就到此為止。」安東很溫和，她比較有稜有角；他很隨和，她則很有個性。在領養了一個身世坎坷的七歲女孩後，使原本脆弱的婚姻變得更加混亂。

「我的第一次婚姻充滿掙扎，」安東回想，「我總是疲憊不堪，感覺自己被耗盡，不禁懷疑：『今天將會如何？』」

十一年後他們離婚了。

瑪麗露的第一次婚姻維繫了七年。她的個性外放，有一大群朋友；她的第一任丈夫是個內向的人，專注於律師的專業工作。一開始她粉飾了兩人間的差異，然而任誰也無法長久如此。「在第一次的婚姻中，我不夠有自信，不敢奢求與我性情更相投的人。」瑪麗露這麼說，「他想要有人支持。我可以處理生活大小事，讓他能夠有卓越的表現。不過到了某個時候，我開始想要更多。」

瑪麗露和第一任丈夫開始過著社交上與情緒上不同的人生，她投入書法藝術，他則決定搬到紐約，在另一家法律事務所工作。

「當時我想，糟糕，我必死無疑！」她回想道，「在那個時刻，我才明白自己想必不再眞正愛這個人，因為過往無論到天涯海角，我都會跟隨他；然而當時我卻開始意識到，若我跟他一起走，我就完了。接著我覺察到，好吧，現在我必須作決定了。」

這就是二十一世紀的中年離婚，正如婚姻研究專家約翰．高特曼和羅伯特．利文森（Robert Levenson）所描述的：沒有身體暴力、沒有毀滅性的情緒爆發，只不過是兩人的價值觀和夢想南轅北轍，悄無聲息地漸行漸遠。

離婚後，瑪麗露「花了後續十五年跟年輕、熱情的男人交往，最終總是轟轟烈烈分手。這是我的任性時期。而且到了五十歲，有男人邀約實屬不易」。

有一天，朋友與她坐下來聊。

「朋友說：『試試看eHarmony婚友網站吧。因爲他們不讓你自己挑選對象，而是提供給你他們認爲可能成爲你合適伴侶的人。』我想，噢，也許這對我比較好，因爲顯然靠我自己，效果並不怎麼樣。」

eHarmony的前提是婚姻關係有如銀行帳戶。相似點（或稱爲「相容的向度」）在於它有如存款；差異之處則是它好比提款。如果你的餘額夠多，有些差異便無關緊要；但是若差異太大，最終帳戶會透支。有些研究人員認爲這個理論過於簡單。許多尋求愛情的成人，認爲eHarmony太過專制，申請時需要回答約兩百四十個問題（因人而異），並且堅持第一次配對需由公司而不是你進行。不過瑪麗露喜歡如此，安東也是。

「喜歡的原因之一是，我必須花時間眞正思考自己想要什麼，而不只是說：『好吧，我會碰到一個人，兩人一見鍾情，有如煙火般燦爛奪目，之後就永遠相愛。』」安東這麼說，「不，我必須想想：我希望對方是怎樣的人？」

當eHarmony將他們配對，瑪麗露感到困惑：他們看起來沒有什麼相似之處。她在阿根廷長大，父親在當地的礦業公司擔任會計師，這讓她以爲自己最容易跟曾經旅居海外的人相處。安東幾乎沒有離開過馬里蘭州鄉下，藍領的父母在當地經營酒吧。她習慣戲劇性的關係（即使她不太喜歡），他則偏好慢熟型的關係。

不過令他們感到驚訝的是（這也是eHarmony最主要的論點之一），背景與興趣並不會產生好的配對，祕訣其實是相似的價值與對世界的看法。

「我們很相似，以至於我經常開玩笑說，我們是同一個人。」瑪麗露說，「還好我們恰巧都喜歡自己，因爲我們結婚時，其實是與自己結婚。」

「我們會買同一本書送給對方當作聖誕禮物，」安東笑著說，「我們喜歡許多同樣的事物，想的也一樣，從不需要掙扎或勉強。」

我問他們，這樣的關係——結婚八年，在一起十年——與第一次婚姻有何不同。

「我沒有感受到任何衝突，」瑪麗露說，「沒有威脅，也沒有尖銳到會傷人的言語。與安東在一起總是充滿樂趣。無論做什麼，有他在更好玩。」

我離開時，他們正在玩《華盛頓郵報》的填字猜謎。安東告訴我，他們認識彼此之前，兩人都只會做一半的週日填字猜謎，現在他們每星期都可以一起完成。

我思索著瑪麗露和安東意氣相投的關係（他們有共同的價值、風格、甚至句型），以及研究指出不同風格及性格有助於支持中年婚姻，兩者間如何調和。我領悟到，不同的風格與技能，或許可以讓周旋於子女和遊戲安排、工作和父母老去的中年婚姻，運作得更順暢；但是當中年的混亂平息後，「異性相吸」就不見得是正確的了。瑪麗露和安東的婚姻看起來有如年輕人的婚姻，沒有子女與伴隨而來的複雜。許多再婚的中年人跟他們的情況類似，例如我自己的婚姻。

即便如此，當我開車離開時還是有點懷疑。有多少夫妻可以誇口說自己擁有這種沒有摩擦的婚姻？加上我很難相信上述這個簡單概念——拜託，光是銀行帳戶，就是維繫長久愛情的關鍵！

六月二十六日星期三（續）

晚上八點十六分，我在幾近全黑中寫作。兩小時前我們抵達ＫＯＡ夏洛茨維爾營地。我們已經知道怎樣接上電源，以及如何將「灰水」倒入排水孔，但是我們已經決定不使用露營車中的廁所，這樣就不必排放「黑水」了。不過這大概不會持續太久，特別是我們與朋友傑克及貝絲會合後。他們將和我們一起旅行八天。

我們吃了全麥餅乾、起司和義大利臘腸當晚餐。在家時我就很少下廚，更不用說在露營車上過原始生活之際。戴文有一疊雜誌可以打發時間，至於我，長途騎著自行車上上下下，腿雖然痠了，卻覺得很愉快，十分平靜。我們的露營車歷險從此展開，悠閒的一天接著一天。

「我們可以一直住下去嗎？」我試著問，「我猜可以獲得很好的折扣。」

戴文看了我好一會兒。

「我對芭比是怎麼了，感到詫異。」他說。

「我對戴文是怎麼了，也感到詫異。」我回答。

即使認識超過十年，我們對彼此依然是個謎。

十二年前，當時我四十二歲，沒有時間約會。我在美國全國公共廣播電台負責二〇〇一年九月十一日後司法部的新聞報導，恐怖攻擊讓我一天只剩幾小時可睡，更遑論想談一場浪漫的愛情了。向來如此。我一直都把工作視爲第一優先，在這方面，我和其他的新聞記者沒什麼差別，只不過他們還能夠找到愛情、安頓下來、養兒育女。他們是怎麼辦到的？

二〇〇一年聖誕節前幾天，我順道把禮物送到好友麗比·路易司家，她的未婚夫正好也在。現在回頭看，感覺像是刻意的。當我正準備離開時，他說有件重要的事想告訴我。

「你需要增加機率。」強納生說，「你沒有時間靠人安排相親，所以你需要做的是看過一百位男士的簡介，然後選擇其中一、兩位優質者約會，至於其他人就略過吧。你應該瀏覽一下婚友網站Match.com。」

起初我有些抗拒，因爲我害怕寫簡介，但最後還是加入了，爲期六個月。過了三週及看過數百封電子郵件後，我收到一位非常帥的男士所寫的一封短箋，迷人、自嘲卻有趣，重點是文法正確。

戴文和我的關係，藉著精心撰寫的電郵，以傳統的方式發展。約六週後，我們總算見面。從戴文的簡介，我以爲他外向、喜愛與人往來，身爲外交官之子，喜歡雅致的宴會。事實上，戴文通常會躲避宴會，最愛窩在家看書。從我的簡介，戴文以爲我是個不需要他大費心思、幹練的新聞記者，爲截稿日期而活。眞相是，我最愛在野外健行或騎自行車，截稿日期讓我冒冷汗。

我們成功維持這樣的假象一段時間，直到婚禮後才完全體會到認知與現實之間的鴻溝。蜜月後不久，當我指出這點，戴文解釋時，套了句喜劇泰斗克里斯·洛克的話：「噢，交往的是我們的替身。」

不僅是我們在婚友網站的形象與實際不符，在背景及風格方面，兩人也完全不同。戴文的童年多半在南亞和歐洲度過，我的一生則泰半住在華盛頓特區的郊區。戴文就讀的國際學校很少提到學術能力測驗，更不用說準備大學入學及申請；在我就讀的私立女校，很少考慮長春藤聯盟以外的大學。戴文的成長過程與宗教無關，大學時期跑趴，成果不凡；我在基督科學教會中長大，四十歲時才第一次點酒。戴文內向、喜歡觀察；我勉強變得外向（是必須如此，而非我選擇的），本能是拿起電話先問問題。他喜歡看體育台；我則不明白光看有什麼意思，不如自己去參與一項運動。戴文深思熟慮，而這可能使我抓狂；我迅雷不及掩耳的反應，則讓他覺得自己有如馬術表演觀衆，看著野馬弓背向上跳。

也許你可以想像爲什麼我不喜歡聽到研究指出，相似度較高的夫妻，關係長長久久的機率比較高，不過我知道必須深入虎穴，才能一探究竟。

愛的微積分

我抵達eHarmony位於聖塔莫尼卡閃閃亮亮的總部，於上午八點三十分採訪公司創辦人尼爾．克拉克．華倫（Neil Clark Warren）。若有任何人可以提供二十一世紀關於持久愛情的洞見，我想這位擁有網路約會服務公司、年近八十的長者應該最適合不過。

令人驚訝的是，有關如何在中年的高峰低谷、波濤洶湧與荒漠之中維繫婚姻，所進行的研究很少。研究只涵蓋相對少數的美國夫妻：最多不過兩百對，通常只有幾十對，而且看起來都是從檢視他們在實驗室的行爲或對問題的回答蒐集而來的想法所驅使。不過有項大規模的實驗擁有成千上百的參與研究者，測試婚姻長跑所需要的特質，那才稱得上是對現代中年愛情的研究。

只有一家公司宣稱它的演算法，可以幫助你找到恆久的愛情。二〇〇〇年時，eHarmony推出婚友網站，至今時間雖不算太長，不過足以看到哪些人度過七年之癢、哪些人沒有，以及怎樣微調演算法以增加愛情延續的機率。

在一塵不染、明亮寬敞的辦公室裡，華倫與我坐在兩張舒適的皮椅上。正如任何人從無所不在的電視廣告中所看到的，他當時七十九歲，看起來如同一位爺爺，紅潤的臉頰、柔軟的白髮、金框眼鏡後方有雙藍色眼睛，讓我想起兒童電視節目之父羅傑斯先生（Mr. Rogers）。他傾身向前聽我說話，有如循循善誘的牧師，說話柔和卻輕快，使用的字彙易懂，舉止很容易讓人低估他。他擁有芝加哥大學博士學位及普林斯頓神學院神學學位，是位有著一九五〇年代禮貌的文雅紳士，已逾退休年齡，卻創辦了稱霸一方的網路公司。

我正準備開啓錄音機時，他阻止了我。

「讓我們先聊聊，」他說，「我希望對你有些認識。」

接著我們聊了近兩小時，只要我說話，他就會仔細看著我，有如精神科醫師，帶著他身爲福音派基督徒的誠摯。

當我們即將結束非正式的閒聊，華倫博士注視著我說：「芭芭拉，我想每個人都應該有五位或六位非常親密的朋友。我希望與你爲友。」

「華倫博士，我深感榮幸，謝謝。」我慌張地說。接著自覺有些愚蠢，又加上，「我也希望與你爲友。」

我猜想當你年屆八十，蛻去外在的一切，只剩在兒童遊樂場中所學到的根本原則。在遊樂場中，華倫沒有興趣經營企業，或是分析其他人的婚姻問題。他想要有朋友，也或者他只是跟我鬧著玩。不過直覺告訴我並非如此。

華倫之所以創辦 eHarmony，是希望避免他擔任心理治療師與婚姻諮商師四十年來所目睹的毀壞，白費力氣試圖挽回出了問題的婚姻，無助地看著無數訂婚的人朝懸崖一躍而下。「我主持過的『婚姻喪禮』，大概比美國任何人都多。」他說，「配對錯誤的婚姻，根本無法快樂的經營下去。」

華倫領悟到，若一對夫妻基本上就合不來，那麼世上的一切諮商終將失敗。他的結論是，採取行動的時間點在於結婚前、訂婚前，甚至第一次約會前，在神祕的化學變化綁架了一個人的判斷力以前。他相信問題出在現代的文化，即大家以非常狹隘的面向爲基礎，做出可以說是人生最重要的決定。這無疑也是當今發生「銀髮離婚革命」最根本的原因之一。

「舉例來說，如果你喜歡他們的外貌，也喜歡他們的幽默感，認爲他們很聰明，可以與他們進行有意義的對話，再加上你們兩人喜歡擁吻，」他說，停頓了一下，看看我是否了解這個名詞，「如果你有這樣的化學反應，你就應該跟這個人結婚。然而過了一段時間後我發現，其中所牽涉的面向遠比這些多。」

華倫想到網路可以提供完美的實驗室，從良好的長期婚姻中反推婚姻美滿的因素。他和一小組的共同研究人員調查了五千對已婚夫妻，請他們填寫冗長的問卷，描述自己的價值觀、興趣、特徵，以及關係中的快樂程度。

「我們看到有很多人婚姻美滿，也有很多人婚姻不幸，然後試圖找出其中的差異。」葛蘭特．藍絲頓（Grant Langston）說。他是eHarmony研究小組創始成員之一。「有些人的婚姻是『優等』，他們成功的優勢有哪些？還有一時找不出更好的詞彙，所謂的『劣等』婚姻，又缺少了哪些東西？」

他們發現快樂與不快樂的夫妻之間有二十九個差異，進而衍生出eHarmony著名的「二十九個相容的向度」。有些排序優先：智力、精力、對性的熱切、抱負、社交性、爭吵風格（兩人都是吼叫型，會比一人是吼叫型、另一人是平靜理性的爭辯者佳），大約相等。華倫告訴我，eHarmony的統計分析與幾十年研究交織指出，長期而言，比起人格特質和價值觀不同的兩人，相近的一對覺得比較快樂。

有人批評eHarmony試圖把你與自己的同卵雙胞胎配對，但事實上他們並不這麼做。他們不太在乎興趣，也不擔心安排歌劇迷跟幫派饒舌樂迷約會。在五十年間歷經養兒育女、轉換職業、對付疾病或處理失業問題、照顧年邁雙親的過程中，對音樂的喜好不同，大概已經不太重要了。關鍵將是他們是否有共通的基本價值觀、特質及看待世界的方式。

初步的證據顯示，eHarmony可能真的察覺到一些事情。《美國國家科學院院刊》刊載了一篇論文，報告針對二〇〇五年至二〇一二年間結婚、將近兩萬人進行的調查結果指出，透過eHarmony認識的夫妻，離婚或分居的比率是所有夫妻中最低的；不過比起在其他婚友網站

（例如Match.com）認識的夫妻，則沒有低多少。透過eHarmony認識的夫妻（以及所有透過網路認識的夫妻），其婚姻狀況比起在線下、教會、職場、運動酒吧、透過朋友介紹等等認識者，都來得好。比起透過其他婚友網站認識者，透過eHarmony認識的夫妻，對婚姻的滿意度最高，差異雖小卻顯著。

西北大學的芬可，是對eHarmony提出評論最著名的人士之一，就eHarmony可能帶來稍微更快樂、更持久的婚姻，他認爲尙有一點需要清楚說明。

「這與他們的演算法是否有效不能相提並論。」他告訴我，「基本上，他們是個高價的鄉村俱樂部。如果你願意每個月付六十美元，希望到一個地方，它還特別聲明只想要非正式約會的人不應該加入，而這個地方對於觀念傳統的人來說是個好所在，以致最後結婚的比率看似還不錯，並不會令我太驚訝。這有道理，不是因爲演算法有效，而是他們行銷自己的方式，以及當中的花費。」

「好吧，對我們而言，聽起來還不錯。」當我轉達這樣的批評時，華倫如此回應，「如果來找我們的人對婚姻都很認眞，我們很高興。」

他依然堅決主張他們的演算法可以預測長期的婚姻幸福。

對擁有「完美婚姻」的迷思

eHarmony的核心概念聽起來相當簡單，不過我還是有點懷疑：如果只需要找到與你有共通價值觀的人，爲什麼還有那麼多婚姻在中年時破裂？後來我花了九十分鐘訪問史蒂夫．卡特（Steve Carter），他是eHarmony裡負責配對與演算法研發的副總裁。我開始理解到問題有多大——不僅對eHarmony，也對許多尋找愛情、多年後卻離婚的人。

卡特告訴我，許多研究人員和治療師皆同意夫妻能常相廝守的因素是：人格、價値觀、習得特質，例如傳統主義。

「我們建立了非常有效的模式，可以預測哪些人一旦選擇結婚，最後會獲得幸福。」他說，「不過，相容性演算法預測吸引力的效果很差，它無法預料哪些人有意彼此交往。」

爲什麼會這樣？

「選擇與誰展開關係，並非以適合度和協調性爲基礎。」卡特說，聽起來深感挫折。「基本上，大家是隨機結婚的。」

他說，人們看得不夠遠。他們以身高、體重、眼睛的顏色、薪水、職業、是否爲紅襪隊球迷、是否住在同一個城市、兩人是否立即迸出火花等等爲基礎，展開一段關係。卡特還表示，這些不僅是隨機的，而且相較於誠信、精力和智力等因素，它們顯得不太重要。

卡特指出，在我們變得如此自主、爲了愛情而結婚之前，過往的社會有個方法可以找出處得來的長期伴侶。

「那就是由父母來決定這位追求者是否適合你？」他說，「父母所做的決定多半以他們認爲重要、而你卻尚未意識到的事爲基礎。非要到爲時已晚，你才會發覺這些。」

大多數人不會願意回歸到由父母或媒人來安排自己的婚姻，因此，eHarmony決定彌補當中的缺口，提供長遠的觀點。他們相信必須解開方程式的一邊：以父母或專業媒人的眼光，選出配對的人。不過方程式的另一邊則難倒了他們：怎樣說服可以長期相處的人，一開始就對彼此有興趣？考量到約會最後會導向婚姻一途，如何讓約會變得不再隨機或毫無安排？

卡特花了很多年試圖解決這個問題。他試過推論和統計模式，並跟義大利知名數學家及劍橋大學電腦科學家合作，也試過大型計算機數據學習，想從整理數以百萬計的個案中，建構可以預測吸引力的模式。

「此舉奏效了嗎？」我問。

卡特無助地聳聳肩，「這仍是科學未解之謎。」

接著我恍然大悟：也許這是個線索，可以解釋爲什麼嬰兒潮世代的離婚率會破紀錄？他們可能與eHarmony一樣，沒有找到從未來回溯到現在、從長期的適合性推演短期吸引力的方法？誰能責怪我們？誰能看到未來？我們只看到前方的帥哥。

藍絲頓說，這是eHarmony希望大家相信他們的原因。

「我們在eHarmony最主要的工作之一，就是幫助人們放下先入爲主的想法。」藍絲頓承認。我想到瑪麗露原本希望找到與她類似、具有跨國成長背景的人。「因爲我們在過程中帶著偏見，以致讓選擇變少了。『噢，我不能跟這個人在一起；噢，我不能跟那個人在一起；我不喜歡這個；我不喜歡那個。』好吧，選擇不如你想得少，所以我們幫助人們，至少願意考慮去認識跟他們預設典型不同的人。」

我問他，給予關係一份持續力，最令人驚訝的因素是什麼？

「關係成功最主要的因素，其實是適應力，它超乎一切之上。」藍絲頓馬上回答，「因為如果你具備適應力，人自然而然會產生改變，畢竟現在的你和十年前的你不同，對吧？你可以走過這些變化。即使人生遇到很糟糕或很平庸的事，關係都不會動搖，因為兩個人都可以適應，也了解到，『嘿，在這方面我們需要稍微轉變一下，才能處理這個問題。』其他的因素亦同，若兩個人的適應力都很強，關係就會很好。」

我也問了華倫博士相同的問題：對中年已婚的人，他會給予什麼建議？

「首先，不要讓自己相信『世界上有完美的婚姻』這個迷思。」華倫說，他又轉換為牧師的角色。

沒有伴侶能夠符合你所有的期待。如果你放棄一樁還不錯的婚姻，想要找尋另外一個可以完全滿足你期待的人，他說，「通常你失去的會比得到的更多。」

「經營婚姻最重要的事，」華倫博士繼續說，現在我正襟危坐，「是一開始就選擇對的人。」

從改變自己開始

拜訪eHarmony之後，我轉向湯姆士．布萊伯利（Thomas Bradbury），此人是加州大學洛杉磯分校心理學教授與著名的婚姻研究專家。「兩個人有相似之處，究竟有多重要？」我問。

「其實最要緊的是你的人格。」布萊伯利安慰我，「也許與你的伴侶相似會有點幫助，不過真正重要的是：你是個隨和的人？心胸寬大？少有負面情緒嗎？這些才會讓你們一起走得更遠。」

布萊伯利追蹤夫妻的婚姻歷程，從蜜月到中年，他相信從婚禮當天、甚至更早之前，就可以看出婚姻幸福或毀壞的蛛絲馬跡，稱之為「原料模式」。

「你看著伴侶，所說的誓言是：『所有對我們重要的，此時此刻即是如此。所有將要決定我們命運的事，大概也都在此。』」

你的人格、溝通風格、個人歷史，例如在哪裡長大、家庭經濟優渥或窮困、是否受過良好教育、父母是否曾發生過爭執，將決定一段關係的成敗。

研究也支持這個說法。德州大學奧斯汀分校的泰德．赫斯頓（Ted Huston），發現離婚的種子早在婚後最初幾個月就播下了。最早的互動模式將會延續：以體貼和柔情彼此相待，婚姻通常較持久且幸福。動盪不安的戀愛（包括那些有如好萊塢電影般的激情，時間長短也差不多），則是不快樂和離婚的預兆。

赫斯頓告訴我，婚姻持久幸福的特徵是「溫暖的友善之舉」。「友誼加上浪漫與性關係，讓關係中沒有急迫感。在某些方面，因為這樣的戀愛缺乏戲劇性，外人看起來會覺得很無趣。」

不過，骰子在婚禮當天就擲出了嗎？夫妻不能改變，並且學習包容彼此嗎？

「我想你可以，」布萊伯利說，「不過是在從起初就泰半存在的侷限中改變。」

「傳統學派」的治療模式主張想要快樂，夫妻雙方都必須改變跟對方互動的方式，特別是如何爭執。整個治療產業奠基於這樣的假設之上。

「不過現在有另外一個模式被愈來愈多人所接受。」布萊伯利說，「事實上，你需要做的是接納配偶的本性，接著他們才會改變。」

這是大衛・伯恩斯（David Burns）所獲得的結論。他是精神科醫師及認知治療師，說服了一千兩百位主要處於中長期婚姻中的成人，接受有關婚姻生活的訪談與詳細的問卷調查。他詢問有關財務、性生活、休閒活動、養育子女、家事、與親友的關係，也探究他們從配偶那裡感受到多少愛意、對關係的承諾有多少，以及他們覺得有罪惡感、焦慮、困住、憂鬱、矮人一截、挫敗和憤怒的程度。當時他在賓州大學任教，把這些數據都輸入大學的電腦中，以尋找決定一對夫妻的婚姻生活會持久幸福，或是短暫、痛苦又殘暴的五個或十個因素，最後他找到一項：指責。

伯恩斯將指責稱爲「親密關係的原子彈」。不要責怪你的配偶。請改變自己。當你開始處理自己的問題，你的配偶也會隨之改變。

將思考模式從「我」轉變為「我們」

六月二十七日星期四

我們才剛剛開進鄰近維吉尼亞州萊星頓的葛蘭茅瑞營地，又有另一輛露營車緩緩駛入。「你的車子有問題。」他說，蹲下來仔細看了我們車子的輪胎。「聽起來像是剎車塊。我會建議馬上請人檢查一下。」

這下可好，我們旅途的第三天就要找修車廠了。後來發現流程並不簡單，必須先獲得「周遊美國」的同意，才能把露營車送到認可的修車技師處。我在電話線上等了二十五分鐘，總算找到潔西卡，她告訴我會盡快打電話回覆，提供修車廠的地點。

「現在已經是下午三點半，修車廠即將結束營業。」我對她說，「我們可不可以把車子送到附近的修車廠？」

「小姐，不行，我們需要找已獲授權的修車廠。三十分鐘內會有人打電話給你。」

除了等待，別無他法，於是我們開車到沃爾瑪量販店買些生活用品。沃爾瑪是露營者的聖地，商品琳瑯滿目，價格又便宜，不過今天我對剎車一事感到焦慮，便開始做我最擅長的事。我是新聞記者，正面對一個期限。我在熟食部旁打電話給「周遊美國」的業務代表，告訴她我們的處境，這樣就有兩個人在處理這個案子了。掛上電話，我打給查號台，找出萊星頓周邊一百六十公里七家修車廠的名稱和電話。戴文出現了，疑惑地看了我一眼。

「等一下。」我對他說，然後打電話給第一家修車廠。接電話的人表示，抱歉，他們不修理「周遊美國」的露營車。在靠近放置美乃滋的地方，戴文想要引起我的注意，不過我正忙著打電話給下一家修車廠。戴文走開了，從步伐發出的咔嗒聲，聽得出他感到挫折。在穀類食品的走道上，我接到潔西卡的電話，她安排了明天下午一時把車子送到萊星頓的石橋福特修車廠。太棒了，問題解決了！我在挑選番茄時，又打電話給石橋福特修車廠，單純只是想確認一下。鮑伯告訴我，他們不修露營車。

「你們不修這種車？」我這麼說時，戴文正在附近徘徊，試圖了解進行中的對話。

「小姐，抱歉，不過我可以告訴你，誰會修這種車。」他給了我另外幾組電話號碼。道謝後，我開始撥第一組電話。

戴文最後站到購物推車前。

「停一下，」他說，「怎麼回事？你在做什麼？」

「有什麼不對嗎？」我說，繼續撥電話。「我只是盡我所能。」

「盡你所能，或許是如此吧！」他說，聲音中潛藏著冷酷。「不過這是『我們』的事，我們兩人都在同樣的情況下，而我只想知道發生了什麼事。」

此刻我才領悟到，戴文指出一個重要的觀點問題。即使結婚已經超過十年，我還是以單身的方式在思考，從未做出轉變。這也許可以稍稍理解，一個直到四十三歲都是單身、發展自己的職涯、買了自己的房子，沒有子女、也沒有與丈夫一起建造家庭的人，為什麼會如此。不過「以『我』為思考中心」，寬限期有多長？我一邊撥打下一組號碼，一邊想，「好吧，稍後再來煩惱這個問題。沒什麼大不了的，不是嗎？」

事實上，加州大學柏克萊分校心理學教授利文森告訴我，「以『我們』為思考中心」，是婚姻幸福最重要的特質之一。

「如果婚姻邁入十五年，卻還沒有產生兩人一體的思考模式，」他說，「麻煩就大了。」

利文森和幾位同事追蹤一百五十六對中年與老年夫妻，是歷時超過二十年長期研究的一部分。他們有如攝影師：每五年擷取婚姻當下的影像，邀請這些夫妻進入實驗室，錄影並將他們的對話，依臉部表情、身體語言、聲調加以編碼，也測量他們的生理反應。研究人員發現，比起使用單數代名詞的夫妻，言談中提到「我們」的夫妻，婚姻幸福了許多。利文森表示，這不光是文法的問題。

「如果只是平淡無奇地說，『你需要常常說「我們」，這樣就可以快樂的一起生活』，那就太小看這件事了。」他解釋。更深層的是：「一種心智模式，兩人在同一條船上，因爲攜手走過艱辛的日子而產生光榮感。這是很好的跡象。」

針對婚姻生氣蓬勃的夫妻進行長期的研究，還揭露了另外兩項有趣的洞察。最具爭議的是，妻子是「情緒中心、情緒史學家，也是婚姻的情緒溫度計」，利文森這麼描述。研究人員發現，在衝突中調控妻子的情緒（而不是丈夫的），可以預測婚姻幸福。如果爭執時，妻子可以很快地平靜下來（從實驗室紀錄來看），亦即她的心跳速度與其他生理指標快速下降，便可預測短期及長期的婚姻幸福。

「女性所從事的工作非常複雜，」利文森說，「而我們看到一件事，那就是當丈夫有照顧到妻子的情緒，在出現衝突之際，她們便會協助丈夫繼續投注於關係中。不過如果妻子感到憂傷，卻沒有人安撫她或讓她平靜下來，她們就會從關係中抽離，這時我們所研究的夫妻，狀況就不如其他夫妻了。」

因爲這個觀察，讓利文森陷入爭議的風暴中，飽受困擾。不過我決定在生活中實踐，當戴文和我快要吵架時，我試著不回應。令人驚奇的是，爭執很快就消散了。我很後悔把這點告訴戴文，現在他會開玩笑的提醒我，不管他說什麼，保持鎮定是我的責任。我了解這是一種反擊。

更有趣的是，利文森發現，基因可以預測婚姻是否會幸福。加州大學洛杉磯分校的研究人員布萊伯利和班傑明・卡尼（Benjamin Karney）也有同樣令人訝異的發現：那就是某種調節血清素的基因變異，或稱爲對偶基因，可能會影響婚姻的走向。每個人都有這組基因，包括兩個對偶基因，分別來自父親和母親，擁有兩個短對偶基因的人，對周遭的情緒氛圍比較敏感，無論在原生家庭或是自己的婚姻裡，皆是如此。這些人稱爲「溫室花朵」，因爲他們在溫暖的處境中綻放，但是在冰冷的環境中就凋萎了。

這聽起來是很宿命、令人有些沮喪的資訊。你無法改變自己或是配偶的基因，所以該怎麼辦呢？跟「溫室花朵」離婚嗎？

我問了布萊伯利這個問題。他說，起初自己也有相同的反應，但是經過一番深思之後，他明白這項發現可能有益。舉例來說，若知道或懷疑自己的伴侶原來會以特定的方式回應帶來壓力的某些情況，你可以做兩件事。

「你可以試圖改變這情況。」布萊伯利說，「批評自己的伴侶徒勞無益，不如應用這組牽涉到我們生理且十分趣味的現象：張開雙臂擁抱他們，告訴他們一切都會好轉，你也會陪伴他們。」

七月三日星期三

今天早上我們被滴答、滴答的聲音吵醒，有如一角美元的硬幣掉落在露營車頂。因爲距離很近，約在戴文和我頭上六十公分處，所以聽得一清二楚。四天前，朋友貝絲・華爾和傑克・

柯爾班在維吉尼亞州羅諾克加入我們。他們睡在後方有著加大雙人床的臥室，戴文和我則搬到駕駛艙上方的狹小空間，因爲傑克身高超過一百八十公分，若要睡在這個地方，他就必須屈身，模樣有如收起來的瑞士刀。雨落聲速度愈來愈快，天空似乎不是降下輕薄的一角美元硬幣，而是厚重的五分美元硬幣，直到最後嘩啦、嘩啦，聽起來像是財政部把所有的銅板都倒了下來。在美國東北部有紀錄以來降雨最多的夏天，我們選擇開著露營車行過藍嶺公園路。

貝絲和傑克都是律師，跟我們同樣對露營車的運作一無所知；不過傑克把彈力繩索帶來，解決了許多問題。我們是這麼說服他們加入的：傑克和我都愛好騎自行車，我們可以每天在藍嶺公園路上騎個五十公里，之後貝絲、戴文及珊卓拉．戴再與我們會合。我們答應他們接下來會在清淨的營地度過我們夢想中的假期，健行一小段，在星空下吃晚餐。每天太陽都會不時露臉，但是大多時候都在下雨。傑克和我每天都在傾盆大雨中騎自行車，車子從旁邊快速駛過，尾隨而至的雨水濺濕了我們。每天晚上我們蹲在愈來愈潮濕的露營車中，在小小的露營「桌」用餐。

今天，我們已在綿延不絕的雨勢中第四天了，正在接近北卡羅萊納州切羅基的快樂假期營地。警察制止車輛前行。很快地我們看到了原因：一道九十公分高的湍流，如瀑布般從小路流向了馬路，讓我想起自己擔任營隊輔導，帶著隊員在科羅拉多河泛舟而下的日子。在出入營地的道路上，車子動彈不得，有些想進去，更多的是想離開，趕快遠離這個可能有毒蛇出沒，以及天知道還有什麼危險的惡地，盡快找到高處。

「飯店？」戴文問。

「飯店！」我們歡呼，想到今晚可以睡在乾爽的床上，高興得快暈過去了。我們成為眞正露營者的決心，瞬間消失了。對於這麼做可能玷汙了經驗的純粹，沒有絲毫罪惡感。我們開往一家餐廳，這才發現整個小鎭電力中斷。這是爲什麼最後我們在下午四點，到了切羅基的哈拉斯賭場。賭場當然有發電機，整個地方因爲上千台吃角子老虎的閃光而發亮，還有幾百位瞳孔放大的人，如機器人般把硬幣投進機器，其中有戴著牛仔帽的老男人，也有全身刺青的年輕女子——正值週三下午，這麼多人都在這裡做什麼？

美食街看起來有點像但丁的《地獄》，大家彼此推擠，想要從燈光微弱的冷藏櫃中拿到最後一個三明治。値得感恩的是我們找到了三明治及沙拉，在一大堆人後面排隊，有如未死之人，朝收銀台慢慢移動。

我們坐在靠窗的位子，凝視著三百公尺外翻騰的小溪，背後的吃角子老虎發出叮噹聲，大大小小、此起彼落。

「我的朋友問我，我是否眞的想這麼做。」貝絲說，「我回答：『嗯，我們可以創造回憶。』好吧，我們正在創造回憶。」

我則想到：「記住此刻。這是個非常美好的時刻。」因著這些陪伴著我的人，我才能享受人生中最好的時刻。

研究人員不會對此感到驚奇。結果證實，朋友對婚姻有很大的好處。里查．史萊查（Richard Slatcher）是韋恩州立大學社會心理學副教授，他發現即使是在實驗室中建立的友誼，仍然具有一些魔力。他和同事讓素昧平生的夫妻進入同一個房間，請他們討論私密的問題，例如，人生最尷尬的時刻。這些夫妻不僅指出，他們感覺更親近自己的配偶，也提到對彼此的愛變得更熱切。以亞倫所提出新奇感激起浪漫與熱情的假設為基礎，這個理論促使研究人員做出這樣的結論：情人節時所能做最浪漫的事，是兩對伴侶一起約會。

我們在九公尺長的露營車裡，進行延長的、為期一週的「雙對伴侶約會」，這讓我想到傑弗瑞．葛萊福（Geoffrey Greif）告訴我有關夫妻的一件事。他和凱薩琳．霍爾茨．迪爾（Kathleen Holtz Deal）都是馬里蘭大學社會工作研究所教授，為了兩人合著的《二加二》（*Two Plus Two*）一書，訪談了數十對夫妻。他們發現，與其他夫妻有社交生活的伴侶，婚姻比較幸福。葛萊福表示，跟其他人在一起，會提醒你後退一步，從更寬廣的角度，重新欣賞自己的配偶。例如在這段旅程中，我敏銳地感受到戴文是個冷面笑匠。你可以看到其他夫妻如何對待彼此：走進餐廳時，他會牽著她的手嗎？也許下次你可以這麼做。葛萊福又說，與其他人在一起，給了你藉口，讓配偶在衆人面前發光發熱。

「也許你可以對其他夫妻說：『我不想吹噓，不過……』，然後直接誇讚自己的配偶。」他告訴我，「這麼做會讓你的配偶感覺很好。」

他還補充道，與其他人在一起，可增添關係中神祕的化學變化。

「如果我們與太太眞正喜歡的夫妻一同外出，她將變得非常吸引人，更有活力、更風趣，玩得更開心、更興奮。」他說，「你將有機會以新的眼光看待自己的配偶，並且希望對方更吸引你。」

這些都在我們旅行時發生了：我誇獎戴文在大學新開設了全球研究學程；我看到當其他人

在閱讀、聊天或小睡時，戴文熟練地開著車行駛在公園路上、駛進營地。我好高興他在這裡，並且慶幸他是屬於我的。

擁有幸福的婚姻沒那麼難

以改善婚姻爲目標而形成的產業十分龐大，其運作方式大多藉由微調夫妻間的溝通與爭執。高特曼是華盛頓大學心理學榮譽教授，敏銳地診察出四種扼殺婚姻的癌症，即嘲笑、批評、防衛、冷漠等四個導致婚姻破裂的前兆。他宣稱只要在著名的「愛的實驗室」觀察一對夫妻交談幾分鐘，就可以預測他們是否會離婚，準確率達百分之九十。他也教導夫妻怎樣藉由改變互動的方式，從婚姻「災難」，朝婚姻「高手」邁進（這些是他的說法）。其他心理學家則建議，從中立第三者的觀點寫出最近一次的爭執，理論上可以讓伴侶從短視的想法中轉移。另外一些人發現，觀賞及討論愛情電影，與參加接納或衝突管理的訓練課程同樣有效。還有好幾位研究人員總結，提高正面評語和負面評語間的比率，對關係很有幫助。

這些觀念或許頗有見地，不過我不會在這一章談到，因爲主題太過龐大，有如試圖把大象塞進手套中。除此之外，我有點質疑，嘗試調整溝通技巧，而非先行處理根本原因的治療方式，就好比手腕骨折了，卻只在局部擦上藥膏。至於花費許多時間和金錢，將所有問題，無論是婚姻或其他方面，回溯至童年的療法，我也抱持懷疑的態度，感覺就好像骨頭只需要上石膏固定，卻進行了重大手術一般。

婚姻治療師柯林斯對這些處方，態度也有所保留。以「正向」的比例為例：五個正面的互動，對一個負面的互動，將通往幸福的婚姻。

「沒錯，」柯林斯說，「對接受治療的夫妻，有時候我會這麼說：『聽好了，我可以幫助你們省下不少時間和金錢，方法是：每次說出負面的評語後，要確定你們有五個正面的互動，並且將此視為兩人共同的責任。到此結束。』做得到這點，眞的就夠了。」他停頓了一下，「不過從來沒有人眞的這麼做。」

柯林斯說，這些說起來容易、做起來難，特別是如果婚姻的基礎——誠心希望維繫與這個人的婚姻——已經有所動搖。

他又表示，關係的社會科學並非斬釘截鐵的。舉例來說，不像建築師可以仰賴數學原理建造橋梁，婚姻研究者無法指出保證可以使婚姻重修舊好的原則。

「比較可能發生的是，研究人員找到可以驗證且很不錯的片斷資訊，接著就有人拿著這一點做出一整個套餐。」柯林斯說，「因此對大眾來說，適用的資訊只有一丁點，不過對你、你的人生與處境，卻可能毫不相干。」

總算找到一位不會鼓吹某種觀念的實戰老將，能夠就困擾我的問題提供清晰的解答。「兩個差異很大的人，有可能擁有眞正美滿的婚姻嗎？」我問，「我的意思不是湊合著過日子，而是有著幸福的婚姻，可能嗎？」

「絕對有可能，」柯林斯說，「如果他們有一個共通點：渴望深層的連結、感到被愛與安全。」

在婚姻中建立信任的連結

蘇珊．強森博士（Dr. Sue Johnson）試圖幫助夫妻從婚姻破裂邊緣起死回生，並且將此轉變成科學。這位臨床心理學家與情緒取向治療創始人無法允諾她的方法對所有的夫妻都有效，不過卻是婚姻諮商中唯一經過嚴格科學檢驗的方法。若腦部掃描足以提供任何指引，她宣稱當你轉變對配偶的看法後，婚姻和腦部都會有所改變。

「人類歷史上第一次，關係不再神祕。」這位熱情洋溢的加拿大人告訴我，「我們最重要的關係中有張地圖，使我們無須仰賴童話及閒話。」

地圖深藏在我們的大腦中，數千年前有人類時就已經畫好了。人始終需要其他人才能生存，一起狩獵、把晚餐帶回家，保護部落免受外人侵略，幫助彼此養育子女。社會邊緣是最危險的地方。從遺傳的角度來看，最重要的連結讓我們的基因可以存留下來，傳給下一代，提供安全的避難所及可靠的根據地。幾千年前如此，現在也一樣。

「我們是需要連結的動物，」強森說，「我們原始的設計，就需要與長期伴侶建立安全的情緒連結。它不是感情用事或由社會所創造的。這是天生的。當我們可以與伴侶攜手一起面對人生，那時我們將最強壯、最具適應力、運作得最好。我們內心深處都知道這點，只是不明白該如何建立這樣的連結。」

強森相信她找到了一些蛛絲馬跡：情緒取向治療，這是一種以依附理論所建立的婚姻諮詢方式。這個理論假定人在童年時就形成依附風格，也把這樣的風格帶進婚姻中。童年時若可以倚賴與父母間的溫暖關係，通常會與父母及未來的伴侶形成穩固的依附。成長過程中若照顧者漫不經心，以致擔心自己會被遺棄，後來便比較會黏著伴侶，以求心安。遭到虐待或忽視的孩子，長大後在婚姻中比較會避免深度的連結，以保護自己免於依賴他人。訣竅就是找出自己的依附風格，改變其中的動力——實際上就是改變大腦原本的設定。

二〇一一年，強森召募了二十四對幾乎快要離婚的夫妻，提出這樣的交換條件：提供雙方二十週情緒取向治療，妻子則必須同意接受兩次腦部掃描，一次在治療前，一次在治療後。爲了這項研究，強森與維吉尼亞大學的可安合作。我在撰寫有關友誼的章節（見第四章）並進行相關研究時，見過可安，還被施以很痛的電擊。也許你還記得可安發現，當受測者握著陌生人的手或沒有握著任何人的手，大腦處理威脅的區域「發亮有如聖誕樹」；如果受測者握著信賴之人的手，這些處理威脅的區域會維持平靜，彷彿大腦不認爲電擊會構成任何威脅。

在強森的實驗中（時間是接受二十週情緒取向治療前），心懷不滿的妻子握著丈夫的手，比起握著陌生人的手或沒有握著任何人的手，大腦處理威脅的區域顯得更加活躍。

可安對此感到難以置信。依據她們的大腦，「非常明顯地，她們覺得單獨一人好得多了。」

「我們認爲當中發生了一件事，」可安告訴我，「就是如果你處於糟糕的關係中，不只是你的錢快花光了，孩子又生病，而且所有可以請的假都已經請完了，你該如何面對這樣的情況？這簡直是禍不單行。現在令你討厭的配偶讓問題雪上加霜。因爲多出這個問題，以致大腦必須更努力。當關係運作良好時，配偶會把問題帶走；但若關係功能不佳，問題則會層出不窮。」

經過約二十次的治療後，當夫妻表面上學會信任彼此（或者如強森所說，成爲彼此安全的避風港），他們再度回到實驗室。一位接著一位，可安把妻子送進腦部掃描儀（與之前相同，這個研究只針對妻子進行掃描），發現這些女性的大腦曾經偏好獨自面對很痛的電擊，勝於跟自己的丈夫在一起，如今忽然間她們處理威脅的反應有如她們的婚姻很幸福。在妻子的心智與大腦中，丈夫從威脅轉變成爲夥伴。

「令我驚訝的是改變的幅度，」可安說，「而我感到意外的是，藉由二十週的治療，原本狀況這麼糟的夫妻，如今看起來與我們先前研究中非常幸福的夫妻相當類似，甚至連受到影響的腦部區域也是如此。」

強森說，一旦你建立了信任，其他問題看來便會自行解決。

「你可以教導夫妻怎樣協調家事分工，直到雙方都無話可說，」她如此觀察，「或是教導他們聆聽的技巧，以及回顧過往的點點滴滴。這些你都可以做，不過眞正相關的是情緒連結與反應積極度。」

七月七日星期三

得知接下來旅途的天氣預報，大雨將在藍嶺公園路上盤旋，貝絲、傑克、戴文、珊卓拉和我提早三天拔營，開車到我們鍾愛的糖果山營地，它位於維吉尼亞州溫徹斯特市，遠離暴雨系統，回到幸福的陽光下。

在貝絲和傑克離開我們回家前，大夥一起參觀了仙納度山谷博物館。我們按著路徑指引，走過亞洲花園、研究藝術收藏，最後吸引我們的是博物館的禮品店。

戴文給我看了一本書，是約翰．摩茲比（John Mosby）的傳記。他是美國南北戰爭中，南方邦聯部隊總司令。

「我們買這本書送給南西吧？」他問，因爲我高齡八十七歲的繼母將她的狗取名爲摩茲比，接續先前養的黃金獵犬，都以南方邦聯的戰爭英雄爲牠們命名。

「或許吧！」我說，心想最後應該會決定不買。

我可能永遠都不會注意到那本書，也不會把摩茲比跟南西聯想在一起。它讓我想起暢銷作家及婚姻諮商師蓋瑞．巧門（Gary Chapman），提到一個俗氣到令人難爲情卻很有用的見解——你應該學習配偶的愛之語，意思是，他如何表達愛意。

戴文與我結婚後不久，我明白戴文不擅於使用我的「愛之語」，即：肯定的言語。我爲言語的肯定而活。我喜歡受人稱讚——當我爲美國全國公共廣播電台做了一則報導、發表一場演講、馬馬虎虎煮了一餐、帶珊卓拉出門多遛了一趟、盛裝打扮或穿著樸素……，不論什麼情況，我都希望受到讚美。無聲的讚美，亦即言語平淡的讚美，讓我感到挫折。成長過程中我得到許多讚美，所以我在觀察後所發表的意見也都以最高級表達：這是最好的演講（對我哥哥或我自己說的），你是最聰明、最正直的商人（對哥哥說的），你是美國全國公共廣播電台的明日之星（對我自己說的），你的擺設最具品味（對母親說的），或是你的人生如此非凡，應該在《大西洋月刊》中加以報導（對父親說的）。由此你可以看得出來，爲什麼光說「這篇報導寫得還不錯」，會讓我感到驚慌。

起初戴文對此一無所知，不過一旦我們快速越過迷戀的害羞階段，就可看出他心裡並不傾向發展這項才能，認爲這麼說好虛假。我花了不少時間，才不再在意戴文坦率的評價作風。我依然不太喜歡，但是我從未停止找出戴文的「愛之語」。在仙納度山谷博物館中，我認出來了：付諸行動的服務。戴文不做作，就只是靜靜地觀察，看到需要做些什麼就去做。他知道我很討厭核對支票簿，即使他自己也不喜歡，依然負責處理家中財務。過去三年，當他的父親從一個重大的健康危機，蹣跚地走向另一個危機，戴文處理了所有的事：找到很好的安養中心、出售父親原本擁有的住宅、幫助他搬遷、供應他日常所需、巧妙地說服他不要與記不太住她名字的女士結婚。

這次旅途中，當我搖擺不定時，戴文始終保持鎮靜。一連下了六天的雨，七月四日發生暴洪之際，傑克、貝絲和我都準備放棄這趟旅行，想要回到華盛頓特區。然而戴文堅持到底，建議與其回到華盛頓，不如開往溫徹斯特，因爲他說，我不會原諒自己半途而廢。戴文支撐了我們的婚姻，即使在最激烈的爭執中，也從來不以離婚作要脅，從來沒有掉入我所施放的圈套中。他一直都是安全的避風港，或許沒有以飄揚的旗幟爲標記，卻仍是暴風雨中的避難所。

旅途的收穫

七月二十九日星期一，華盛頓特區

「你們所畫的圖很有趣。」亞倫陷入沉思。

三週前，戴文和我歸還了露營車，宣告這眞是有史以來最美好的假期。亞倫是石溪大學的心理學家，對於新奇感的研究首先激發了這個想法，也分析了我們的測驗結果。如果你還記得前面所述，戴文和我在展開旅行前各畫了一張圖，我們回來後又畫了一張。每張圖都必須包括他和我、車子、房子與樹。亞倫特別說明這個畫圖測驗是「新的，尚未獲得證實，但是具有『表面上的可信度』」，也就是說，它是合理的。

我猜想我們婚姻關係的線索會是什麼：臉部表情、陽光普照、還是其他的衡量標準？

「我們看的是脖子有多麼靠近。」

「脖子？」

「是的，我們測量你和丈夫脖子之間的距離，之前與之後。你的第一張圖距離是十點一公分，第二張圖是七點四公分。」

「戴文的圖是如何？」

「他的距離從一點四公分變成一點一公分，比例差不多。」亞倫指出。

「所以，新奇的事物確實讓我們的關係變得更親密？」

「看起來是如此。」他說。接著又表示，「很有趣的是，你們所有的圖中都有一條狗。」

「對啊，」我說，「狗是我們宇宙的中心。」

與其從婚姻中逃離，不如熱情參與其中

在相當險惡的海象中，中年婚姻乘風破浪。現代夫妻經常棄船，到了一個地步後，研究人員將這樣的趨勢提升爲文化現象，還爲它命名爲「銀髮離婚革命」。他們列舉了感到厭煩或人格差異，指向衝突風格不一致或基因，並歸咎於女性有更多職業發展的機會與財務獨立，或是怪罪於這個世代把焦點放在「我的需要」上，只要這些需要沒有得到滿足，就鼓勵人們出走。另一方面，有些研究人員聲稱，對於少數的幸運兒，這是最好的時代：具備優勢的夫妻，享受平等的婚姻，拋開古老的角色，獲得了自我實現、夥伴關係，可以安全地坦誠自己脆弱的一面。

我採訪了無數的治療師、研究人員與夫妻，讀了太多有關婚姻的文章及書籍，得到了一些結論。第一，托爾斯泰錯了。在《安娜．卡列尼娜》中，俄國作家寫了這段名聞遐邇的話：「所有幸福的家庭都很相似；每個不幸的家庭則有各自的不幸。」不過研究顯示，中年夫妻有無數幸福的方式。就算是不快樂的中年夫妻，也可以藉由許多途徑，重返充滿活力的夥伴關係。

第二個結論，也與第一個有關：中年婚姻在子女、年邁父母與工作的需求中忙得團團轉。想破解這個魔術方塊，沒有任何祕訣。讓研究人員忙碌、治療師繼續執業的觀念不勝枚舉。事實上，我所看到的每個治療與理論，都有一些如何讓破損的婚姻變得煥然一新的深入見解。要願意變通，因爲所有的事物都在變化。從「我們」而不是「我」的角度思考。說出五個正面評語，才搭配一個負面評語。成爲伴侶在暴風雨中的避難所，而對方很可能也願意爲你這麼做。租一輛露營車，或是在日常生活中加入一些驚奇。無論如何，你永遠不會知道哪個特定的洞察

或治療可以重建你們的夥伴關係。倘若有人向你保證，百分之百滿意、否則退錢，那是在欺騙你。

儘管如此，我認爲還是有些核心的概念值得重述。歷時不長的婚姻，在粉碎的杯盤與憤怒的言語中破裂。歷時已久的婚姻，通常在兩人失去關聯、彼此厭倦，雙方停止努力，並且不再投注心力在家庭裡而往外看時，啜泣的結束。若果眞如此，研究提出一個洞見，不僅適用於婚姻，也適用中年其他的冒險行動：熱情的參與，因爲放任不管將導致毀滅。請不要誤會：我並非提倡餘生要在死氣沉沉或遭受虐待的婚姻中度過。若內心還有一個聲音，低聲對你說仍然值得再試一次——畢竟人生沒有多少決定攸關我們所愛的人，包括子女，比這個更重大——請思考這點：突破重重困境、從銀髮離婚革命中逃脫的婚姻，都是因爲愼密規劃並執行才成功的。

第7章 找到小小的目標，全力以赴

七月

七月十三日星期六

二〇〇一年夏天，有兩件事籠罩了麥可．阿德斯特的人生：環法自行車賽與化學治療。當年他五十二歲，在賓州米爾佛德鎮擁有一家建築公司，被診斷出罹患小細胞非何杰金氏淋巴癌。爲了救命，他進行了化療，其中的毒素讓他噁心作嘔又虛弱不堪。一天下午，他躺在沙發上，在不同電視頻道間轉來轉去，看到了著名的環法自行車賽。藍斯．阿姆斯壯剛從睪丸癌逃過一劫，領先群雄。

「我在心中決定，我要做點什麼。」麥可回憶道。在這個又濕又熱的夏日，他就坐在我家的餐桌旁。他身材高大，白髮捲曲，穿著自行車褲及車衣，看起來結實又有活力，有雙認眞的運動員才有的雕塑過的腿。「我不喜歡跑步，也不愛游泳，所以搬出自行車，拭去灰塵，開始騎。」

二〇〇一年阿姆斯壯尚未失寵，後來他坦承爲了提升表現而服用禁藥。當時阿德斯特很擔心自己存活的機率，他只知道阿姆斯壯的故事將是引導他邁向嶄新人生的地圖。起初麥可騎著重型登山車，還不到四百公尺就必須改用走的。漸漸地，他的體重減輕，志氣愈趨遠大。他聘請了教練，開始與當地自行車愛好者一起騎。緊接著他參加第一場比賽，得到他那個年齡組的冠軍。

「我上癮了。」他說，笑著承認他的年齡組只有五位男士參加。不過自此他更加認眞受訓，並開始參加有更多年輕人的比賽。「我被徹底擊潰了，不過那段時間卻是我一生中最美好的時光。」

我之所以採訪麥可，是因爲我觀察到：中年研究少了一個重要元素，亦即在中年漫長又必須忠於諸多責任的年歲中，想要蓬勃發展，有個不可或缺的祕訣。研究描述了可讓婚姻維持新鮮感、工作有意義的挑戰，使得漸趨遲鈍的大腦再度敏銳的一些方法，以及向外投注與投資下一代的獎勵。這些都很好，也都有益處，不過這些都與清教徒的觀點相似，好像人生不過是支付帳單和繳稅，沉重且殘酷，讓我想要從窗口跳下去。

我想主張的是刻意去找尋樂趣，因爲從事讓你感到熱情的事，或是培養嗜好，不應該是偶然的。這麼做可以磨練大腦、促進健康，甚至如同阿德斯特的例子，救你一命。

在診斷出罹患癌症兩年後，麥可減重約三十八公斤，結交了新朋友，自行車完賽的時間也縮短了。縱使他很稱職，卻感到工作有些無聊。熱情帶領他離開熟悉的環境，去到一個新的領域，在那裡，他是個新手，有新穎又具體的目標，不再能輕鬆獲勝。

兩年半後，癌症復發。新的單株抗體治療緩解了症狀，麥可參賽時，開始謹記自己的健康狀況。因爲穿著「堅強活下去」（Livestrong）的車衣[1]，大家這才知道他是癌症患者。在競賽中遇到的朋友及陌生人，會請他與所認識剛被診斷得到癌症的朋友或家人談談，他們需要有人指引以走過這個險境。

「我看待自己，有如他們的教練。」麥可提到。

他鼓勵這些癌症病友持續向前邁步，對自己的病情負責，探究並尋求醫療方面的第二意見。「我所說的是：『加油！明天你一定要爬起來，不要落後。你必須面對這些，找到答案。撥打這個電話號碼，也與你的主治醫師、其他的醫師談談。』之後有些人活得很好，有些人的搏鬥卻輸了。」

當癌症再度緩解，他決定參加全國性比賽。二〇〇七年，他取得全國壯齡運動會參賽資格，與年齡在五十歲以上的運動員角力。因爲這項活動隸屬於美國奧運委員會，因此俗稱「壯齡奧林匹克」，逐年吸引更多的運動好手參加。那一年，麥可比賽的成績位居所有參賽者的中段。二〇〇九年他缺席比賽（當時正值經濟衰退，他忙著保全自己的建築公司），二〇一一年的兩場賽事中，他分別排名第七及第十。

「我在想，下次我要站上領獎台。」意即名列前五名。

出乎意料的是，這樣的抱負碰到了阻礙。二〇一二年夏天，麥可在取得二〇一三年運動會

---

1 譯註：由藍斯·阿姆斯壯創立的非營利組織，宗旨爲改善癌症患者的生活。

參賽資格後幾個月，刮鬍子時他看著鏡子。

「很突然地，我發現脖子上有些硬塊。」他回想，「真沒有想到，過了九年，癌症又復發了。」這個疾病轉變成另一種癌症，先前的治療對它已不再有效。它反撲了，大肆咆嘯，每隔兩、三天就有一個硬塊出現在頸部、肩胛、背部。這一次，他只能寄望於幹細胞移植。二〇一二年八月，麥可開始療程，在醫院接受四輪化學治療、每輪爲期數日。前三輪需先緩解癌症，這樣醫師才能取出並儲存他的幹細胞，進行後續的移植。他的身體每次需要生成三億至五億個細胞，通常需要一至三天。麥可第一天就生成了六億個細胞。

「我不知道這是否破紀錄，不過相當接近紀錄。」麥可說，對於自己身體的表現顯然很滿意。「我的身體能夠快速生成這些細胞，我相信絕對與體適能有關。」

最後一輪長達六天、令人筋疲力竭的化學治療，完全摧毀了他的免疫系統。二〇一二年十一月，醫師把儲存的幹細胞植入他的體內。麥可回想起當時身體虛弱到幾乎無法走路，但是他說服了護理師，把一輛飛輪腳踏車搬到走廊上，他竭盡所能地踩，時間愈長愈好，即便有時只能撐五分鐘。「我更想說的是，去你的，我還在這裡奮戰，絕不會放棄！」感恩節隔天，醫師讓他出院回家，並指示三十天內必須保持隔離，因爲他已完全失去免疫系統的保護，需要時間讓免疫系統重新發展。

麥可將身體與情緒的復原，歸功於騎自行車。

「有時騎上坡、有時騎下坡，有時甚至騎在陡峭的山丘上，」他說，「由此你開始看待人生中的挑戰，包括癌症，就好像騎自行車時，你對自己說：『好吧，如果必須爬山，我就爬吧！

把它當作遊戲，完成這項挑戰。』」

他停頓了一下。

「不過我坐在這裡，依然在想，二〇一三年我想站在克里夫蘭的領獎台上。我做得到嗎？」

再過不到兩星期，麥可就會知道答案。我點點頭，陷入他所說的掛慮中，在身體往後坐時，這才想到，等一等，這位六十四歲的男士，八個月前免疫系統被奪走，如同嬰孩般脆弱，勉強可以走路，現在卻擔心自己是否能成爲全國速度最快的前五名自行車賽高手？我猜想當一個人置身於奇蹟之中，便可能會忽略它。

運動使中年的大腦更年輕

千萬不要在可克．艾瑞克森（Kirk Erickson）面前說刺激智能的壞話。這位匹茲堡大學學者，職業生涯從研究大腦與其他智能訓練開始，他發現這些的確有助於維護人的認知能力。接著他進行了第一次有關運動的研究，了解到想維持心智敏銳，沒有任何作法比每週提升心跳速度幾次更好。

「相較於其他方式，運動的效益遠遠更加一致、穩健，對腦部的影響也更廣泛。」他說，以致他把研究重心轉向運動。

運動有如認知的麥可．喬丹：全能、多才多藝、技壓群雄。隨著年齡增長，運動是否可以保護大腦組織？是的。是否可以增加前額葉皮質大小，這個大腦區域讓我們得以規劃、設定目標、集中注意力、控制言語和精確動作技能，使我們本質上成爲人？是的。生活靜態且習慣久坐的人，運動可以使這個大腦區域成長最多達百分之十。運動與較大的海馬迴（記憶形成之處）有關嗎？是的。還有，運動是否可改善記憶，甚至實際上改變我們的大腦？是的、是的、是的。運動是加入「避免癡呆」競賽的新選手。

我對於艾瑞克森最近有關年長者海馬迴的研究，特別有興趣。我曾看著自己的父親，八十幾歲時喪失了將最新記憶編碼的能力，甚至到了即使只進行二十秒的對話都會失去思路的地步。艾瑞克森發現年長者（年齡介於五十五歲至八十歲），每週快走三次、每次四十五分鐘，一年後認知測驗的成績會變好；只做負重或伸展運動者沒有改善。更令人驚奇的是，進行有氧運動者的海馬迴大小，一年後增加了百分之一至二；進行負重運動者，這個區域則縮小了。到了這個年紀，平均來說，海馬迴每年都會縮小百分之一至二，所以把上述兩項變化的幅度加起來，意味著運動者與不運動者的差異可能多達百分之四。

「在這些參與研究者的身上，時鐘基本上倒轉了一年。」艾瑞克森解釋，「我們逆轉了大腦的老化。就我所知，沒有任何藥物治療可呈現相同的效果。有時候我們花很多錢，卻找錯了方法。一些最簡單、最直接的答案，其實就在我們眼前。」

爲什麼運動讓你變得聰明？科學家仍在解謎，不過已經有些線索。他們知道運動會產生新的腦部細胞，正好就在處理新記憶的位置，稱爲「神經新生」。一般來說，這個區域的細胞會逐漸凋亡。科學家也發現，當白質（中樞系統內所有連結纖維的總稱）將訊號送到大腦的不同部位時，運動潤滑了其中的軌道，有如網路連結從撥接升級至寬頻上網。

直到現在，大多數研究人員召幕退休人士進行有關運動的研究，只因爲他們比較有時間參與。艾瑞克森認爲這樣的疏忽很嚴重。中年代表分叉路：一條通往失智，另一條則朝向健康老化。

「這個年齡層是失智症風險因子非常關鍵的發展階段。」他說，「通常直到七十幾歲或八十幾歲，我們才會發現自己得了失智症。不過研究人員認爲，許多導致認知功能衰退的基本生理路徑，往往在之前幾十年就已產生了。如果我們可以針對中年人口進行研究，未來長期的效應或許會更深遠。」

不過至少對我而言，檢視中年運動的少數研究，已經足以讓我快速從椅子上起身，站到跑步機上。

先來看看大腦。中年時期規律的運動，顯示可以避免導致失智的斑塊與纏結形成。七十幾歲時出現失智症的機率，中年運動員是非運動員的三分之一。而且永遠不嫌遲——六十幾歲才開始運動的人，罹患失智症的機率會減半。整體而言，長期研究顯示，有在運動的人，無論是青年、中年或老年，認知測驗的得分都比不運動的人高。

現在來想想看健康。至少有兩項研究發現，預防心臟疾病及心臟病發作，運動可能與降血脂藥物史他汀（statins）及其他藥物同樣有效。治療有嚴重憂鬱症的男性，規律運動的效果與治療憂鬱症的藥物樂復得（Zoloft）相當；對於輕度或中度憂鬱症患者，運動則與抗憂鬱症藥物一樣有效。有在運動的人，性生活也比較美滿。

考量針對年長者，自己的研究結果如此驚人，艾瑞克森現在把目光轉向中年族群。在新的研究中，與年長者相同，他讓參與研究者接受一系列認知測驗及腦部掃描，不過其中也加入了一些變化。與先前的研究不同，一組人大量運動，每週約兩百八十分鐘；另一組如同他先前對年長者的研究，每週運動約一百五十分鐘；第三組在於控制飲食，這是新增的；第四組的日常生活則沒有改變。

艾瑞克森的新研究想要回答的問題，與有工作、有子女的中年人自問的類似：隨著年齡增長，如何避免認知功能衰退？運動量愈多愈好，還是每週去健身中心三次跟一週七天都去相同？即使你不喜歡，仍然必須跳上跑步機辛苦流汗嗎？還是選擇脂肪少的魚、而不是大麥克漢堡就行了？換句話說，大腦比較在乎的是運動、還是飲食？

我自己的看法是運動量愈多愈好，不過在見過朗．貝克與南西．雷之後，我便不再這麼確定了。

朗看起來是在控制飲食那一組。他在匹茲堡郊區長大，有六位姊妹、五位兄弟，大家都知道他是那個「清空盤子的人」。

「如果剩下一點食物，」五十二歲的建築工人告訴我，「我就是那個把碗裡的馬鈴薯泥清光，或是把盤中最後幾片肉吃掉的人。我很喜歡這麼做。」

不過成人後，這個癖好將他的體重推升到將近一百一十一公斤。一整天鋪設地板磁磚後，他幾乎站不起來，同時也擔心自己心臟病發作。聽聞艾瑞克森在研究中可能讓他參與節食或運動計畫，並且檢查他的心臟：「我說，『就是我了啦。』」當時他並不知道研究人員也會測試他的認知能力。

過去一年，藉由在飲食中排除肉類、冰淇淋和義大利麵，朗的體重減輕超過二十二公斤。我試著想像這位整潔、有點禿頭、留著山羊鬍、溫柔微笑的男士，又笨重又遲緩。

「我覺得很好，」他說，「精神上我獲勝了，對自己刮目相看。」

「你覺得自己的心智有變得更敏銳嗎？」我問。

「非常有可能。」他說，「我的工作需要不斷地測量和思考，加加減減等等。我覺得自己變得比較敏銳、速度快了些，沒有出現任何問題。你明白吧，先前或許會有『嘿，爲什麼這樣做行不通？』的感覺。」

幾個月後，朗在電腦上進行一些標準認知測驗，相當肯定一年前在自己那些測驗中表現得一塌糊塗。我看著他很快地完成，每次頂多錯一題。我想，也許祕訣在於控制飲食。我記起最近幾年來自己從廣播電台自動販賣機買來吃的奇多玉米脆條，加起來不知道有多少磅。眞希望我沒有這麼做。

隔天我與南西見面。她五十四歲，身材嬌小，在一家軟體公司擔任系統分析師，同樣是自願參與這項研究。過去一年，她每週花兩百八十分鐘打網球、跟著健身影片跳舞、騎自行車，以及在斷了鎖骨後走路。她的體重減少了十五公斤，洋裝尺寸從十二號變成四號。

「我覺得自己變得更靈敏，」她說，「更機警，我想這與運動有關。我也感覺到自己比一年前更年輕。」

「我猜想，你的大腦看起來也更年輕了。」我說。

「但願如此。」

我也希望是這樣。即使再過幾年，我們才會知道答案，但是這段期間，我仍需把墨西哥玉米片和餅乾麵團冰淇淋丟掉，以防萬一。

沒有標點符號的一章

七月十三日星期六（續）

採訪了阿德斯特之後，我把已有十年歷史的自行車推到路上。麥可從休旅車上，把自己那輛流線順暢又輕巧的高價自行車拿下來。他打量了我的自行車，舉起時發出哼的一聲，看起來克制的說：「走吧！」

我感到有些惶恐地同意和他騎一圈，全長約三十二公里。我在他的車衣上別了隨身麥可風，這樣才能在上坡、間歇的全速奔馳，以及進行其他參賽訓練時，為廣播電台的報導錄音。接著我們出發了。才過了約一點六公里，我說：「好吧，麥可，請你告訴我間歇訓練是什麼。請一步步說明。」

「我們正要這麼做。」他開始說。

「我們？」我說，「我不做間歇訓練。你做。」

「才不呢，我們一起做。首先，當我們過了這個路標，我們要站起來、踩踏三回，以獲得最大的動力，然後坐下來，盡力踩十五秒。」

我還在想「我們」這段話。

他看了看我。「只有十五秒，」他說，忽然喊道，「現在開始！加油、加油、加油！」

我用力踩，心臟都要跳出來了。我依然是那個聽話的女孩，不過也很好奇，想知道自己是否做得到。

騎了三十二公里所花的時間，比我先前的最佳紀錄少了四分鐘。

「你是個很好的自行車手，」事後他說，「基本功很好。通常這部分最困難。」

「如果希望考慮明年參加資格賽……」我開口說。

他打斷我，「『如果』是什麼意思？」

「好吧，怎樣才能進入資格賽？」

「需要一位教練，以及許多訓練。」麥可說，並補充道，「我是好幾位女士的教練。」

我的好奇心被激起了。我喜愛騎自行車。過去三十五年來我幾乎每天都跑步，然而一年前我幾乎爬不了樓梯。幫母親換髖關節的骨科醫師仔細看了我的X光片，告訴我得了關節炎，雖然考慮換膝關節還太早，不過它不會好轉。我不過才五十三歲。

「所以我不能再跑步了？」我問。

「不能跑步。」醫師說，不知道他正在奪去我的自我認同。

「騎自行車呢？」

「當然可以。」他同意，「關節炎不喜歡持續的衝擊，但是喜愛運動。」

於是我開始騎自行車，天氣轉冷時就參加飛輪課程，直到有一天我發現膝蓋的疼痛消失了。膝蓋附近的肌肉變得如此強壯，以致我可以不假思索地快速上樓。騎自行車還暫時抑制了另一個更折磨人的問題：當我騎車時，從未想起喉嚨長期以來的不適。這是個啓示。我想，在騎上自行車的這些片刻，或許指出了療癒的另一條路徑。

減輕身體上的痛苦只是運動的一部分，你也可以透過服用止痛藥來達到這點。更確切地說，不清楚原因爲何，運動競賽總是讓人感到更有生氣，正如凱薩琳．烏茲施耐德（Catharine Utzschneider）在採訪中向我描述的，運動是心理的一劑腎上腺素。烏茲施耐德是《動起來吧！》（*Move!*）的作者，針對有意參與菁英級運動競賽的成人，這不僅是一本書，也是一部訓練計畫。她擁有博士學位，在波士頓學院任教，以擔任中年與年長優秀跑者的教練著稱，協助他們參與全國性比賽。與她見面之前，大多數的學生並未從事任何運動，在中年倦怠、甚至是危機中，現身於她的辦公室。

烏茲施耐德觀察到，「中年期可能讓人感到十分迷惘。」

童年與成人前期有外在強加的架構：從學校畢業、職業發展、結婚、養兒育女。不過到了中年，孩子一一離家、職涯已經穩定，人生的章節失去了起點與終點。

「沒有句點，沒有段落，也沒有標點符號。」烏茲施耐德說，「沒有任何讓我們感到有次序的整體結構，因爲成年將一直延續。以參與運動競賽爲目標，提供了賴以支撐的事物及組織，可以前瞻未來的年歲，因爲成年期眞的是不斷地接續下去的。」

她所說的這番話，直指問題核心。跟她談過後，我省思了寫書這份安靜又無縫接軌的工作。我領悟了自己雖然厭惡新聞業不可預測的特性，卻懷念在截稿期限前交稿時小小的勝利。

我發現自己渴望有短期的目標、努力的方向。我想要傾全力拓展我的體能，向自己證明，中年的我不會從人生的巔峰一躍而下。至少不是現在。

我希望自己取得參加壯齡運動會的資格，也想在比賽中獲勝。

沉浸在內心的旋律

走進「中央C」音樂行，時光彷彿跳回到一九六五年。天花板懸掛著幾十把吉他，擴音器窩在鼓的旁邊，位置比鍵盤鋼琴和好幾個層架的黑膠唱片再過去一些。在這裡，位於華盛頓特區一條繁忙的街道上，人們進來一圓禁錮已久的夢想。

米爾娜·西斯林，一位有著結實身材、目光直接、接觸時具有權威感的女性。即便我只是前來採訪，她依然說服我試試一把吉他。十二年前，她把這家店從破產邊緣拯救回來。當我們前往其中一間練習室，我必須側身而行，因為走廊上擠滿了樂器、孩童及成人。「中央C」每週教授超過四百位學生，有將近一半是成人。西斯林可以精確地指出，什麼時候中年人開始自己到店裡而沒有帶著子女。

「大概是四年前，有位中年男士走進來，」她回想，「到我面前，說：『我可以吹喇叭嗎？』我說，『對不起？』我的意思是，他的聲音很小，甚至不算在說話。接著他又低聲地說，『我想吹喇叭，可以嗎？』『你當然可以吹喇叭。』之後他就開始上課。」

她說約莫那個時間前後，愈來愈多年齡介於四十歲至八十歲的人，開始拾起樂器。

「我想，嬰兒潮世代在說：『自己希望去做的事，想做時就去做吧！時機就是現在。』」

西斯林在買下「中央C」音樂行之前，已教授古典吉他並從事專業表演多年，她提到自己目睹中年人拿起薩克斯風時，覺得有些不可思議，不過他從沒有聲音、胡亂出聲、到吹出一首曲調的過程中逐漸進步。也許他永遠都不會吹得很好，不過沒關係。

「我想這件事滿足了每個人靈魂的某個部分。」她說，「當然它可以使你的手更靈巧，對記憶也有幫助。不過如果沒有滋養你的靈魂，你就不會繼續這麼做，因爲學習任何樂器都不是件簡單的事。在人生的任何階段，這很重要；然而隨著年歲增長，將變得更重要。」

不久之後，我溜進一間小小的練習室，戴娜．瑟布倫．古柏與指導老師正在準備樂器。當她還是少女時，熱愛吹長笛。由於父親在軍方單位工作，他們經常搬家，她的長笛是生活中唯一不變的。

「我曾經退縮到音樂中。這是我可以指望永遠都會在我身旁的東西。」

高中和大學時期，戴娜經常在音樂會表演，在樂團中擔任獨奏。不過緊接著她就讀法學院、結婚、養育子女，並在美國參議院工作以及柯林頓擔任總統期間任職於白宮，這讓她放下舊愛長達二十七年。她的子女開始在「中央C」上音樂課時，她就在想，「我應該這麼做，我應該開始吹奏長笛。」不過接著又想，「我有氣喘，手指得了關節炎。不是現在。時候還沒有到。」

「我想重拾長笛的原因是，有位摯友在五十歲時因爲腦癌突然過世，」戴娜安靜地說，「我領悟到人生苦短。我這麼說已經十年了。如果我想這麼做，必須現在就付諸行動。」

想到最初幾堂課，她就覺得難堪。

「真的很糟糕。當時我四十八歲，吹不出任何一個音符。加上這些房間沒有隔音效果，我告訴你，」戴娜笑著又說，「你必須放下身段，願意回頭一步步從頭學，鍥而不捨。」

三年後，她重拾了指法以及呼吸。雖然仍無法回到以往在音樂會中獨奏的水準，不過無論音樂多麼不完美，依然是她的，而且單單只屬於她。

「我盡力在十分吵雜的生活中，保有屬於個人的平靜。這並非壞事。我喜愛自己的人生，但是長笛讓我的靈魂可以翱翔。」她說。

戴娜停頓了一下，從她所說的話，我彷彿聽到自己的心聲，而這也許是所有中年人的想法。

「這也許有點類似小飛俠彼得潘永遠不會長大，我想再次擁有十七歲時的感覺。你知道的，我曾在樂團中獨奏。在爲時已晚之前，希望在我之內仍擁有些許青春。」

幾十年來，愛德．安裘帶著自己青春的象徵遊走四方。

「事實上，早在一九七〇年代我就買了吉他。」上課前幾分鐘，他這麼告訴我。「我試過自學，不過成效不太好，但是無論搬到哪裡，我都把吉他帶在身邊。」

吉他代表六〇年代的承諾，爆發力十足又無拘無束，當時的音樂與反戰交織，創造的東西很特別，無法複製。愛德有一張自己與「美國現代民歌之父」皮特．西格（Pete Seeger）一起遊行的照片。大約一年半前，有一天他陷入沉思，對自己的孩子在「中央C」上課卻鮮少練習，感到相當失望。

「接著我想到，好吧，如果我這四十年來帶著這把吉他到處跑，卻都沒有拿起來彈，那麼我不應該對他們感到失望。」他說，「有一天我帶孩子來這裡上課時，也把吉他帶來了。他們表示這把吉他的狀況非常良好，我請他們稍作修理後，便開始上課。」

愛德創辦了一家公司，專門為律師、政府機構與紀錄片製作人從事歷史研究。過去三十年，他的公司在全國各地設立辦公室。愛德學習吉他，不是為了在自己的成就清單上多加一項，而是因為這是唯一的領域，無論他表現得多麼笨拙，都無關緊要。

「每個人每天都必須在客戶、同事、雇主面前表演。」他說，「這是你可以為自己做的事，關上門、把吉他從盒子裡拿出來，用音樂表達情感。就算不完美，你依然可以樂在其中。」

我轉向他的老師約翰．林，請問他教授成人是否需要更多的耐心。

「從某方面來說，成人比較容易教導。」林說，「音樂是一種語言，而他們已經十分了解語言的概念。我的學生有些才六歲，還看不太懂英文，所以想要教他們另一種語言眞的不容易。」

蓋瑞．馬可斯三十八歲開始學習吉他。他原本希望這是眞的——除了手指不靈光、記憶力遲緩、處理速度變慢之外，成人還是有可能帶著其他東西來上課。考量「關鍵期」理論，他的希望有如游絲般飄渺。這個理論指出，例如彈吉他這類複雜的技能，必須在特定的人生階段學習；如果延遲了，譬如說六歲以後，那就算了吧！此外，馬可斯的思緒還縈繞著自己童年的音樂能力。

「我缺乏節奏感。」馬可斯承認，雖然他熱愛吉他，不過從孩提起直到現在，阻撓他嘗試學習吉他的原因即在此。

馬可斯現在是紐約大學認知心理學家，後來決定在教授的休假進修年時，全力以赴再次學習吉他。他全心投入音樂，每天花好幾個小時練習、上課，最後參加為期一週、名為「日間搖滾」的兒童音樂營。他是唯一的成人學生。他很快地看到前青少年期的樂團夥伴有一些優勢，可以長時間專注於同一段音樂，指法技巧也勝過他。

「不過我一生都是主動的聽者，對音樂的了解比較多。」他說，「我所擁有的基礎知識，他們沒有，這對我的幫助非常大。」

在樂團最後的演出時——在音樂營所有的學生及家長（包括馬可斯的父母）面前，演奏他們創作的曲目——他塑造並組織了他們的曲子。

「比如我會說，『我們重複這一段如何？』他們會說，『太棒了！』『我們把這個會彈古典鋼琴的人，放在搖滾歌曲的開頭如何？還有你到那邊去，用力打鼓。』他們會說，『太棒了！』」

馬可斯對吉他的著迷，衍生到個人興趣之外的層次。身爲學者，他對發展學習有興趣，希望測試「關鍵期」理論，並以自己爲實驗對象。這個理論扼殺了許多成人的夢想，無論是希望學習彈鋼琴、說法語、下西洋棋或打網球。不過馬可斯質疑，過去對這個理論的評價過高。他一頭栽進去學習吉他以及有關學習的研究，同時把自己的歷程寫成一本暢銷書《零起步學吉他》（*Guitar Zero*）。

馬可斯發現，兒童學習任何事情的確比較快，也比較好。在死記硬背方面，兒童的表現較佳，有一部分是因爲他們的大腦突觸比較多，也就是大腦細胞之間有較多的連結，還有一部分是因爲他們是一張白紙。不過馬可斯的結論是，兒童的優勢並非來自天生的能力，而是「執行任務時間」。

「若孩子們有興趣，而且果眞如此，他們會比較容易堅持。」他說，「我看到在音樂營中，有些孩子會彈相同的曲子，一次又一次。你知道，比如我會說，『我需要處理帳單，所以無法一直彈奏這個。』」

從倉鴞身上，馬可斯獲得最大的鼓勵，並且指引出自己學習彈奏吉他的途徑。倉鴞的視力沒有蝙蝠那麼差，不過依然相當仰賴聲音。牠們出生後，會運用眼睛校準聽覺，讓牠們得以依據聲音所提供的線索行進。一九九〇年史丹福大學生物學家艾瑞克．科努德森（Eric Knudsen），好奇倉鴞的大腦是否「可塑」，於是把稜鏡放在牠們的眼睛前方，讓牠們所見的世界偏了二十三度。年幼的倉鴞適應得很快。不幸的是，成年倉鴞在新世界中，日子很難過。對我的中年隊友來說，這是個壞消息。

「倘若我只讀到這篇論文，可能會馬上放棄學習吉他。」

之後，馬可斯偶然看到科努德森的追蹤研究報告，這位生物學家再給了年齡較大的倉鴞一次機會。

「後來發現，若你給牠們比較小的稜鏡，亦即首先面對一個比較小的問題，然後是中型的問題，再來才是難題，一步步增加，成年倉鴞的表現幾乎與年幼的倉鴞一樣好。」他說，「對我而言，這表示關鍵期理論所宣稱的並非無法改變。」

有些障礙可以克服：訓練方式、針對弱點特別花時間練習，以及願意按部就班學習。

「因此，我決定一小步一小步來，如同倉鴞一般。」

等到馬可斯開始巡迴推廣著作時，他彈奏吉他的水準，已經可以在英國廣播公司的節目中現場演出，即使那樣的經驗「令人害怕」。

我請教他，對一位希望學習新事務的中年人，他會給予什麼建議。

「如果你想做類似的事，就去做吧！」馬可斯說，「如果你能接受這麼做只是想看看自己能夠做到多好，單單只爲了讓人生更豐富而去做，以至於樂在其中，而不是要參與知名樂團表演，或是成爲世界上最偉大的高爾夫球手，這麼一來，我想你會得到眞正的滿足。」

「你認爲自己的大腦中發生了什麼事？」

「我的節奏感很明顯地改善了，也許這牽涉到小腦的神經傳導線路有所調整。」馬可斯猜測，不過因爲事前事後他並沒有接受腦部掃描，所以無法確切知道。

「你覺得自己變得比較靈活嗎？」

「身爲人？」

「沒錯。」

「我想身爲人，我變得比較快樂。」

培養興趣，活絡大腦

事實證明，對失智症的恐懼，幫助推銷了許多外語課程。當爲數令人驚訝的五十幾歲成人開始報名參加「羅塞塔石碑」[2]的外語課程時，這家公司詢問顧客箇中原因。他們提到的理由

2 譯註：爲美國上市公司Rosetta Stone所發行的電腦輔助語言學習軟體，採用「沉浸式教學法」。

包括旅行與商務，不過同樣多的人指出另一個暗藏的恐懼：展望未來。他們看到了失智症，認爲學習土耳其語可能有助於保全自己的大腦。公司主管聽到這樣的回應，頻率高到讓他們願意買下一家腦力訓練公司「腦力健康」，以吸引更多嬰兒潮世代參加該公司所設計的課程，也了解他們可以怎樣將語文與神經科學融合。

學習外語無法預防失智症，但是研究人員相信，這麼做有助於對抗失智症狀，方法也許是藉由建立替代的神經路徑，以及更多的認知儲備。對成人與雙語的少數研究之一，讓英國的研究人員發現，成年後學習外語的人，不僅智商提升了，大腦老化也隨之減緩。其他研究人員推測，當中牽涉的認知任務，例如工作記憶、分辨聲調、任務變換，與老年隨之衰退的大腦區域正好有關。學習新的語文，愈早開始愈容易；不過無論何時開始，你都會因此創造新的路徑，並且感受到當中的差異。

珍．甘茲五十九歲時，走進印第安納大學初級西班牙文的教室，當時她並不清楚這樣的研究結果。她的確看過自己的母親因著失智症，智能蒙受羞辱，因而希望自己能避免相同的命運。不過驅使她走進教室的，不是失智症：與幾乎所有我曾經採訪、認眞追求嗜好的中年人類似，珍認爲新的愛好可讓精神煥然一新，跳脫自己的窠臼，引領她進入一個擁有新習慣和新朋友的全新世界。至於與大腦相關的那些事，算是意外的禮物。

「我不清楚大腦是否變得比較靈敏，我只知道自己變得比較快樂。」她告訴我，附和了馬可斯所說的話。

她的子女就讀高中時，家中接待了一位交換學生，此後她一直都想學西班牙文。不過她等了又等，從印地安納大學入學事務資深副主任的職務提早退休後，就立刻行動。她毫不知情，卻恰巧運用了馬可斯所說的一個原則，此原則讓兒童有優異的學習表現，從大提琴到中文皆然：注意力保持持久且集中。她有如孩子般學習。

「身爲成熟的人，我做這件事，不會毫無計畫。」珍回想，「我要以正確的方法學習，要學文法，且每堂課都要學得透徹。我與大學一年級的學生一起上課，並使這一切變得規律。每天早上我都去上課——我向來都選擇一大早的課程——然後到圖書館研讀三小時。」

上過中階課程後，珍決定挑戰一件事，過程有如走上高空鋼索，下面卻沒有網子：她訂了前往哥斯大黎加的機票，參加沉浸式教學課程。

「出發前一天晚上，我一直哭，感到非常害怕。」她說。

珍對獨自旅行感到焦慮，擔心自己功能性聾啞，既聽不懂，也說不出口，哥斯大黎加人則對她滔滔不絕的說了整整三週。

「然而這改變了我的人生。」她笑著說，很高興自己這麼有膽識。「西班牙文改變了我的生活。我幾乎每天都想到這點，因爲我建立了許多關係，不只在哥斯大黎加，還包括在學校裡遇到的人、社區裡拉丁美洲裔人，還有我參加的會話小組，現在都成爲我的朋友。至今我依然非常努力學習，因爲我害怕現在不在哥斯大黎加，進而會失去說西班牙語的能力，我說的話別人聽不懂，有如電影中的泰山。」

語文滲入珍生活中的各個角落：她看西班牙語電視，每週五次與說西班牙語的朋友見面，從事家教工作。每年寒假，她回到哥斯大黎加六週。她在可能是最平淡的年日中注入冒險，讓時間逆轉。

「我喜愛離開自己的舒適圈，」她指出，「我不做危險的事，不爬山、不跳傘、不騎重型機車。至於旅行嘛，我學會愛上自己獨自旅行。」

或許你在想，中年時誰有時間做這些事？我會這麼回答：也許不是現在，但是在未來某個時點，你很可能有時間。屆時你打算如何運用？只是消磨時間？還是全力追求你所熱愛的？即使有全時工作、子女還住在家裡，如同許多中年人，你依然可以踏出小小的一步，以嗜好作為一天或一週的區隔點，讓你每每想到，便可帶來一些活力。

想要培養新的嗜好，珍的故事提供了一些重要的洞見。關鍵期理論確實有根有據，例如兒童學習新語文比成人容易，不過這只是相關的事實之一。六歲的美國人學習法語，口音可以跟土生土長的法國人一樣；普通人到了三十歲才學，確實很難做到。針對超過兩百萬人的研究發現，年紀愈大，愈難學習新的語言：五十歲比四十歲難，三十歲又比二十歲難。不過從來沒有人能夠確定，一個健康的人到了什麼年紀就無法學會中文，前提是如果他願意花時間學的話。

過了三十歲，學習任何新事務都好像是在爬坡。研究人員發現，二十幾歲、三十幾歲時，認知能力（特別是處理速度）就開始衰退。到了中年，記住新的外語單字的速度比較慢，當你想要說話時，找到這些字彙的速度又更慢。這與中年大腦回想特定名字的問題相似：如同安潔莉娜．裘莉為什麼如此稱呼（這對大腦造成了大問題），語義上沒有什麼道理；為什麼小老鼠的法文是*souris*，也沒有顯而易見的原因。

中年的大腦還有一個殘酷的背叛行為，甚至將唯一的優勢——經驗，反過來對抗我們。當我們在某個領域累積了專門技能，「干擾」就會發生。這可以解釋爲什麼從個人電腦改用蘋果電腦，會讓你受挫到想要殺人的地步：你必須學習新的作業和鍵盤指令系統，而你的大腦和手指會抵制這些。

「如果你已經專精某種語言，在嘗試學習新的語言時，你必須對自己說，『不，二不再是*dos*[3]，而是*zwei*[4]。』」華盛頓大學的雪莉·威利斯（Sherry Willis）如是說，「實際上從中年到老年，干擾會增加，因爲你的知識存量——想找到相關的資訊或將資訊歸檔，必須翻動的檔案櫃數目——隨著年齡而增加。」

不過即使到了中年，「通曉的語言愈多，愈容易學習其他語語。」麗莎·福倫克斯（Lisa Frumkes）堅稱，她管理「羅塞塔石碑」公司的學習產品部門。相較於幼童，成人有一個優勢在於，他們不僅了解語言的結構，也明白語言的概念。

「因此如果你和我類似，是個喜歡收集語言的人——我現在準備開始學習第十二種語言——那麼你已經知道很多概念。」她指出，「譬如當你一開始學習中文，你不知道當你想說一個細長的木製物品[5]時，你必須使用特定的字，例如『筷子』或『指揮棒』。一旦你在另一個語言中遇到這樣的概念，比如印尼文，你會這麼想，『好吧，我已經知道這是什麼概念了，

3 譯註：西班牙文。
4 譯註：德文。
5 譯註：英文以stick爲通稱。

我可以把它與某個東西連結在一起。』」

我猜她說的沒錯，不過我還在想第十二個語言那件事。相較於兒童，成人還有一個優勢：渴望。不像學齡的孩子，沒有人要求成人必須學習新的語言，不過如果想去義大利旅行，或閱讀《戰爭與和平》的俄文原著，或是在中國銷售蘋果手機，他們就會去學。甘茲每天坐在印第安納大學圖書館裡，並非因為她熱衷西班牙文動詞的變化，而是想去旅行、結交新朋友、展開新的歷險，至於動詞變化，好吧，那不過是達成目的的手段。況且她有條理、仔細、認真的做，就跟兒童因為喜歡某個科目而用功讀書一樣。這正是無論年齡皆可精通任何事的關鍵。

假設你想要培養新的嗜好，也同意經驗賦予了你一些優勢，你仍然面對另一個敵人：自己的思考習慣。

「我們喜歡常規，」神經科學家保羅．諾斯邦（Paul Nussbaum）解釋，「改變慣例很困難，為什麼？因為你尚未建立任何神經迴路來讓新事物變得容易些。」

諾斯邦是「腦力健康」的共同創辦人，這家腦力訓練公司後來被「羅塞塔石碑」公司收購。他說，到了中年，我們過日子的方式就好比是自動駕駛，大半時間牽涉到「程序性記憶」。學習新的語言或樂器時，則將你轉向新的「定向學習」。

諾斯邦告訴我一個故事。有一位男士因為癲癇病史而移除了海馬迴，以致幾秒鐘前發生的事都記不住。諾斯邦的論文指導教授之一，一位知名的神經科學家，有一天和這位男士一起打高爾夫球。

「他們來到第一洞，」諾斯邦說，「把高爾夫球車停好。他走下來，繞到車後拿出球桿，把球座放好，然後揮桿。高爾夫球飛下球道，這球打得真好。這時他拾起球座，回到原處，將球桿放進車子裡，坐上高爾夫球車。隨後他又立即站起來，走到車後，拿出球桿，彷彿他從未揮桿一樣。」

這個例子說明「事件記憶」（又稱「外顯記憶」或「陳述性記憶」）與「程序性記憶」的差異。前者指的是記住生活細節，例如早餐吃了什麼，或是你是否已經把高爾夫球打出去；後者指的是倚賴我們已經熟記的技能，例如開車、走路或是把球漂亮的打在球道中間。

「因此當你做很擅長的事，運用的是程序性記憶。」諾斯邦說，並且補充對於老化的大腦，常規不會帶來太大益處。「不過當你嘗試學習吉他或西班牙文，便完全無法仰賴程序性記憶，而是截然不同的記憶系統和學習系統。」

「也就是說，如果我每天閱讀《紐約時報》，雖然我運用了大腦，但是卻沒有挑戰它？」我問，期望諾斯邦會說閱讀《紐約時報》就足以使大腦保持敏銳。

事與願違。

「我想問你的是：對你而言，閱讀《紐約時報》新奇又複雜嗎？」諾斯邦問。「不是？好吧，我們需要幫你找些新奇又複雜的東西。換句話說，告訴我你不擅長什麼，那才是我們希望你去做的事。」

他要我放心，這不是要我放棄原本的才能，但是就才能來說，其實已經過度學習了。神經元發出與接收訊號，當中的間隔只需很短的時間。

「做的事新奇又複雜，就需要花時間，有些會讓人痛苦、不舒服，可能還會想哭。」諾斯邦半開玩笑的說，「不過當我們重頭開始發展新的神經元連結，你將會說：『這沒有那麼困難嘛！』這些話也描述了大腦中眞正發生了什麼：實際上我在建立神經迴路，加速發出與接收訊號所需要的時間，結果是，我覺得自己變得更好了。」

所幸不是每個人都同意諾斯邦所說的一切，因爲我不想讓自己再次經歷學習外語的痛苦。

「這還需要加點說明，我稱之爲『塡字遊戲問題』，以避免誤解。」班傑明・馬斯特（Benjamin Mast）說。他是路易斯維爾大學心理學暨腦科學副教授，也是臨床心理學家。

「許多人聽說塡字遊戲有助於維護大腦健全，因此不論自己是否喜歡，每天都持續玩塡字遊戲。我自己就不喜歡塡字遊戲，對我來說問題在於：這眞有這麼大的益處，以至於即使不愉快，你仍必須這麼做？你應該選擇以其他的事來刺激自己的大腦。」

他表示，目前沒有什麼證據顯示學習西班牙文對大腦的助益，比跳舞、參加講座或（快樂的）寫本書等等更大。

「從科學的觀點，迄今的結論似乎仍是，關鍵在於保持心智活躍和參與。」

最終，你需要找到那個奇妙的組合：一種嗜好，不僅可挑戰你的大腦，也讓你每天或每週有件事情可以期待。這非關壯舉，而是生命中小小的目標。甘茲相信，這才是中年的祕密。

「我追求自己最熱愛的事。找到一件喜歡的事，然後把它做好。」她說，「你知道，我不希望自己無所事事，單單只是悠閒的坐著喝酒而已。我還想要做點事、有點計畫，同時我也認爲西班牙文是我找到最適合自己做的事，因爲它永無止盡。」

只要努力，中年仍可擁抱夢想

我認爲自己的表現還不錯，參加了全美大學體育協會第三分組學校校隊，但是仍不夠傑出。舉例來說，一九七〇年代末期（在轉學到威廉斯學院前），我曾獲得伊利諾州第三分組五千公尺及一萬公尺賽跑冠軍，但是進入芝加哥第一分組的競賽後，我十分確定有人在我的跑鞋中倒進水泥——至少我這麼告訴自己。鳴槍後，我才剛離開起跑板，就看到其他女性選手已經轉個彎消失無蹤了。在純種馬的賽馬場上，我不過是匹雪特蘭小型馬。我不認爲她們領先我一圈，但是也差不多了。

不過邁入五十歲後，我渴望重拾一點青春。我不曉得如果努力訓練自己，我可能成爲運動員，再度參加比賽嗎？我打電話聯絡佛羅里達州立大學的安德斯·艾瑞克森（K. Anders Ericsson），此人大概是研究專門技能最著名的學者。對資質平庸的我們，艾瑞克森提供了大好消息：這與天分無關。

過去四十年，艾瑞克森研究國際排名的西洋棋手、世界級的運動員、音樂家、作家、科學家、口譯，甚至是打字高手，想藉此了解爲什麼有些人可以成爲頂尖能手，其他人則只停留在好卻不出色的境地。大多數人錯誤地簡略了他的理論，以爲他宣稱天才並非由於基因或天生的能力，而是一萬小時或十年的練習。他相信非凡的表現是由許多其他因素所促成，例如家人的支持與心理鍛鍊。比較早開始訓練（從兒時開始），就比較可能成爲菁英，指出了艾瑞克森並不否認「關鍵期」理論。同樣重要的是，訓練者對學生的要求是否嚴格，或是教練是否可以辨認出學生的弱點。不過最重要的是：他是否「刻意的練習」？也就是專注於弱點，直到熟練爲止？他表示，這些可控制的因素，將導向卓越的成就。

「令人驚訝的是，雖然做了這麼多基因定位的研究，」艾瑞克森說，「卻沒有人成功找出個別基因，能夠以某種方式解釋爲什麼有些人變得非常優秀，其他人卻不是如此。」

顯然，很多研究人員主張，智商或天賦才能決定誰會成爲獨一無二的大提琴家，例如馬友友，或是網球翹楚塞雷娜·威廉斯（Serena Williams，又稱小威廉斯或小威）。我不想進入那樣的辯論。對我來說，有一個與中年追尋相關的問題更加迫切：中年人能否期望在某種嗜好中表現過人，不論是彈吉他或騎自行車，還是一切已然太遲了？

艾瑞克森相信成人的表現下滑與年齡無關，而是與優先順序轉變息息相關。優秀的十八歲鋼琴家，每天可以花很長的時間在鍵盤上練習，但是工作、家庭、女兒的足球隊到不同地方比賽，在在都拉扯著一個三十六歲的人。如果他可以每天專注、從容的練習，就不會失去原有的優勢。艾瑞克森發現，當年長的鋼琴家沉著地持續練習時，他們的表現與年輕的鋼琴家幾乎一樣，即使他們的手指比較不靈活、大腦比較遲緩。

運動員也適用同樣的原則。「我觀察優秀的運動員，到了五十幾歲、六十幾歲、甚至七十幾歲，仍持續參加比賽。」他說，「我看到一旦參與訓練的強度相當，直接歸因於年齡所致的退步就變得很小。」

他比較了年輕與年長運動員，在五千公尺長跑競賽和馬拉松的表現。「我們找不到與練習無關的體能下降。」他說。

這些差異歸結於一件事。「年輕的運動員更加邁力訓練，」艾瑞克森指出，「我想這幾乎成爲一些人的藉口：『好吧，我老了。對於自己是否能夠表現得更好，我其實不必負責。』」

這讓我感到高興，但卻沒有說服我。天賦扮演什麼樣的角色？更具體的說，怎樣看待我的朋友瑪麗．布理德？三十六歲時，她開始參加自行車競賽，兩年後她在自己的年齡分組獲得全國冠軍，以每小時超過四十八公里的速度，騎了近一點六公里。有許多人，包括她的教練，都認爲在他們所見過的人當中，她是最佳的天生運動員。我不像她，我只是匹耕田的馬，而非賽馬。沒錯，瑪麗比我年輕十八歲，但是我們表現上的巨大差距，不可能只歸咎於年齡或訓練；天賦必然是一部分原因，她可以讓許多職業自行車選手跟我一樣，震懾又敬畏地看著她朝地平線飛奔。

我向佛羅里達州立大學的尼爾．查尼斯提起這點，他是艾瑞克森的同事，也是專門技能科學研究的權威之一。查尼斯問我，瑪麗和我的訓練方式是否相同：練習騎車的距離與強度一樣嗎？

「我不太確定自己是否已經找出天賦的構成是有幫助的，」查尼斯說，「有一部分原因是天賦的界定並不清楚，通常都是『看到了，我才知道』。不過你不知道這些人參與了多少訓練、怎樣訓練，而我認爲這些似乎是更加重要的因素。」

我告訴查尼斯，我夢想能參加全國壯齡運動會的比賽，聽起來像是動作、奇幻、喜劇電影《白日夢冒險王》的主角華特．米堤（Walter Mitty）。他建議我，以跟瑪麗相同的規範進行訓練。距離目標只剩一年多的時間，充滿理想主義的我，承諾騎車練習的公里數要與瑪麗一樣（每週約三百二十公里至四百八十公里），並且嚴格要求自己以相同的速度進行鍛鍊。事實上，我告訴查尼斯，我想聘請瑪麗的教練彼特．林德曼（Pete Lindeman），他似乎可以把每位自行車手都變成優勝者。

「經驗告訴我，你的表現肯定會比一年前好得多。」查尼斯說。

後來我向艾瑞克森報告了這個大膽的計畫。他喜歡這種在眞實人生中進行的實驗。他告誡我不要好高騖遠：慢慢來、循序漸進，因爲儘管大腦否認我實際的年齡，我的身體還是必須面對生理上的現實。

「我觀察到，所有年長的跑者與其他的運動員，若把訓練強度從百分之二十很快的提高至百分之九十五，都會發生不好的事。」

我很快就會知道他的意思是什麼。

來自冠軍的智慧

七月二十日星期六

全國壯齡運動會今天在克里夫蘭開幕。我的第一站是克里夫蘭州立大學的游泳池，麗姿．霍根將在此比賽。幾週前，我採訪了麗姿。五十六歲的她，眼神充滿讚賞卻又淘氣，寬寬的臉、高高的顴骨，配上留著瀏海的黑髮。麗姿小時候每天游泳六小時，十五歲及十九歲時還取得美國奧運資格賽的參賽資格。高中三年級時，她在自己的年齡分組中，美國排名第一、世界排名第二。幾星期後，她在電影院中觀賞《虎豹小霸王》時，因爲先天缺陷導致潰瘍出血而昏倒。幾個月後，她仍在休養時，哥哥過世。她再也沒有恢復到原先的狀況，在參加加州大學洛杉磯分校游泳校隊一年後，她放棄了。這一過，就是長達二十七年的光陰。

讓如此漫長的中斷得以結束的原因是發生了一件事，起初幾乎讓她喪命。一場車禍造成她的股骨、骨盆、髖骨、兩手手腕、兩腳腳踝骨折，住院三個月後，物理治療師建議她在泳池裡復健。她又開始游泳。幾個月後，她聯絡了位於馬里蘭州安納波利斯的菁英游泳隊教練。

「我拄著拐杖，」她笑著回憶道，「對他說：『我想參加你的游泳隊。』他瞪著我看，請我進入泳池，我游到另一頭，又游回來。接著他說：『你之前游過，對吧？』」

麗姿加入游泳隊，首次參加全國壯齡運動會，就包下所參加六項競賽的冠軍。當時是二〇〇七年。二〇〇九年競爭加劇，二〇一一年更加激烈。如今在二〇一三年的運動會上，參加第一項競賽前，麗姿安靜地坐在長凳上，集中心思，其他選手則在附近聊天。她看起來有點緊張，告訴我她最近經常出差，幾乎沒有進行什麼訓練。第一項競賽她排名第四，但是在第二項一百公尺蝶式比賽中，她贏了。我問她現在對游泳有什麼感覺，畢竟她曾是全國游泳最快的年輕女性。

「如果你決定回到你很久沒有接觸的一件事，那就從零開始吧！」她告訴我，「為求進步，無論你做了什麼努力，都一定會變得更好。我會說：『噢，這次計時，比六個月前慢了一點。』大家會說：『嗯，你變老了。』我說：『不，除非我真的盡了全力，否則我不會把變老當作藉口。』我期待退休，想看看自己能夠游得多快。我從不期待回到自己年輕的時候，但是我不在乎。我只想樂在其中。」

那一刻，我領悟到，麗姿啓發了我非常需要的智慧：不要緊抓著青春不放，而是要去享受當下的洞見。環顧全國壯齡運動會的參賽選手，的確有些體格結實的男男女女，有些游得最快的男女運動員，水準也確實與大學生相當。不過我看到大多數選手都有著過多的白胖肥肉。我能期待他們的身材有如美國奧運游泳代表隊選手麥可·費爾普斯或蜜希·富蘭克林一樣健壯嗎？拜託，這些人都已年過半百了。

離開時，我覺得自己清醒了。我從泳池裡看到自己的未來，它非關技巧高明與否，吸不吸引人，是否能振奮人心（但類似麗茲的少數人例外）。

我拿出自行車，找到克里夫蘭著名的河濱自行車道，由此可以一直連通到阿克倫。我拚命的騎了兩小時，沒有休息，時速達二十八至三十二公里。我用力踩踏以證明我還沒有老，試圖超越未來。我尚未準備好成爲老人，甚至還沒準備好成爲中年人。

我懷疑這是否與我沒有生育子女有關，我無法藉由凝視他們，看出自己的基因對未來的必要。我的基因將來已不具任何意義，所以我更努力的騎車。我知道這樣的渴望與雄心，現在應該要平息了。我應該更成熟才對，可是並非如此；相反的，我想要保持年輕——至少再久一些。

不到最後不罷休

七月二十五日星期四

克里夫蘭郊外樹林密布的公園裡，幾百位自行車手正在暖身。就八分鐘全然的痛苦而言，天氣堪稱完美。至少阿德斯特希望在這樣的時間內，完成今天五千公尺的競賽。麥可朝我騎過來，看似快樂又充滿自信。我們聊了一下，我十分希望他能獲勝。大家都喜歡皆大歡喜的好萊塢式結局，但是不僅如此，這也與癌症及存活、死亡及勝利有關。

「你看起來絲毫不緊張。」我觀察到。

「是的，我完全不緊張。」麥可回答。

「因為我緊張得要命。」我笑了。

「我來告訴你，為什麼我可以這麼輕鬆。」麥可說，「能夠在這裡，我非常感恩。打同樣一場仗，沿途我卻失去了很多朋友。十一月十三日，那時我沒有任何免疫力；不過如今我卻在這裡，走路和說話。」

「你今天的目標是什麼？」我問。

「我在此，就已經達成自己的目標了。不管發生什麼，對我都不重要。」

幾分鐘後，瑪麗．艾梅特和我站在終點線附近，等待麥可繞過最後一個彎，飛越終點線。我猜想瑪麗會是麥可的「下一章」。瑪麗六十七歲，纖瘦且生氣勃勃，是麥可自行車教練的母親。結婚四十年的丈夫，幾年前突然過世，她覺得自己漂泊不定、人生沒有目標。五十八歲時，她決定騎自行車橫越美國，從奧勒岡州到北卡羅來納州，平均每天騎約一百四十四公里，她筋疲力盡、對命運感到憤怒，有時甚至在風中咆哮。

「我的身體痛得不得了，卻無處可去。」她告訴我，「我不想回家，人生沒有方向，所以就繼續騎車。」就這麼一直騎到大西洋。

「從此，我的人生不再一樣。」她說，「這就像從一個過去不知道自己擁有的水井中汲水。你明白如果眞的想做任何事，你大概都做得到。」

瑪麗發現自己的新嗜好：她把與丈夫共同擁有的蘋果園，以有機耕作的方式，轉變成永續農場。

「我認爲當你變老，關鍵是不要讓自己一成不變。你必須督促自己，無論是就智能或體能的程度，訂下期限，看看自己是否可以達成。」

麥可從山丘上飛馳而下，對八個月前幾乎無法走路的人來說，他騎得又好又快，不過還沒有快到可以名列前五。今年，他仍無法站上領獎台。

等待麥可回復正常呼吸，我們坐在野餐桌旁。

「所以你的新目標是什麼？」我問瑪麗，啓動數位錄音機。

「嗯，我對這些壯齡競賽有興趣。」她說，「如果你參加，我就參加。現在就看你了，芭芭拉。」

「眞希望錄音時你沒這麼說。」我如此觀察。

我轉向麥可，「你會當她的教練嗎？」

「噢，當然，」他說，「連你一起訓練。」

第8章 調控中年的情緒溫度

八月

八月十五日星期四

兩週前，在阿德斯特的鼓勵下，我買了一輛新的自行車，因爲我若想爭取全國壯齡運動會參賽資格，這輛車就可以派上用場。這輛黑色紅字的捷安特女性公路競賽用車Envie，重量輕到我可以單手提起來。也許是太輕了，在風大的秋日騎著它，有如騎上一匹小馬，輕巧地掠過路面，有點不穩的快速往前衝，好似有它自己想走的路。

這天早上七點過後不久，我在馬里蘭州貝塞斯達的麥克阿瑟大道上，飛快地騎著Envie，時速達二十九公里。才剛騎過一座單線道的橋，我顯然就撞到了東西，也許是坑洞，也許是石頭，我感覺自己被射向空中、朝側面飛了出去。我依稀記得看到樹木呼嘯而過，我的雙臂張開有如超人，卻不記得自己撞到地面，自行車安全帽碎裂成六塊。我不知道自己失去意識多久，但是最後我呈胎兒姿勢蜷縮著身子時，只看得到男人的小腿和自行車褲。

「我是史考特，」他說，「你知道自己的名字嗎？」

「芭芭拉·布萊德里·哈格提，」我小聲的說，跟結束廣播電台報導前向聽眾說的一樣。

「你知道今天是星期幾嗎？」他又問。

聽起來好像是腦筋急轉彎的問題。我想了很久。

「星期三？」我猶豫的說。

「好吧，你知道自己在哪裡嗎？」

「麥克阿瑟大道？」我鼓起勇氣說出來，又加上，「我正好要騎上一個陡升坡，緊接著今天早上我要進行兩項採訪。」

「我是醫師，」他說（恰巧在晨間騎車運動），「我認爲你顯然無法如期前往採訪。我們可以幫你打電話給誰呢？」

我告訴他戴文的電話號碼。不久後，救護車抵達，我請他們把我送到自己家附近的醫院，不過急救醫護人員反對。

「郊區醫院（Suburban Hospital）比較擅長處理外傷。」史考特解釋。

這下子我才漸漸醒悟，自己可能出問題了。他們把我綁在擔架上、抬上救護車時，我才明白自己眞的會錯過採訪。當急救醫護人員不斷問我稀鬆平常的問題，聽起來既簡單又難以置信，我不禁開始擔心明天可能無法爲了報導而開車到匹茲堡出差。我在電腦斷層掃描儀中醒來，驚覺自己可能無法如期交出書稿。

「該死！」我盯著急診室天花板時，心裡這麼想，「現在我必須要有韌性。」

一個星期前，我在費城花了一整天，觀察賓州大學研究人員如何訓練一百五十位軍人有關韌性的藝術與科學。美國陸軍希望這些士官學習一些技巧，以便在長期面對伊拉克和阿富汗戰爭的壓力下，可以保護他們；此外還有一些原則，當他們看到夥伴因爲炸彈攻擊而喪生，或是婚姻在多次調動的壓力下瓦解，可用來幫助他們克服這些困境。就理論而言，我對這項研究深感興趣。不過這樣的訓練，現在看來非常適切。

壓力、創傷、需要有韌性，並非專屬中年。人生任何時刻都可能骨折、失業或罹患癌症。不過對我們當中許多人而言，問題似乎都在中年時集結：四十歲以後，比較可能失去父母一方或配偶；四十五歲以後，比較可能被診斷出得了癌症；五十歲以後，比較可能被年輕、成本較低又擅長運用科技的員工取代。在二十幾歲、三十幾歲時，我向來不太在意怎樣從挫敗中重新站起來，因爲人生在那個階段占有優勢，很少碰到逆境。現在我卻覺得自己大半時間好似都在試圖堵住漏水的水壩。所幸研究顯示，我比以往更加有準備，因爲我已經年過半百了。

「有些證據指出，隨著年齡增長，韌性會自然增加。」里查．戴維森（Richard Davidson）這麼告訴我。他是威斯康辛大學麥迪遜分校的神經科學家與心理學教授。「當人們日趨變老，有更多的經歷使他們從中學習如何把自己的情緒管理得更好，同時也了解到當下面臨的挑戰並不是世界末日，人生仍會繼續下去。」

戴維森近二十年都在研究韌性神經科學。他相信，你可以藉由改變思想來調整設定值——

你有多麼快速或多麼容易感到害怕畏縮，以及多麼快速或多麼容易從挫折中復原。這讓我想知道：韌性究竟是什麼？有些人比較具有韌性嗎？為什麼？這是無法改變的嗎，還是有如肌肉般是可以鍛鍊的？

一九九〇年代，丹尼斯．查爾尼（Dennis Charney）和史帝文．索斯威克（Steven Southwick）也在思考這些問題，當時他們是耶魯大學醫學院的精神科醫師。查爾尼記得研究的關鍵時點。他們開始與一群曾遭到俘虜的越戰退伍軍人合作，試圖找出創傷後壓力症候群的生理起源，以及可能的治療方法。這些戰俘曾被拷打、隔離，最長達八年之久，卻沒有出現憂鬱跡象或是創傷後壓力症候群。這怎麼可能？

「我們對自己說：『你知道的，研究這些受過創傷卻沒有出現這些問題的人，或許可以讓我們學到如何更有效地治療創傷後壓力症候群和憂鬱。』」查爾尼回想道。他現在是西奈山醫學院院長。「與感染了愛滋病毒卻沒有出現愛滋病的人類似，他們有很強健的免疫系統。我們覺得可以從有韌性的人身上學習到一些事。」

他們開始訪談遭受各樣壓力與創傷的人：波斯灣戰爭退伍軍人、赤貧且生活周遭充滿暴力的人、地震、性虐待、身體虐待的受害者，還有罹患脊柱裂（畸形）等疾病、身體非常衰弱的病人。他們發現當中的主因相同，包括樂觀和擁有親友網絡，接著便制定了十項決定性因素清單。

他們的結論是，韌性混合了人格特質、生理和人生經驗，這些因素會相互形塑。韌性看起來與鮑伯．史帝菲爾非常相似。

以韌性面對中年的困境

對史代菲爾而言，二〇〇七年二月二日星期五無疑是令人不適的一週，總算結束了。這位四十九歲的資訊部門經理，已經好幾天全身不舒服，虛弱、喉嚨痛、左腿出現刺痛。週五午夜過後不久，他好不容易自己開車到醫院，向醫師描述症狀。

「他們檢查了我的生命徵象，然後發出病人需要緊急急救的『藍色代號』。叭、叭、叭、叭。」他回想道，「基本上，他們把全院的醫護人員都呼叫到急診室，因爲有個人的狀況十分危急，那就是我。我說，『是我嗎？』他們說，『沒錯。』」

接著，鮑伯的心電圖就呈現一直線，心跳停止了。

六年後，鮑伯、他的妻子泰瑞莎和我，坐在陽光燦爛的房間裡，周圍都是繪畫與手工製的珠寶。他們的店取名爲「史帝菲爾與卡布拉」，展售維吉尼亞州北部城市福爾斯徹奇當地藝術家的作品。鮑伯身材高大、性情寬厚、舉止友善，爽朗的笑聲不時充滿整個房間。如果你在尋找有韌性的人格特質，鮑伯絕對會名列候選清單中。

二〇〇七年舉行美式足球超級盃比賽的那個週末，當醫師將鮑伯從死亡邊緣救回後，他們試圖穩定他的病情，止住四處蔓延的感染。雖然斷斷續續有些好轉，但醫師依然對疾病的起因感到困惑。直到週一早上，泰瑞莎注意到鮑伯的腿部腫脹且有著斑點，醫師這才發現他得了壞死性筋膜炎，正一步步腐蝕他的腿。

「他們說：『我們必須截肢，盡力保住他的性命。』」泰瑞莎說，「你知道，這句話的意思是：『希望一切不會有變化。』」

「我記得週一上午醒來，對於自己當時還在醫院，可能會因此錯過球賽，感到十分不悅。」鮑伯邊笑邊回想，「這時我的主治醫師——大約有三十六位醫師負責治療我——告訴我：『史帝菲爾先生，你大概不知道自己病得多麼重。』」

「你曾覺得害怕嗎？」

鮑伯慢慢的搖搖頭。

「好比你正對著一扇門：你要相信什麼？我相信我若不是去見造物主，就是會醒過來、親吻自己的妻子。因爲我在信仰中感受到安全和自在，前面兩種狀況，無論發生任何一種，我都可以接受。我潦草的寫了幾張便箋給子女——至今我仍想不起來當時到底寫了什麼——就繼續走下去了。」

鮑伯的說明，反映了韌性最根本的生理特質：控制自己回應恐懼的能力。信仰影響了鮑伯的觀點，使他可以平靜面對。對於其他人，則可能是天生的樂觀、相信自己足智多謀且有能力蓬勃發展、朋友的支持，甚至是過去的經驗與訓練足以把高山變爲山丘，讓你可以爬得過這一關。

韌性有一大部分奠基於你的大腦，具體來說，就是前額葉皮質與杏仁核兩者如何溝通。前者負責推論，後者則是恐懼中樞。我們需要杏仁核才能生存。看到路上有一根像是樹枝的東西，我們希望杏仁核快速回應，因爲那可能是條蛇。不過，一旦立即的危害過去了，我們也需要前額葉皮質很快的平息杏仁核。

「前額葉皮質看起來調節了腦部恐懼樞紐的活動，包括杏仁核。有韌性的病人，大腦的前額葉皮質特別活躍。」查爾尼說。他研究有韌性的人，觀察他們在腦部掃描儀中如何回應令人害怕的想法，由此發現他們具備神經方面的優勢。「在有壓力的情況下，他們可以抑制恐懼與戰鬥—逃跑反應，這讓他們可以處理狀況。」

即使威脅眞實存在，特別是在某些處境中，例如當你在巴格達街上巡邏，你不會希望身旁的人慌慌張張。你想要的是前額葉皮質活躍所帶來的冷靜思考，而非大腦的杏仁核狂亂運作。

當然我們不知道，在鮑伯得知自己可能失去性命或是一條腿時，大腦如何反應；也不清楚面對這樣的威脅時，他的前額葉皮質是否自動安撫了杏仁核。不過考量行爲與感覺反映了大腦內部的活動，我猜想鮑伯天生的韌性有如泉湧，隨著嚴峻考驗一一出現時，給予他幫助。

當鮑伯從手術室出來，左腿膝蓋以下部位已被截除。起初他很震驚，也哭過一次，但是緊接而來且持續不墜的反應卻是感謝。

「我充滿了愛，與電影《風雲人物》主角喬治．貝禮在影片最後十五分鐘中一樣，」他回想道，「一切都很棒。我對每位走進病房的人說：『嘿，你好嗎？你在擦地板？嘿，你叫什麼名字？莎拉？你在這家醫院工作多久了？』有些清潔人員坐在床邊跟我聊天，因爲在我的病房待太久而遭到責備。所有人都來探視我。」

不僅醫院裡的人希望他早日康復，當他從手術麻醉所致的昏迷中醒過來，病房裡所有的牆面上都貼滿了祝福他早日康復的卡片，總計超過五百張。泰瑞莎幾乎需要建立一張時間表，才能安排川流不息前來探訪的人。

「這正是研究韌性的人所提到的概念，」我特別指出，「他們說其他人很重要。有韌性的人倚賴其他人來幫助他們。」

鮑伯點頭。「你知道嗎，有位年僅二十六歲的年輕男士發生了可怕的車禍，待在醫院裡諸多病房的其中一間。」他說，「他孑然一身，沒有女朋友、妻子，也沒有家人住在附近，出院後將住進療養院。這讓我想起，生命中有人陪伴是多麼重要的事。我不是指結婚、育有二點一名子女[1]。我的妻子有如直布羅陀巨巖般可靠，爲我處理一切。她支持我，朋友和教會則幫助我們。我雖不想這麼說，但是這一切其實沒有那麼困難。」

「我慶幸他還活著，」泰瑞莎說，「孩子們還有父親，幾週前我們還慶祝了結婚二十週年。我知道這聽起來似乎過於避重就輕，但是對我而言就是如此，黑白分明，不是生就是死，所以就好好過日子吧！」

許多人認爲韌性取決於內在的力量，是一種靠自己重新振作的思維。耶魯大學的索斯威克說，事實正好相反。

「韌性強的人，傾向擁有很好的社會網絡。」索斯威克指出。

他們似乎本能地知道自己的身體需要朋友，研究孤獨的專家正在記錄這樣的生理現實。

「面對充滿壓力或創傷的境遇時，比起孤單一人，如果處在自己信任的一群夥伴當中，對壓力的神經生理反應會有更好的調節。」索斯威克指出，「它不會過度反應，反而容易回到基準線，血壓和心跳也不會竄升。當一個人擁有比較多的社會支持，知道有個網會把他接住，他就可以用積極的態度面對。」

這不意味困難容易克服，特別是當朋友回歸日常生活，留下自己面對創傷的餘殃時。就鮑伯的案例，肢體殘障成爲背景噪音，伴隨著疼痛無休止的喧嚷，包括身體上的侷限、容易疲累、走路比較緩慢所帶來的不便。鮑伯的大腦以爲小腿還連接著，遭到截肢的左腿於是出現「幻痛」，讓他無時無刻都爲此所苦。在稍好一些的日子裡，感覺有如嚴重晒傷；但是有些時候他會感受到強烈的刺痛，有如一把刀猛地插入腳踝，這是最糟糕的。

「疼痛不會完全消失，即便如此，還是有好的一面。」鮑伯說。因爲疼痛讓他以爲天生的腿還在，靠著義肢走路時可以更有信心。

「讓我們面對現實吧！我的意思是，有兩條腿我當然很高興，不過因爲這起意外，也發生了很多好事。」他說，指向店內的繪畫和藝術品。「倘若不是泰瑞莎感覺人生苦短、意外隨時會降臨，而她一直以來也夢想開一間類似的店，我們現在坐著的這家店，或許不會存在。」

從逆境中找出意義，與韌性最相關的特質——樂觀，兩者的歷程緊緊相連。換句話說，面對現實的活力，來自承認眼前不好的事實，但是不讓它吞滅了人生。有關樂觀對身心有益的研究，汗牛充棟。例如每天面對飛彈的攻擊，樂觀的平民出現創傷後壓力症候群或憂鬱的機率，比悲觀者少很多。若診斷出得了乳癌，樂觀者後續的健康狀況看來較佳。接受心臟手術、心臟移植或冠狀動脈繞道手術，樂觀者復原得比較快，也比較強健。十五年當中，樂觀長者的死亡

1 譯註：根據統計，每位婦女生育二點一個子女，是維持替代人口的必要條件，也就是人口可以維持不增不減的最佳狀態。

率，比起悲觀者低很多。樂觀長者對傳染病似乎也比較能免疫，甚至連一般感冒都較少得到。

樂觀根植於大腦。威斯康辛大學麥迪遜分校的戴維森歸功於前額葉皮質幫助人平靜地面對創傷或壓力。大腦中負責推論的這個部位，不單抑制了恐懼中樞（杏仁核），也使對正面情緒很重要的部位「垂直紋狀體」，愉快運作的時間變長了。經歷了快樂的體驗之後，譬如編輯的讚許（拜託你們了），或與朋友一陣大笑，「有韌性的人，維持正面情緒的時間長很多。」戴維森說。

失去左腿後數年，鮑伯承認人生談不上接近正常，但是他回到職場，繼續處理泰瑞莎店中的財務，並販賣自己生產的一系列烤肉醬。因為沒有死在手術台上，鮑伯持續把目光聚焦在所做、所經歷、所愛的一切：他指導兒子在男童軍中晉級、看著他演出高中話劇，女兒參加全國排名的高中划船競賽時為她加油，期待有一天牽著她走過紅毯。鮑伯每天提醒自己，即使少了左腿，他依然有小小的本領可以做這些事。

「我還是有心情低落的時候，會想著：『唉！我的人生變成這樣，眞令人厭煩。』這是循環的一部分。」他說，「怎麼面對呢？把它拋諸腦後吧！」

他找了尋常的事來做，譬如到球場看球賽、在草坪上割草、在樓梯間上上下下，藉此提醒自己，平凡的人生有多麼豐富。

「重新開機，提醒自己所擁有的。」鮑伯說，揮動手臂示意他所指的包括了妻子、店裡牆上的畫、子女、朋友和教會等生氣勃勃的一切，「沒有這個，」他指了指自己失去的左腿，「但是我還擁有這麼多。」

「剛剛好」的創傷

也許你會懷疑：我是否能像史帝菲爾這麼幸運，擁有從必然臨到的中年創傷中重新站起來的基因與人格特質，無論面對的是父母、伴侶或朋友過世，令人驚慌的診斷，或是股市冷酷地偷走你一半的積蓄，讓你退休後負擔沉重？我能夠跟他一樣，以幽默、感恩及不同的觀點來回應嗎？

有個線索藏在你的過去裡，而那可能不是你所預期的方式。

當羅克珊・科恩・希爾福（Roxane Cohen Silver）還是位年輕的教授、研究壓力與對應之道時，就開始思考幸運人生的代價。希爾福現在是加州大學爾灣分校的社會心理學家，她有位朋友是有著獨特天賦的運動員，直到二十幾歲，從未輸過任何一場比賽。運動生涯結束後，他應徵工作，很有信心自己可以輕鬆取得這個職位，就如他擁人生中的其他事物一般。

「他沒有得到那份工作，因而變得十分憂鬱。」希爾福回想，「他的母親對我說：『當他還是個小男孩，每回參加比賽都百戰百勝時，偶爾我會希望他是第二名。』

「這樣的說法令我非常驚訝，因爲她所指的是：他從未學會如何失敗。我思考這句話二十年，試圖想出怎樣可以研究這個主題。如何探究逆境所帶來的好處？」

二〇〇一年九月十一日後，希爾福找到了機會。恐怖攻擊後幾天，她開始追蹤超過兩千人，對他們進行七次調查，歷時數年。她衡量他們生命中經歷逆境的多寡，請他們從可能是負面的三十七種事件中挑選，範圍從離婚、親人過世，到遭受暴力攻擊和天然災害。她還詢問他們的精神健康狀況、幸福的感受、對包括恐怖攻擊等創傷事件的反應。

其中近兩百人表示他們從未經歷過任何創傷事件。「這些人是誰？」她對此感到詫異。「他們曾否走出家門？不過事實上，從人口統計看來，他們沒有什麼不同，只是比較幸運，人生過得很愉快。」

希爾福和同事分析資料時發現，愉快的人生代價很高。未曾經歷過創傷的人，「對九一一事件的反應比較強烈，對之前六個月發生的事件也是如此。比起人生曾有幾個負面體驗的人，他們感受幸福的程度較低；比起曾遭受幾個創傷事件的人，他們感到苦惱的基礎值則較高。」最快樂、最有韌性、精神健康最佳的人，人生中曾承受過兩個或三個創傷事件。希爾福的研究發現，沒有壓力所導致的損害，幾乎與多重創傷相當。此結果跟以「抗性」、「鍛鍊」、「壓力預防」、「強化」等各種不同名詞稱之的一大堆研究相吻合。

希爾福補充說，她並沒有將受訪者遭受的負面事件類型，與他們的韌性程度對照。她猜測若曾遭到重大侵害，例如童年被虐待或被強暴，可能會擊垮一個人，並削弱此人克服困難的能力。不過諸如離婚或父母過世的不幸，則可能幫助人抗衡未來的壓力源。

「我想這指出了經歷幾個創傷事件，可教導人如何應對逆境，從中學習。」希爾福說，「他們清楚自己的強項與弱點，這使他們更有能力面對下一個創傷事件。」

就算是動物也需要一點挑戰。凱倫．派克（Karen Parker）是史丹福大學的行爲科學家，她指出，年幼的松鼠猴若蒙受壓力，也就是每週把牠們從母猴和兄弟姊妹身邊帶開一小時，持續十週，牠們反而會變得比較勇敢，整體而言比較不焦慮，比起嬌生慣養的松鼠猴，面對壓力事件時較不容易慌張。牠們的皮質醇濃度較低，而且令人驚訝的是，腦部掃描顯示牠們對恐懼中樞杏仁核的控制比較好，這點與人類相似。

無法致你於死地的傷痛，才能讓你變得更強壯。看來即使是猴子，似乎也是如此。

沒有人想在創傷中成長

「我的童年有些混亂，」瑪雅．湯普森回想道，「所以我學會如何藉著這些傷痛使我更強壯，因爲我不要成爲自己痛苦的受害者。」

即使經過童年的磨練，仍沒有任何事足以使她準備好面對當下的痛苦。我第一次見到瑪雅時，三十來歲的她是位美麗的婦女，卻目睹了自己最可怕的夢魘。她輕柔的聲音微微顫抖，不單是當我們交談時，也在她接起電話、把兒子趕上迷你廂型車、與鄰居聊天之際。她的生活充滿悲傷，讓她隨時都可能哭出來。坐在她的餐桌旁，從我的角度可以看到她的全家福照片，一百二十公分乘九十公分放大尺寸，掛在走廊上。他們站在海裡，水深及腰或膝蓋，因人而異：丈夫伍迪，雙胞胎兒子連恩和奎因，以及三歲的羅南，他是個有著一頭金髮加上湛藍雙眼、引人注目的男孩。二〇〇一年五月九日，羅南在他四歲生日前三天過世了，瑪雅的世界也隨之瓦解。

當瑪雅首次注意到羅南的眼神下垂，隨後即診斷出他得了神經母細胞瘤，這是一種常見且通常會致命的兒童癌症，她即以記錄這段歷程來應付這樣的苦難。「我們訂妥計畫，湯普森全家準備好應戰。」她第一篇部落格文章這麼寫。不過接下來九個月，她的字裡行間從充滿希望、蹣跚的走向憤怒，最後來到了嚴酷的堅決。這段時間，瑪雅和伍迪拚命的試過一位又一位醫師、一項又一項臨床試驗，想要找到走出死亡迷宮的途徑，卻依然感受到命運的不可避免。

兒子過世後，瑪雅祈求讓自己也一起死去。她唯一關注的就是自己的悲傷，無視於家庭、甚至她自己。幾個月後在亞利桑那州喜多那，她見到她的悲傷諮商師，兩人一起攀登威爾遜山。那天上山時，天氣酷熱、豔陽高照，但是到了山頂，天氣變得十分險惡，氣溫驟降了三十度，冰雹從天而降，大雨、雷電交加。瑪雅快跑下山，為了羅南，她跳進目光所及的每個坑裡，泥水四濺，因為他已無法這麼做了。長久以來第一次，她笑了。

「你知道，那一刻我領悟到，『這是交付在我眼前的人生。羅南已不再擁有這些，但是我可以。我不能就此拋棄一切。』」她回憶道，「我可以讓痛苦把我擊倒，但也可以藉著它使自己變得更強壯。我的意思是，這是個選擇。每一天我必須選擇從床上起來，讓自己成為羅南會引以為榮的人。」

從那時起，瑪雅將自己的痛苦轉變為熱情，如她所說的，為找到治癒神經母細胞瘤的方法而募款。

「我曾答應羅南會讓他康復，顯然我沒有做到。」瑪雅告訴我，「對於沒有辦法讓他好轉，我充滿了罪惡感。不過我也答應過他，會嘗試修復這個世界——兒童癌症的世界。」

兩年內，瑪雅募足了款項，在費城進行一項臨床試驗，並即將耗資五十萬美元在休士頓和波士頓展開另外兩項試驗。訪問她一年之後，當我思考什麼是韌性並打電話給她時，她聲音中的顫抖已少了些。

「一切變得容易些了嗎？」我問。

她猶豫了。

「這個問題真的很難回答，」她回應道，「我覺得日常生活可能變得簡單些，但痛苦一直都在，我無法從中逃離。不過痛苦已不像過去那麼劇烈，不再如此令人窒息而刺痛。」

還有一名小女嬰，快樂的分散了瑪雅的注意力。二〇〇一年羅南過世近兩年後，她出生了。不過瑪雅告訴我，她的情緒生活不再繞著安排孩子一起玩、足球賽、與朋友共進午餐打轉，而是完全投入在醫院的腫瘤科病房中。

「因爲經歷了這件事，我已被徹底改變。」瑪雅說，「我曾歸屬的世界，已經不存在。現在這個全新的人生則完全不同，我覺得它非常美麗、溫暖且鼓舞人心。某方面而言，它也充滿了希望。」

「未來我會繼續做這件事。」她又說，「我答應過羅南，所以不打算違背這項承諾。永遠都不會，因此這是我有生之年的任務。」

湯普森的故事，涵蓋了所有「創傷後成長」（Posttraumatic Growth, PTG）的特點。創傷後成長近似於韌性，但是力道更強：更難受、更殘酷、更具破壞力，然而轉變也更大。北卡羅來納大學夏洛茨分校的心理學家雷奇．泰得其（Rich Tedeschi）和勞倫斯．卡爾胡恩（Laurence Calhoun），一九九五年新創了這個名詞。當時他們注意到，有些人從創傷經驗中恢復的方式，與韌性典型的方式不同。這些人不只是回到原來的設定值，他們的一切都完全改變了：世界觀、人生目標、友誼。

「不單是還原，」泰得其解釋，「大多數人稱之為韌性。我們將此與韌性區別開來，因為這是一種轉變。」

「最能夠預測創傷後成長的是你說『我的核心信念有所動搖』的程度。」卡爾胡恩補充。什麼樣的核心信念？「世界有多麼公平，」泰得其說，「或者人是仁慈的，或是你可以控制未來。基本上，信念攸關著人生如何運作。」

過去幾十年，這兩位研究人員與許多蒙受可怕創傷的人合作：子女早夭、強暴、車禍導致受害者四肢癱瘓、因為海嘯幾乎失去一切。你不知道什麼會激發創傷後成長。舉例來說，他們有位病人，輕鬆走過癌症治療的過程，但是因為離婚，整個人崩潰了，因為這粉碎了他對未來的信心。許多病人在墜入深淵又擺脫困境時，有了全新的人生目標。有一位女士的兒子因血癌過世，後來她成為腫瘤科護理師。還有一位男士本來是遊民且有毒癮，因為車禍導致下肢癱瘓，最後獲得復健諮商碩士學位。創傷後成長與韌性最主要的不同是，韌性讓情緒設定點回復到遭受創傷之前，但是悲傷永遠不會遠離。

「因此，雖然你會成為一位更有慈悲心的諮商師、更好的丈夫、更好的猶太拉比，卻不表示你不再對失去孩子而感到悲傷。」卡爾胡恩說，「這些正面的改變，不會抹滅你所經歷的悲劇。」

我領悟到，創傷後成長對個人不是件好事，卻對世界有益。對瑪雅來說，這件事無可挽回和彌補，但是卻可能改善這個世界，或至少一部分世界。由於她人生主要的目標，從養兒育女轉變為擊敗癌症，未來或許有個四歲孩子能夠因此存活。不值得以羅南的生命為代價，但是即使只能從中得到一點好處，她都願意。

培養面對重大創傷時的韌性

八月七日星期三

在我看來，當悲劇發生時，有三個問題會決定一個人如何回應：第一，你原始的設計是什麼？第二，在壓力事件或創傷出現前，你有過哪些經歷？第三，你打算怎麼辦？換句話說，人可以培養出韌性嗎？

美國陸軍以一億四千萬美元為賭注，認為上述最後一個問題的答案是肯定的。美國陸軍要求超過一百萬個軍人，不論年齡，都需參與韌性訓練，目的是希望在創傷事件發生、土製炸彈爆炸、使人衰弱的精神混亂根植於士兵的腦海之前，避免創傷後壓力症候群與憂鬱。毫無疑問地，這是史上最大規模的韌性研究，也激發了心理學家之間廣泛的討論（容待後續詳述），也因此，我坐在費城市中心喜來登飯店一間天花板低矮的會議室中。

上午八點三十分，我在一片迷彩之間穿梭。一百五十位穿著陸軍制服的士官，坐在長桌旁，俯首快速寫筆記，並全神貫注看著凱倫．來維奇（Karen Reivich）。整間會議室中，只有她和我不是軍人。未來十天，她會訓練這些士兵怎樣做好準備面對最糟的狀況，然後再由他們去訓練下屬。當時我不知道的是，稍後她也會訓練我。

來維奇是賓州大學心理學教授，曾經協助「正向心理學之父」馬汀・塞利格曼（Martin Seligman）發展「賓州大學復原力方案」。二〇〇七年，塞利格曼與喬治・凱西將軍（General George Casey, Jr.）之間偶然的對話，最終是有利可圖的。

「凱西將軍當時是美國陸軍參謀長，他看到長期持續的衝突所帶來的壓力和緊張，以及對部隊造成的心理衝擊。」陸軍中校雪倫・麥克布萊德（Sharon McBride）在休息時這麼解釋，「不僅是士兵，也包括軍眷和平民。因此在那個時機點做這件事是對的。」

凱西將軍希望軍人要有韌性，不單要具備體適能，也要將情緒適能「納入陸軍的組織中」，來維奇說。因此，凱西將軍開始實行「軍人與軍眷全面適能方案」，有數千位士官從中吸收了賓州大學有關韌性的原則，再由他們訓練手下的士兵。

「起初我不認爲這麼做行得通。」來維奇告訴我，因爲這個方案原本是針對一般民衆發展的。「不過後來我了解，方案中所談的是生活技能。」包括如何處理創傷，無論是發生在戰區或是家庭裡，以及怎樣重新架構自己的觀點，倚賴性格優勢並改善關係。當然，沒有任何方案抵擋得住看到朋友被炸死所產生的心理流彈，因此，治療創傷後壓力症候群仍是必要的。

「我把這當作疫苗接種，」她表示，「如果我們知道如何預防某種疾病，那麼一開始就可避免它發生，不需等到生病了再治療。現在我們所談的正是這些。看看藉由增進整體的心理健康、學習處理日常的壓力源，我們可以避免掉些什麼。之後若有需要，就施以治療。」

這天早上，來維奇一開場，就請一百五十位軍人「找出好東西」：列出他們當天所經歷的一些好事。接著，她轉向處理思考的陷阱（負面思考模式），以及辨認「冰山」（小問題之下有更深廣的起因）。她談到解決問題與災難性思考，也就是你的思想失控、不斷地打轉，只能想像最壞的狀況。

同時間，我自己也開始鑽牛角尖。我安排了午餐時間採訪來維奇以及九位士官，但看似不可能。當時間接近中午，我注意到來維奇還沒有結束這堂課的打算。「如果她延遲了時間，怎麼辦？」我這麼想，「我是否需要縮短與她的訪談？她可是我最重要的採訪對象。還是我要在三十分鐘內採訪九個人？九個人！」

就在此時，來維奇告訴士官、也告訴我，如何克服災難性思考。「從客觀的角度，看待整件事。」她解釋有五個步驟：第一，描述這個事件；第二，記下最差的情況；第三，思索最佳的情況；第四，辨識最可能的結局；最後，發展因應計畫。

隨著壓力程度不斷攀升，我決定試試來維奇的處理方法。最差的情況：課程逾時十五分鐘，我必須選擇要採訪來維奇、還是採訪士官。最佳的情況：來維奇立即結束講述，我有足夠的時間進行採訪。最可能的狀況：來維奇五分鐘後結束，我們比預期晚十分鐘開始訪談。接著我做出計畫，把一些問題刪除，然後就放鬆地往後坐。結果是，我們開始訪談的時間雖然延後，時間依然充裕。令人驚奇的是，我的壓力逐漸消散，而這大概是進行採訪時，我首次感到放鬆。考量到我的精神陷入焦慮之中已是種常態，尤其是在面對期限時，我認為這次經驗對我是項重大的勝利。

「也許韌性訓練終究是有效的，」我默默地想，「只希望我永遠都用不著。」

平凡的魔力

「我不知道有任何研究曾使人變得更有韌性。」哥倫比亞大學心理學家喬治・波南諾（George Bonanno）告訴我。

波南諾也不相信有必要接受韌性訓練，並表示類似湯普森和史代菲爾這樣的人固然值得欽佩，但是他們並非超人或罕見之人。你不需要訓練人變得有韌性，因爲他們已經是如此了。

「我們天生就具有韌性，因爲我們擁有很好的壓力回應系統。」他說。當我們處於險境之中，這個系統會飛快地啓動一波大腦與化學反應，一旦立即的危害消失，緊接著就快速釋出鎮定的訊號和神經化學物質。

「所以我認爲需要問的不是『爲什麼我們有韌性？』，而是『爲什麼不是所有人都有韌性？』」

波南諾表示，因爲研究通常專注於病理學，心理學家認爲長期的悲傷和憂鬱是對失落與創傷的正常反應。佛洛伊德與著名的生死學大師伊莉莎白・庫伯勒－羅斯（Elisabeth Kübler-Ross）堅決主張，悲傷需要有條理、分階段的處理，直到完全復原。如果反應還沒有達到這種程度，暗示著情緒方面仍有一小部分缺失。

不過這些理論，與研究人員觀察到的實情有所衝突。例如，明尼蘇達大學兒童發展教授安・瑪斯滕（Ann Masten）研究在貧窮與逆境中成長的兒童的內心世界，她發現到的不是心理上的脆弱，而是天生的韌性，並稱此爲「平凡的魔力」。波南諾也在成人當中發現相同的魔力。一九九〇年代，當他開始訪談寡婦，並將訪談錄影和編碼，他理解到她們的臉部表情和身體語言訴說著不同的故事——並非讓人一蹶不振的悲哀，而是摻雜著大笑的傷感。他懷疑佛洛依德和追隨他的弟子是否誤入歧途：也許這種天然的應對方式不是精神疾病，而可能是正常的反應。

波南諾接著研究各種創傷：脊髓損傷、乳癌、失業、離婚、孩子過世，甚至是目睹恐怖攻擊所導致的劇變。一般來說，只有約百分之十的人受到心理疾病折磨，也就是出現長期憂鬱或創傷後壓力症候群，以致妨礙了他們的日常功能。平均而言，百分之六十至六十五的人在失去配偶、工作或下肢殘障後，功能仍正常。他發現二〇〇一年九月十一日恐怖攻擊摧毀紐約世貿中心雙塔後，有三分之二的紐約市民功能已回復正常。他們也許會哀悼，也許會感到挫折或傷心，但是幾天或幾個月內，他們已重調至先前的情緒溫度。其他約百分之二十五的人落入兩者之間，雖然沒有重拾過往的自己，但也不覺得憂鬱或受創。

最近，波南諾細察部隊出現創傷後壓力症候群的情況，分析七萬七千名士兵的資料，他們都曾部署在前線至少一回。他表示，當中「百分之八十三的士兵毫無症狀，一點創傷後壓力症候群的情況都沒有。當你對這群人說：『我們要使你更具韌性』，會發生什麼事？有些人反而變得比較沒有韌性。」

波南諾並不是指學習重新架構思考的方式有害，這麼做可以即時減輕痛苦，有如吃了止痛藥布洛芬，雖可減輕頭痛，但是不會自行消散。他只是認爲要在上百萬軍人當中猛然推行韌性訓練之前，應該先進行小規模的研究。

即便如此，在緊要關頭，還是給我止痛藥安舒疼吧。除此之外，我依然會接受一些韌性訓練。

八月十九日星期一

四天前我從醫院回到家，左臂和身體綁在一起，好似鳥的翅膀折斷了一般。後來我才知道，鎖骨是相當脆弱的；當我跌倒之際，張開雙臂試圖緩衝，正如我從自行車上飛出去時所做的，因此很容易將它突然折斷。雖然沒有特別痛，強效止痛藥 Percocet 對此有幫助，但是不方便。

舉例來說，我不太能夠自己洗頭髮或將頭髮吹乾，因爲使用吹風機時需要雙手並用。我也不能自行穿衣服，至少現在還不行，因爲我沒辦法將手臂穿過袖子。我也不能打字，這對作家來說眞是個壞消息。此外，我也不能開車、無法旅行，意味我必須取消接下來兩個月的三趟出差採訪，因爲我不能租車。

到目前爲止，我看起來還是很快活，強效止痛藥 Percocet 對此也有幫助。不過今天戴文幫我洗頭髮時，我開始哭了。我確定一月寫書假結束、我回到廣播電台工作之前，將無法結束採訪，爲此覺得倉皇失措。我也感到失落，因爲我只有一件上衣，是無袖且有前排鈕扣的那種，這是我唯一可以穿上的上衣類型，而且過去三天我都只能穿這件。我十分恐懼逾期交出書稿，著作合約可能因而遭到解約。我還感覺孤單，因爲天氣很好，我卻無法出去騎自行車。我開始抽噎。

「你怎麼了？」戴文問我。他很匆忙，因爲每天出門上班前，他都必須協助我沐浴、著衣。

「我對自己所做的事難以置信。」我說。自從發生意外以來，我第一次放聲大哭。「我怎麼可能完成這本書？」

「你會完成的。」戴文說，眼中掠過一絲頑皮。他把更多洗面乳擠到手掌中，泡沫愈搓愈多，直到看起來像一大團棉花糖，然後在我還來不及抗議之前，抹在我的臉上，中斷了我的牢騷，讓我短暫忘卻人生的不如預期。我在泡沫中笑了起來，領悟到自己有多麼幸運。

不過我看得出那些跡象。「賓州大學復原力方案」的來維奇是怎麼稱呼它的？災難化？我想，「好吧，既然如此，就把韌性訓練拿出來試試看吧！」沒錯，鎖骨骨折和在戰區所面對的創傷，程度上無法相比擬，不過也許學習如何克服小的挫敗，對這本書的某位讀者會有幫助。爲此，我寫了一封電郵給來維奇，與她約好電話訪談的時間。

八月二十七日星期二

今天上午，來維奇與我談了一個小時。她很風趣、具洞察力，看起來對我的挑戰感興趣。她說，首先要做的是停止災難性思考——從鎖骨骨折開始，結局是丟了工作、著作合約與身分地位這一連串向下盤旋的想像。這似乎是個非常艱難的任務，畢竟過去五十年來，每當面對小小的挫敗，即便是想像的，我都會讓自己的思緒墜入災難的漩渦之中。面對期限的壓力時，這麼做有幫助，因爲我總有替代計畫。來維奇告訴我，矯正災難性思考的方法是刻意採取行動。

「讓行爲變得有目標，方法之一是藉由思考。」來維奇補充說道，「問問自己，『從中可以找出任何好處嗎？』單單只是駕馭自己的思想，這樣的行爲就有意義。這麼做不只可改變心情，也改變了其他從思想所衍生的東西。」

她又說，假設自己對處境有所掌握，並且專注在能夠控制的部分，而不是失控之處。就眼前的情況，她提示我，對自己說，「『好吧，我可以掌控的範圍雖然縮小了許多，不過我仍舊能夠……』，然後列出一些自己可以控制的事。」

因爲我厭惡請人幫忙，對於來維奇接著讚許的美德：「旁人很重要」，心態上也全然不同。「願意承認人際連結的力量，以及這些爲什麼重要，我認爲是過去未曾提出的有關韌性的層面。」她說。

我突然明白，她是對的：雖然我失去自己的獨立性，但奇妙的是，其他人似乎不介意彌補我的不足。事實上，戴文喜歡幫我吹乾頭髮，即使之後我看起來像連環漫畫《布魯姆縣》（*Bloom County*）中毛髮四處亂翹的比爾貓。卡洛琳會帶我去買無袖上衣（我現在有七件），隔壁的鄰居蘇珊會帶我一起去買菜。

來維奇最後的問題不僅最有趣，後來也最有幫助。

「你最大的性格優勢是什麼？」她問，「芭比是誰？她的最佳本質是什麼？就算仍在奮鬥，你可以怎樣善用這些優勢？若這麼做，會有哪些改變？哪些重擔會減輕？」

她建議我到賓州大學「眞實快樂」（Authentic Happiness）網站塡寫一份線上問卷，它曾幫助成千上萬人辨識出自己的優勢。一旦我找出自己的五大優勢（總共有二十四項），就可以靠著它們戰勝日常的挑戰。晚上八點左右，我登入網站，逐一回答完兩百四十個題目，按下輸入鍵、等了一下，接著我臉色發白。演算大神透視了我的靈魂，但卻非常單調乏味。

他們宣稱我最大的優勢是：勤勞。

第二項：感恩。

第三項：靈性、有使命感及信仰。

第四項：公平、平等、正義。

第五項：幽默和風趣。

我馬上寫電子郵件給來維奇，主旨是：「如果不喜歡自己的優勢，可以再次填寫問卷嗎？」

「看看第一個，」我這麼寫，「勤勞。有誰想要以『勤勞』爲最大的優勢？『噢，我的太太……』我可以想像在聚會中，戴文提到我時低語著，『……她很……勤勞吧？』附帶一提，我想要的其實是勇敢。」

「深呼吸，芭芭拉，深呼吸。」三十分鐘後，來維奇回覆。「至少你最大的優勢不是謹慎（Prudence）[2]。想想中學時你可能要忍受的嘲弄。」

她繼續指出，看過我的優勢，特別是勤勞，她毫不訝異。「你大可以鎖骨骨折爲藉口，趁機看過每一集《廚藝大戰》（*Chopped*）或連續劇《絕命毒師》（*Breaking Bad*）。但是你卻買了語音轉錄機，依然非常努力的工作。」

---

2 譯註：Prudence亦爲英文女性名字。

我對自己感覺好些了。

「從韌性的觀點來看，」她接著寫，「問題在於，如何運用你的獨特優勢（最前面那組），克服眼前的困難，甚至將它轉變爲成長的經驗？」

她署名結束，附帶列出她的獨特優勢：眞誠、幽默和風趣、勇敢（「抱歉，我的意思並非要藉此沾沾自喜。」）、公平、有社交智慧。

我突然對她的性格優勢感到忌妒。她的優勢就像是傳記片或動作片中的素材，我的優勢則有如教會主日學主題般平淡無奇。除了勤勞，我想不出感恩或是靈性／使命感，對鎖骨骨折的我寫書有何幫助。

不過隨著時間，我漸漸欣賞起自己的優勢。就勤勞來說，我發現藉著錄音機的幫助，我還是可以進行採訪。我聘用一名需要兼職工作的研究生協助我進行研究，開車送我去採訪，再抄錄訪談內容。從工作中我得到慰藉，分散了注意力，也讓我的第二項優勢——感恩，更加增長。

有時，我的眼睛會湧出感恩的淚水（不是強效止痛藥 Percocet 所致）。爲這件事發生在夏天，我可以穿著無袖上衣，不需要穿上毛衣而感恩。我感謝戴文以及他對我的信心，還有忠實的同伴珊卓拉．戴（牠是我的狗，而不是大法官）[3]，也感謝薇薇安，她有多麼愛她父親，就有多麼愛我。我可以走路去做物理治療，負擔得起三十美元的自負額；我有輛斜躺自行車，讓我每天得以獲取腦內啡，這些都值得我感恩。這不過是心情日誌當中的一篇，我還可以列出更多。感恩也許沒有爲我寫出書中的任何一段（雖然事實上有），但是卻鼓舞了我，而且我猜想，感恩可能也讓我變得比較容易相處。

我甚至從這個意外中，找到一些意義與目的，或者套用來維奇的說法：「從中可以找出任何好處嗎？」我立刻想到這對一個人可能有助益：九十一歲的母親，三月時股骨粉碎之後不久就停止進行物理治療。我安排我們兩人在同一家診所一起接受物理治療，這麼做有三個好處：我可以見到她，讓她走出自己的公寓，一週有三天讓她有事情值得期待。

我活下來了。六週後我可以開車，七週後到加州出差進行採訪，八週後可以騎飛輪。如果沒有特意運用這些韌性原則，我有可能度過這個難關嗎？當然，波南諾是正確的：大多數人有與生俱來的韌性。那麼我有可能蓬勃發展，輕鬆地重塑我的思考方式嗎？這點我不是那麼確定。

靜心冥想讓你更平靜自在

很可能在我受傷這個過程中，我稍稍鍛鍊了自己的大腦。影像研究顯示，當人有意重新評估一個事件，腦部活動就會改變。以我自己爲例，當我認清鎖骨骨折不是世界末日時，隨之即可找出這件事正面或有意義之處，這麼一來，大腦中負責推論的部分便抑制了恐懼中樞——至少暫時是如此。

夏倫·貝格利（Sharon Begley）指出，因爲神經可塑性，這些情況才有可能發生。她從事科學寫作，已經有好幾本著作與這個主題有關。神經可塑性牽涉到相當新近的發現，亦即大腦

3 譯註：珊卓拉·歐康諾，Sandra Day O'Connor，爲美國最高法院首位女性大法官。

終身不斷地在改變，不僅可由經驗形塑，也受思想與意圖所影響。

「透過一步步改善這些活動的連結與模式，可藉此培養更多的韌性。」貝格利說。她與理查．戴維森（Richard Davidson）合著《情緒大腦的祕密檔案》（*The Emotional Life of Your Brain*）。「那就像是用慢火燉煮一道料理——加一點咖哩，再加一些薑黃——多一些前額葉皮質活動，少一些杏仁核活動，瞧瞧，你創造出一個更有韌性的人。」

怎麼做到呢？在書中，戴維森與貝格利建議進行特定的練習，以塑造有韌性的大腦。美國陸軍及多數的西方心理學家偏好其中一種方法，牽涉到「認知重新評估」。另一種方式是「正念冥想」，方法是學習靜坐、專注於自己的呼吸。一旦你的思緒遠離了、分心了，例如想到土製炸彈、工作期限或癌症診斷，不帶指責地把思緒拉回到呼吸上。細節當然遠比這些更多，不過戴維森在自己設立於威斯康辛大學的神經科學實驗室中發現，正念可強化前額葉皮質和杏仁核的連結，讓大腦推論的部分，比情緒的部分更占上風。

「這與到健身中心運動非常類似。」戴維森說。

看到這些研究結果，你可能會覺得所有問題的答案——疼痛、憂鬱、睡眠障礙、恐怖主義、臭氧層消失、國稅局查稅——都是正念冥想。這讓我感到困惑，因爲我看過無數有關冥想的研究皆指出，想要變得更平靜、更快樂，以及減少焦慮，靜心冥想多麼有效之後，我便開始嘗試三十天，結果卻適得其反：我變得急躁、易怒。當實驗結束時，我的丈夫才鬆了一口氣。

「你試過任何一種正念練習嗎？」我問同是記者的貝格利。

「大家經常這麼問我，」她說，「他們會問：『你會冥想嗎？』我的回答是，第一，我沒有時間；第二，你知道，我就是那種不耐煩、自滿、健忘的人之一，並且認爲自己基本上沒有什麼問題。對我來說，這說得過去。我的意思是，身爲記者，我不可能快樂、滿足、溫和。這些都不會發生在我身上。」

也許正念練習不適合記者，但美國廣播公司資深主播丹・哈里斯（Dan Harris）例外。不過還是讓我們看看，爲什麼神經科學家與韌性研究人員對靜心冥想如此著迷。

透過信念讓疼痛消失

練習靜心冥想或是單單鍛鍊大腦，就可以打敗心理、甚至是身體上的痛苦嗎？我承認自從我的聲帶出現慢性疼痛後，這個問題占據了我大半的情緒生活。從統計數字來看，像我這樣的人很多：約有七百萬美國人忍受某種慢性疼痛。研究人員發現，年長者（六十五歲以上）會自然地發展出與持續性疼痛共存的策略，特別是運用「因應的自我陳述」這個方法，也就是刻意以正面或肯定的想法，面對疼痛與自己的處理能力。相對而言，年輕人和中年的成人，在跟疼痛有關的情緒搏鬥時，通常以失敗收場。

藉由靜心冥想，有如提供先修課程，教導年輕人和中年人因應的機制，藉此控制自己的思緒。但這麼做有可能協助你抑制疼痛嗎？這個方法能夠使你的思緒既可撫慰心靈、又可減輕肉體的不適嗎？

「精神是個功能強大的器官，」瑪德哈福・高耶爾（Madhav Goyal）告訴我。他是約翰霍普金斯大學的醫師暨研究人員。「由此所形成的信念和期望會影響身體。」

再過幾天，高耶爾就要移居印度，我把握這個機會前去拜訪他。他的家人已經先行離開，所以當他在家門口迎接我時，屋內幾乎是空的。他戴著眼鏡、面容親切、笑容動人，看來是源自每天靜心冥想兩小時的結果。實際上，正是因爲他早期靜心冥想的痛苦經驗，最終引領他撰寫了有關靜心冥想益處的決定性論文。

幾年前，高耶爾參加內觀冥想禪修課程，爲期十天，每天必須盤腿靜坐超過十小時。因爲先前閉關時，他有點太熱衷於蓮花式，使得原本就不好的膝蓋，狀況更加惡化，從此飽受折磨。抵達禪修地點時，他有些惴惴不安，決定如果膝蓋開始覺得不舒服，就要請求讓他坐在椅子上。他表示，第三天時，他的膝蓋開始無法控制的抽痛，於是他問老師可否拿把椅子。

「這位老派的老師對我說：『我明白你是位醫師，懂得很多，不過你知道，我一直在觀察你，你在那裡坐得很好，所以我認爲你應該回去繼續坐在墊子上。』」

高耶爾考慮了一下，是該與老師爭辯還是依從，是要坐在椅子上還是墊子上？最後，他回到墊子上。

「接下來一小時，我非常專注於覺察疼痛的程度，若總分是十分，那麼我的痛有九分。眞的是痛到令人受不了！」他回想，並且無意識地揉著自己的膝蓋。「然後我注意到，疼痛不再如此持續不斷，陣痛快速地來去，有點像是通過燈泡的電流。疼痛有一秒是九分的程度，下一秒卻是零分。」

「最後完全消失了。」他說，至今回想起來仍然感到驚奇。

在後續的禪修中，高耶爾不再覺得疼痛。後來疼痛雖然偶爾會出現，卻不再那麼困擾他了。「那個經驗教了我不少東西。我以爲這是生理方面出現病態，爲此看了許多骨科醫師，做了好多次核磁共振攝影。」他說，「很多疼痛源自內在深處，無論你稱此爲心理的或其他任何名稱。正因爲這個經歷，讓我有興趣研究靜心冥想如何影響疼痛症狀。」

高耶爾分析他所能找到任何有關靜心冥想的研究，包括其中有些宣稱，正念靜心冥想可減輕疼痛、焦慮、憂鬱、體重問題、藥物濫用、睡眠障礙，以及許多其他的病症。他檢視了兩萬項研究，只有四十七項以嚴謹的科學方法進行。有些研究指出，靜心冥想可減輕心理壓力（焦慮和憂鬱），不過我有興趣的只有身體疼痛（高耶爾也是如此）：有四項研究發現，靜心冥想可緩和不適感，包括大腸激躁症、肌肉骨骼疼痛、器官移植後的疼痛。

高耶爾表示，沒有人知道正念靜心冥想爲什麼可以減輕持續性的疼痛，但是當他能夠以不批判、不反應的方式看待自己的疼痛時，他的經驗便提供了一些線索。尤其是與慢性疼痛相關的情緒和焦慮，可能會使病情加重。靜心冥想時，高耶爾移除了情緒方面的因素，他相信某一層的疼痛也因此被清除了。

疼痛有兩個元素：當你閃到腰或是把手放到熱爐子上，引發的疼痛感會從背或手傳送到大腦，這種急性疼痛會快速或緩慢地消退。不過還有一個元素，亦即情緒部分，大腦的處理方式是把疼痛（特別是持續的疼痛）轉變爲負面經驗。

「譬如我出現偏頭痛，」高耶爾說，「而我對偏頭痛症狀可能有內在的情緒反應，心想，『糟糕了！病情會愈來愈嚴重，我必須整天躺在床上，還要面對很大的痛苦。』我所做的這一切已把自己正在或即將經歷的都視爲災難，由此你可以想像爲什麼症狀會如滾雪球般愈來愈糟。正念靜心冥想可能有助於停止這樣的思維，不讓雪球愈滾愈大。」

所幸對於無法平靜地專注在自己散亂思緒的人，研究人員不只關切正念靜心冥想，也觀察大腦，看看思緒會怎樣影響慢性疼痛。這時，「安慰劑效果」產生，信念明顯影響了身體，包括減輕疼痛。

對某些有具體方式可加以測量的病痛，安慰劑（或是信念）帶來的效果不佳，例如不會縮小腫瘤尺寸或整體死亡率。不過就治療症狀所導致的病痛，例如慢性疼痛或情緒障礙，當病人堅信自己的信念是關鍵時，安慰劑的效果就很好。過去幾年，哈佛大學和其他地方的研究人員證明，信念減輕疼痛的效果，與藥物或手術一樣。對於減輕偏頭痛，安慰劑的效力與經常用來治療偏頭痛的藥物羅莎疼相當。「假針灸」治癒了近三分之二持續腹部疼痛的病患。「假膝關節手術」緩和關節炎疼痛的程度，與移除軟骨一樣。這些以及其他一大疊的研究有著相同的結論：想法對疼痛的影響顯著。

科羅拉多大學的圖爾·維格爾（Tor Wager），開創了有關想法和信念如何影響疼痛的研究。諷刺的是，維格爾在基督科學教會中長大，信徒相信禱告與想法可以醫治身體的各種失調。與我相同，維格爾離開了基督科學教會，但仍然十分看重信仰的力量，並表示宗教背景影響了他的研究方向。

維格爾透過一系列的研究，發現燙傷或身體遭受撞擊後，當人們相信塗抹的是止痛藥膏時，會表示感覺比較不那麼痛了，不過實際上塗的只是凡士林。他又把受測者放進腦部掃描儀中，進而觀察到塗上凡士林時，大腦疼痛中樞變得比較鎮靜，即使凡士林裡並沒有任何止痛成分。在另一項研究中他發現，當人們相信自己正在接受治療，大腦天然的止痛化學物質便會釋出。

「許多疼痛所導致的失能，甚至疼痛持續不斷，大半源自你賦予『不好的程度』的重要性。」維格爾告訴我，「當我們感受到疼痛，許多腦部區域會變得活躍，這不只對疼痛有所作用，一旦前額葉皮質活化了，我認爲所造成的是將這個經驗的重要性及不好的程度隨之擴大。」

維格爾的研究結果，與西北大學維尼亞·亞伯卡里安（Vania Apkarian）所做的吻合。她指出，「慢性疼痛源自於無力關閉疼痛記憶。」實際上，亞伯卡里安可以預測一個人受傷後是否會出現長期背部疼痛，準確度達百分之八十五。基本上這是一種腦部異常，涉及疼痛與情緒處理，兩個大腦區域連結愈強，這種人愈可能發生慢性疼痛。這樣的異常強化了對疼痛的情緒記憶，因此後續想要關閉，會變得比較困難。

換句話說，靜心冥想的研究人員（仰賴受測者回報自己對疼痛的感受）與安慰劑的研究人員（仰賴受測者回報和腦部掃描），獲得的結論相同：情緒強化了疼痛，所以如果可以緩和情緒，疼痛也會跟著減輕。

好吧，我接受這些。我的聲帶疼痛不已，我哥哥也是，他的狀況甚至比我還嚴重，而因爲我們害怕，所以就變得更嚴重——每次當我接近交稿期限，必須上線提供廣播報導，或是當哥哥必須演講時，壓力和焦慮就會讓疼痛加劇。「會痛嗎？我的聲音可以維持一小時嗎？」若你也有任何慢性疼痛問題，就會了解我所說的意思。

祕訣是如何降低疼痛的量。除了藥物和靜心冥想外，怎樣才能做到？業經證實的方法之一是分散注意力，但是你無法永遠讓自己不去注意它。維格爾接著提出一種可能，引發了我的興趣，雖然以腦科學為依據，不過仍然純屬推測：移除疼痛與個人的親密性。

「慢性疼痛的特點之一是，」維格爾說，「你開始把它視為自己。很可能當你不再認同它之後，腦部錯誤的連結也就被切斷了。這麼做可以中止疼痛的過程，並且阻礙疼痛的訊息傳遞。」就過去基督科學教會的精神，這種說法很吸引我。倘若我看待疼痛並非自己的本質？如果這不過是大腦連結出了問題？我想知道。

結果正是如此。

這不是你，而是你的情緒

二〇一二年我的聲音開始出現問題，哥哥建議我聯絡的醫師是戴安．布來斯（Diane Bless），她是威斯康辛大學最好的聲音專家。就我的聲音問題，她成為烏雲背後的一線光明。我們透過網路電話Skype交談，歷時數月。她指導我做的練習，強化了我的聲音，使我得以工作。即使到了現在，她的友誼依然為我帶來陣陣的開懷大笑。

戴安建議我十二月前往位於麥迪遜的醫院，參加長達一週的醫療訓練營，期間專家可以就我的聲帶進行各種檢查。對於診斷結果，我們都感到很驚訝。即便疼痛持續不斷，我的聲帶外觀和運作卻都正常。因為病毒感染導致的癱瘓與神經損傷已大多痊癒，但是即使我沒有說話，受創的聲帶也從未停止開火，它們緊張不安的活動力沒有歇息，可說是我的縮小版。因此，我的疼痛源自大腦的訊號，告訴我有大問題了，但實際上並沒有什麼太糟糕的狀況發生。有位醫師這麼對我說，「這樣的疼痛可能持續終身，也可能自行消失。」

起初這樣的預後讓我感到憂慮，這代表我必須與止痛藥鎮頑癲綁在一起，每天服用六次。它是特效藥，可減輕疼痛，讓我得以活下去；但是它也讓我覺得自己好像在游泳池裡短跑，思緒變得遲鈍、不協調且精神不集中，這些並非傑出記者應有的特質。

不過當我開始檢視有關韌性的研究，我猜想有些洞察或許可以在自己的聲帶疼痛上進行測試。當然不必考慮安慰劑，因爲我已經知道它無效了。我考慮過針灸，但是我想找到一種可以每天自行練習的方法。我試過一次「生物回饋」[4]，但是幾天後我的鎖骨骨折，沒辦法依約診時間開車前往。接著我想起六年前，與加州大學洛杉磯分校一位名叫傑佛瑞．史瓦茲（Jeffrey Schwartz）的研究人員所談到的。

你可能聽過此人，演員狄卡皮歐也曾聽聞過他。李奧納多一被選爲電影《神鬼玩家》的主角，經紀人就把劇本寄給史瓦茲，因爲他以強迫症創新治療著稱。這部電影於二〇〇四年上映，描述霍華．休斯（Howard Hughes）[5]的一生，從一代富豪變成隱士，飽受強迫症折磨。

---

4 譯註：生物回饋是偵測一個人的生物訊號，反應出一個人的壓力狀況，然後回饋給這個人知道。藉由這些壓力反應的回饋，可以幫助一個人訓練自己達到身心放鬆的狀態。

5 譯註：霍華．休斯是美國著名商業大亨、投資人、飛行員、航空工程師、電影製片人、慈善家。

接下來幾週，這位神經精神科醫師教導李奧納多這種病人怎麼思考，甚至如何成爲這樣的人。

史瓦茲解釋，強迫症是一種神經怪癖，大腦兩個區域——錯誤偵測迴路和習慣中樞，過度連結。罹患強迫症的人擔心手上有病菌，即使知道自己剛剛才洗過手，錯誤偵測迴路仍持續砲轟，警告他，病菌、病菌、病菌！平息恐懼唯一的方法就是重複習慣的回應。強迫症病人感到安心的時間很短暫，過了幾分鐘又覺得需要再洗手。習慣有時包括不斷檢查門是否鎖好，或是數算停車的交通標誌，或是如同李奧納多所飾演的休斯，是言語上的：電影其中一幕，演員以不同方式說了「把藍圖拿給我看」四十六次。

在史瓦茲開始治療這樣的病人之前，除了服用許多會帶來副作用的藥物之外，他們不太有希望從這樣的「憂慮迴路」中掙脫。一九八〇年代，史瓦茲開始對病人進行正子斷層掃描，注射追蹤劑後，觀察大腦中的血液如何循環，再讓病人看大腦運作的影像，指出即使休息時，他們的「憂慮迴路」仍然發亮；相較之下，沒有這種疾患的人就不會如此。對病人來說，這是人生的轉捩點。

「病人學會重新認同內在經驗。以我們最重要且最著名的一句話來說就是，『這不是我，而是我得了強迫症。』」史瓦茲告訴我。

從色彩鮮豔的腦部掃描中，他們看到理性上已知是正確的：自己的恐懼並非基於現實。他們不需要洗手或數停車標誌。他們之所以這樣，是因爲大腦的連結錯亂了。

「一旦病人發現這些入侵的思想沒有用處，基本上不過是大腦連結出了問題的後果或症狀，就可以開始以不同的方式關注它。」史瓦茲說，「他眞正領悟到『大腦傳送給我虛假的訊息』，接著運用這樣的洞察，轉移自己的注意力，大腦的迴路也就此改變了。」

史瓦茲教導病人重新將自己的恐懼標記爲廢物，不予理會，接著分散自己的注意力，去散步或種花。十週內，病人的症狀大多消失了。這樣的心理治療跟藥物一樣有效。

「你不是大腦的奴隸，」史瓦茲說，「藉由掌管自己的注意力，你可以改變大腦如何運作。」

「當你說『改變大腦』時，是指強迫症迴路確實平靜下來了嗎？」我試圖加以釐清。

「是的！對一般人，這樣的說法很好。我們看到腦中的錯誤偵測迴路變得比較不活躍。更清楚的是，錯誤偵測區域與大腦的自動傳動區域、稱爲尾狀核，兩者之間的過度連結減少了。有如大腦被鎖死了，接著你可以看到大腦這個鎖鬆開、減弱、並且釋放。」

換句話說，病人的思想——他們如何集中注意力——改變了大腦的生理活動。

一九八〇年代，史瓦茲開始發表他的研究成果，提供「神經可塑性」最初的具體證明之一是：我們終其一生都可以改變大腦，即使到了中年，想要讓大腦以不同的方式運作，並不需要經歷、藥物或手術；回應思想與意圖，大腦就會出現變化。

六年多後當我仔細思索這些，我看到些許陽光。研究顯示，分散注意力可以緩和疼痛。另外，根據靜心冥想和安慰劑的研究，客觀看待疼痛、將情緒層面從中除去，同樣可以做到緩和疼痛。還有史瓦茲與他的病人稱呼嚇唬人的憂慮迴路爲：「這不是我，而是我得了強迫症。」

突然間我看到，我的聲帶疼痛也是如此。我了解這個問題並非基於事實，我的聲帶早已痊癒，是大腦連結的問題。就算是我——醫師認爲數十來年累積的壓力，最後激發了聲帶不斷發射訊號，並且伴隨持續疼痛——也可以改變自己的大腦。我心想，「爲什麼我不以史瓦茲的病人面對強迫症的方法，來處理自己由大腦所引起的疼痛？」

我決定每次感到疼痛（經常出現）時，就在心中默默吶喊：「誤觸警鈴！這個疼痛沒有事實根據，而是大腦連結有問題。」接著分散自己的注意力，採訪或騎自行車都有幫助，然後看看會發生什麼事。

有一天，我向哥哥細說了自己的計畫。哥哥看著我好一會兒。

「你會變成一位非常、非常奇怪的老太太。」他說。

第9章 付出，讓中年的生命更具意義

九月

九月二十八日星期六

一個晴朗涼爽的早晨，時間接近上午九點，珊卓拉·戴和我抵達位於華盛頓特區的三軍榮民安養中心。好似有人暗示一般，五條狗與牠們的主人跳出各自的車子，大夥兒魚貫前行，由兩位坐在輪椅上的男士引導我們到地下室。歡欣的混亂迎面而來：狗兒東跑西跳，從後面這裡聞聞、那裡嗅嗅，偶爾發出吠聲，聽似凶狠，不過並不認真。我們一行二十四個人緊張得坐立難安，每個人都在想，自己的狗是否會通過測試。

傑克是「人與動物之愛」[1]這個組織的主管，為我們講述了組織的簡史：他們把動物治療團隊分派前往華盛頓特區各處的學校、安養中心及醫院。我們分為三組，以測試每隻狗的服從性。我曾讀過用於寵物療法的動物有嚴格的選拔標準，因而擔心我這隻重達三十六公斤、過去參加小狗訓練學校時成績不及格的狗，面對這次考試是否又過不了關了。

「從來沒有狗會不及格，」傑克要我放心，「我們只是想看看你與狗之間的關係。」

不久後，所有的狗都通過測試。我對珊卓拉．戴能夠照著口令坐下、躺下、停住，感到既光榮又驚奇。或許我偷偷塞給她的狗點心，讓她想起了她提早離開小狗訓練學校之前，曾經學過並深藏腦海的指令。

傑克恭喜我們之後，這個嶄新的團隊繼續往上行進，來到三樓的失智症照護區，那裡有十幾位男男女女坐在椅子上，安靜的凝視前方不遠處。珊卓拉．戴沒有理會他們，硬是把我拖到小廚房，把地上的一些食物舔得一乾二淨。她對這些人毫無興趣，然而從這裡，即可瞥見我們身為治療團隊的未來。當她吃完最後一點麵包碎屑，就把我拉向了出口。幾分鐘後，坐在輪椅上的桃樂絲把自己推到我們面前，開始撫摸珊卓拉光滑的耳朵。

「我打算很快離開這裡，找個地方自己住，順便養條狗。」桃樂絲告訴我。

「太好了，」我說，「你想養哪種狗？」

她停頓了。我以為她正在仔細考慮這個問題。接著她直視著我。

「我九十七歲了，希望能活到一百歲。」

「我想你做得到。」我笑道。就在這個時候，珊卓拉跳了起來，用力把我拖向門口。「希望珊卓拉能夠漸漸喜歡動物治療這份工作，」我這麼想，「因爲這是我『傳承創新』的嘗試。」

為超越自己的人生目的而活

我十分渴望能夠傳承創新，艾瑞克森曾說我應該如此。這位具開創性的心理學家相信，人的發展有八個階段，第七個階段「傳承創新」，是健康中年的特點，此時我們停止專注於獲得諸如家庭、住宅、職涯發展、財務資產，轉而開始向外投注於下一代、社區或是某種主張。

「艾瑞克森說得很好，」馬克・福瑞德曼（Marc Freedman）告訴我，「『我在我之後還存留著。』人是世代設計中的一環，會把自己人生中所學到的傳給下一代。」

福瑞德曼以這樣的標準，定義了自己職涯的傳承創新。二十幾歲時，他從事與弱勢青少年有關的工作，之後他便把漁網撒向相反的方向，改以完全不同的年齡層爲對象。他創立了非營利組織Encore.org，旨在發掘中年人和老年人的才能與經驗，加以運用於解決社會問題，例如安排他們在非營利組織中工作。

福瑞德曼指出，五十年前艾瑞克森新創了「傳承創新」這個名詞，直到現在，他的觀念才比較有吸引力，因爲當人們活得更久、更健康之後，不僅留下有形的遺產，他們還有時間和精

1 譯註：People Animals Love，簡稱PAL，是一個旨在透過建立人與動物的關係，改善長者、病人及弱勢兒童生活的非營利組織。

力活出給後人的典範。

「這不是臨終前才想到的。」他說，「你可能已經這麼活了二十年，真正積極的去完成使命，傳承重要的智慧和經驗。」

艾瑞克森警告，若在這個利他的階段失敗，你可能會變得「自私自利並停滯不前」，逐漸陷入孤立、身心功能衰退及苦悶憤怒之中。這讓我正視到，自己錯過了通往傳承創新最自然的路徑：養兒育女。我的繼女在幾乎半個大陸之外，由她的母親撫養，出落得美麗大方。由於我沒有親生子女，以致四十幾歲到五十幾歲出頭這段時間都執著於工作，焦點全放在自己身上，這讓我感到憂心。我將所有的努力與才幹都投入成熟的職涯中，而不是讓這些延伸至下一代、甚至更後面的世代。我不斷地與自己空虛的抱負搏鬥，覺得資源配置有誤。到了五十四歲，我決定提升自己傳承創新的力量。當然，把珊卓拉帶到安養中心，不能說是在投資下一代，然而就算是艾瑞克森就這點的看法，也是靈活有彈性的——只要向外投注就夠了。

對於傳承創新是中年的特質，我承認自己對此還是有點存疑。這樣的說法似乎誇大了中年時期的衝動，對於在此之前與之後這麼做卻又過於輕描淡寫。一方面，我大多數中年的朋友都忙著養育子女、供他們上大學、照顧父母，同時還要在工作上承擔更大的責任，所以他們不必眺望地平線來尋找投入的動機。另一方面，我不相信向來過著專注於自我生活的人，直到四十歲時，生理開關打開，系統內就能充滿傳承創新的激素。

福瑞德曼爲艾瑞克森的觀念，提供了新的架構。他表示，傳承創新當然是終身的動力，不過不同時期會以不同的方式來表達。中年的傳承創新具有「特定的屬性」：出現利他主義，強烈且急切。套用心理學家史坦利．霍爾（G. Stanley Hall）的比喻，「當日漸西斜，影子倒向東邊。」

「此時太陽還高掛著，但可以開始看到起點與終點交叉。」福瑞德曼說，「中年人因著熟練而產生控制感。他們經歷了不少，也學到一些，了解自己把智慧化爲行動的時間已然有限。我想這賦予了人們動機。」

由此可見，可以用更清晰、更有智慧的方式界定傳承創新，運用起來也更自由：它是指人生特定階段的利他主義，比起年輕或年長時的利他主義，更具優勢。在此我提出一個區分，同時也是一個請求。沒錯，擔任志工是種傳承創新，不過在人生的任何時點都可以擔任志工。單純擔任志工，對中年人是次好的選擇。我偏好的傳承創新是運用歷經四十年、五十年、六十年磨練而來的技能、愛好或性格，傳授我們每一個人獨特的資產與觀念。我將這稱爲「白金級傳承創新」，一種強而有力的利他主義。裘蒂．卡可頓即擁有這種傳承創新的精神。

裘蒂到了四十八歲職涯已經涵蓋兩種工作：先是教師，而後在波士頓附近開了兩家玩具店。「我很喜歡自己所做的事，」她告訴我，「我的孩子們都茁壯成長。這是個非常美好的人生。」

有天晚上，她的丈夫拿了一篇文章給她看，內容是一名小男嬰在光天化日之下，從寄養家庭被偷偷抱走。有點像是混沌理論中的「蝴蝶效應」——一個微小的擾亂，例如遠方一隻蝴蝶揮舞翅膀，幾週後即可能改變颱風的路徑——這篇新聞報導改變了卡可頓及無數其他的家庭，促使她深入去了解寄養，而她所看到的令她深感震驚：單單在麻薩諸塞州就有兩萬五千名孩童居住在寄養家庭中，有時遭受虐待，有時被忽視，即使能夠找到寄養家庭對孩子來說已經相當幸運了。對許多孩子而言，寄養系統是導向貧窮和痛苦的管道。

「十八歲生日那天，社工師來找你，對你說：『這裡有兩百美元，我會開車送你到最近的街友收容所，希望你未來過得好。』」她說，「當我意外發現這個現實，無法置之不理。它真的緊緊抓住我，不容我迴避。」

卡可頓家領養了一對原本住在寄養家庭的姊妹，分別是十七個月大及五個月大。以任何標準來檢視，這已經是慷慨的舉動，不過回頭看，卻只是暖身動作。裘蒂賣掉自己的玩具店，創辦了非營利組織「樹屋基金會」，目的是為無家可歸、在寄養家庭中的孩子營造家庭環境。她跟一家社會住宅組織和社會福利機構合作，在麻薩諸塞州的東漢普頓建立了「樹屋圈」，這是一個讓寄養家庭的孩子與相當於他們的祖父母者比鄰而居的社區，這些年長者願意投入孩子的生命中，幫助他們從未來可見的貧窮中脫離。社區中心有廚房、圖書館、咖啡屋，讓這些「祖父母」可以教孩子們烘焙，孩子們則幫祖父母鏟雪。這樣的社區故事，可以成為美國電視影集《天才小麻煩》當中的一集[2]。寄養家庭的孩子有百分之五十從高中輟學，參與「樹屋圈」的孩子則幾乎都是全勤，而且年紀最大的那些已即將就讀大學。

這是傳承創新最有力的典範。不過且讓我們從「白金級傳承創新」的視角來細察。裘蒂運用她的教學與創業技能，交織出對孩子的熱情和寄養的經驗，所產生的傳承創新成就，完全改變了弱勢兒童的人生，從不穩定的家庭、窮困的未來中拯救他們，使他們擁有穩定的家庭生活和充滿希望的未來。

我們談到這些時，卡可頓已經六十一歲了。身爲社會創業家、兒童福祉倡議者、兩個領養女兒（現在已是青少女）的母親，她承認自己的生活很忙亂。

「這不是一項工作，」她說，「而是讓我可藉此活出我的使命。」超越自己的人生目的。「聽起來好動人，但是也很複雜。」我這麼想。裘蒂有如會讀心術般，傾身向前，低聲的說。

「找到一個方式，把自己奉獻出去，將你的一點才能與良善，」她說，「回饋給你所在的世界、你的社區。這麼做，真的會讓你打從心底感受到美好，也讓你變成一個更好的人。」

一名主動捐贈器官者的故事

當我開始探索什麼是傳承創新時，很快就發現幾乎沒有這方面的科學研究。對我來說，這是個壞消息。不過，科學家正透過研究極端利他主義者的心理與生理，譬如像哈洛德．明茲這樣的人，來了解與傳承創新相近的利他主義和同理心。

明茲與珍妮特．畢雷並肩坐著，兩人在珍妮特的家中熱烈辯論上帝是否存在。他的妻子與她的丈夫就在兩人旁邊，但是沒有加入這場友善的爭辯，畢竟之前他們已聽過很多回了。哈洛德是個不信教的猶太人及好萊塢電影導演，對上帝抱持觀望的態度。他的身高超過一百九十公

2 譯註：《天才小麻煩》（*Leave It to Beaver*）爲美國一九五〇至六〇年代二戰後家庭經典代表故事。

分，身材高瘦，蓄著八字鬍，頭髮灰白，面容粗獷冷峻，令人印象深刻。珍妮特是個虔誠的衣索比亞裔基督徒，說話輕柔，體重頂多四十五公斤，有著高高的顴骨，皮膚雖美卻飽受風霜——她與癌症及腎臟衰竭搏鬥多回，手臂上上下下都刻劃了皮膚移植的疤痕。

哈洛德和珍妮特因爲一顆腎臟而產生連結——哈洛德捐了一顆腎臟給珍妮特。他們的故事一度讓科學家感到疑惑：爲什麼有些人願意爲陌生人犧牲？明茲的大腦有什麼特點，促使他採取極端的利他行動？

從童年住在衣索比亞起，珍妮特的腎臟便多次遭到感染，使她的健康狀況變得很差。她和經濟學家則蓋耶．沃爾德墜入情網，結婚後於一九八七年搬到美國。

「我們到這裡十個月後，我去看醫生，」她回想，「醫生告訴我，我的腎臟只有百分之十的功能，到了剩下百分之五的功能時，就必須開始洗腎（血液透析）。」

後續十二年，珍妮特接受了四十五次手術、每週洗腎三次，有時病重到好幾個星期都無法吃東西。她與丈夫及兩名子女活在一成不變的幽暗中，在希望與絕望、生與死之間徘徊。

「我每天擔心的是，今天會發生什麼事？」則蓋耶說，「明天早上又會如何？」

這段期間，明茲試圖捐出自己的腎臟。他堅持這並非一時興起，也不是什麼過人的良善，而是許多短暫片刻累積而來的。

「沒有人會一覺醒來忽然說：『你知道我今天想做什麼嗎？我要開始把自己身體的一些部分，捐給不認識的人。』」哈洛德邊笑邊說，「因此對我來說，當然有一連串的事件促使我踏上捐贈器官這條路。」

高中時為了吸引一位啦啦隊員的注意，他開始捐血。大學時他讀到一則報導，有位老師捐了一顆腎臟給學生，以挽救他的性命。後來在一趟橫越美國的出差航程中，他看到黛比．雷諾茲（Debbie Reynolds）主演的電影，內容是有關一個男孩把腎臟捐給祖母的故事，他哭了。待飛機降落後，他便寫信去了解詳情，這才知道捐贈腎臟給陌生人是違法的。不過二〇〇〇年時他發現華盛頓特區開始了一項實驗計畫，允許所謂利他的捐贈者把腎臟捐給陌生人。他很興奮，但是妻子蘇珊可不這麼認為。起初她試圖阻撓，後來才勉強答應。

「我本來推測，他大概不會通過身體或精神評估。」她邊笑邊說，「等到這些評估都過關後，我體悟到了，基本上這是他的身體，如果他想救人一命，我就沒有立場說不。」

二〇〇〇年十二月，哈洛德前往喬治城醫學中心，由一組移植外科醫師為他進行手術，移除後的左腎，放在裝滿冰塊的啤酒冷卻箱中，開車送到維吉尼亞州費爾法克斯的一家醫院。不久之後，那裡的醫師將哈洛德大大的腎臟放進珍妮特小小的身軀裡，然後靜觀其變。

「電話響了，時間約莫是七點鐘吧，」哈洛德回想，「負責實驗計畫的女士打電話來，她說：『我本來不應該告訴你有關受贈者的任何事，不過你想知道一些嗎？』我好像回答：『好啊！』『嗯，她是一名女性，已為人妻、為人母，育有兩名子女，是位會計師，住在維吉尼亞州春田市。』接下來我直接引述。她說：『一把你的腎臟植入她的體內，她馬上開始大量排尿。』我說：『嗯，這是好是壞？』她說：『這再好不過了。腎臟一植入她的體內，就開始運作，而且是立即的。』」

「他救了我一命，」珍妮特說，仰望著他的臉，「他是上帝賜給我的禮物。」

「我一直在想，這個傢伙到底是個什麼樣的人？」則蓋耶說，「他有著怎樣的勇氣？他有家庭、有子女嗎？健康狀況如何？爲什麼他願意冒險？我渴望見到他，而我們也變成了一家人。」

哈洛德堅決主張自己的犧牲沒有什麼特別的。他說無論如何，自己所得到的與珍妮特一樣多。

「每天我都會想到這件事，」哈洛德說，「每一天。我不會成爲搖滾巨星，在廣播中聽到自己的歌；我也不會是泳池或海灘邊的救生員，協助救人一命。倘若十二年前我們所有人沒有做當時所做的事，現在她便不會活著。在心理上，我因這件事而變得更好。當我分享這個故事時，腦內啡再度湧現，讓我瞬間感到愉快。」

「你不覺得自己很英勇嗎？」我問。

「一點都不覺得！」他說，「我眞的認爲，如果你曾經歷過與我相同的一連串事件，你也會選擇上那個手術檯。」

「我並沒有捐贈過腎臟，」我回答，「所以，我們終究是不同的吧？」

「好吧，你我的差別只在於我這麼做了。」

只有哈洛德相信這樣的論點：熱切的利他本能，讓他對其他人的平凡視若無睹。

「哈洛德，你必須明白，對這個家庭，你就是英雄。」則蓋耶堅定的表示，「你給了珍妮特生命，給了我妻子，給了她的子女母親。你可以爭辯，但是在這裡，你就是英雄。」

最慈悲與最殘暴的大腦差異

明茲即將捐出自己的腎臟之前，當時是哈佛大學博士生的艾碧佳．瑪許（Abigail Marsh）正在深思這些問題：我們最殘暴與最慷慨的本能從哪裡來？爲什麼有些利他主義者甘冒生命危險救人，卻也有另一些反社會者會毫無理由、冷酷無情的奪走他人性命？這樣的差異可以追溯到生理或人生經驗、先天的本性或後天的教養嗎？

將近二十年前的那個夏夜，這些問題就糾纏著瑪許，現在她已是喬治城大學心理學副教授。二十歲時她開車回去華盛頓州塔科馬的家，經過一座橋時，爲了閃避一條狗，她突然偏向一側，車子打轉了好幾圈、越過高速公路後便瞬間熄火了。那時她發現自己在橋上，面對著逆向的車輛，車子與半聯結卡車迎面朝她飛馳而來。

「我無法發動車子，」她回想道，「我不知道自己坐在那裡多久，有位男士出現在副駕駛座的窗戶外，他說：『你看起來需要幫忙。』我說：『是啊，我不知道該怎麼辦。』他說：『你要移到旁邊的副駕駛座，這樣我才能進入車裡。』

「等到車流間斷的空檔，他繞過車子、坐進駕駛座，發現車子還在D檔（即駕駛模式），因此我才無法發動。他發動車子，等到車流再次間斷，便快速將車子開下高速公路，在出口的坡道上，把車子停到自己車子後方。我想自己甚至忘了要道謝，只記得自己全身冒汗發抖。他提議跟著我開一小段路，我說：『不必麻煩了，我還好。』接著他就離開了，所以我不知道他是誰，爲什麼會在半夜停下車、穿越高速公路去幫助一個陌生人，但是我永遠感激他。」

她開始思索：什麼樣的人會做這樣的事？

從就讀研究所開始，瑪許就在探索反社會者的大腦。她和同事把兒童及成人放進腦部掃描儀中，在閃過人面帶恐懼、憤怒或無表情的照片時，觀察大腦如何處理不同的情緒。當他們離開腦部掃描儀後，又讓他們看更多不同臉孔的照片，包括憤怒、厭惡、恐懼、快樂、悲傷、驚訝，並請他們辨別當中的情緒。她注意到正常人與反社會者有兩項差異。第一，反社會者完全無法辨識出恐懼的表情。第二種區別則與杏仁核有關，這是大腦對情緒，特別是恐懼，非常敏感的部位。正常人看到恐懼的表情時，杏仁核會發亮；至於反社會者，其杏仁核則沒有變化，甚至在有些個案中還變得比較平靜，好似看到他人恐懼會令人感到鎮定、而非煩憂。

她想，或許反社會者爲利他主義者爲什麼會採取這些行動提供了線索。如果人都處在從社會病態到極端利他的連續光譜上，「那麼哪些人是反心理病態者？」她提出懷疑。進一步思考後，她察覺，「利他的腎臟捐贈者符合這樣的描述。」

瑪許找了十九位捐贈者，其中包括明茲。他們對這項腦部掃描研究都很熱衷，有些甚至自費飛越美國大陸前來參與。幾乎所有自願者的年齡都是四十幾歲或五十幾歲，是傳承創新與中年聚焦交集的最佳代表。相對的，當她想要找正常人參與時，碰到的困難便多了許多，即使他們就住在附近。正如她所預測的，結果顯示，極端利他的人，大腦連結與我們其他人不同。他們不僅比較善於辨識出恐懼和苦惱，杏仁核發出的訊號更加敏捷，體積也比一般受測者大。大腦反映了他們異於常人的悲憫。

「你怎麼看待這些結果？」我問。

「其中一個可能是，杏仁核賦予你經歷恐懼的能力，當你看到其他人有這樣的表情時，讓你得以模擬或重現相同的經歷。」瑪許說，「因此，你可以辨識他們正在經歷的。也許在情緒上設身處地，有助於驅使人以慈悲的方式回應對方。」

明茲否定了她的詮釋。他指出，即使有很長一段時間，他天天考慮要捐贈腎臟，一旦這麼做之後，依然無可避免地改變了他的大腦。

「在我這麼做之前，我的大腦看起來與你的相似。」他告訴瑪許，「所以手術之後你所看到的，不代表先前就是如此。」

瑪許同意我們所做的每一件事都會改變大腦，但是針對心理病態的研究強烈地指出，這些人天生就有一種神經方面的異常，促使他們對恐懼不敏感。她也相信類似明茲這樣的人，神經方面必有某種奇特之處。他們或許不是聖人，但也絕不是凡人。

「你曾考慮過要捐贈一顆腎臟嗎？」我問。

「我從未受到這樣的誘惑。」她說。

我笑了。「我也是。」

人類天生即具有同理心

當前科學家熱烈辯論的是：純粹的利他主義眞的存在嗎？有人曾採取全然無私的行動嗎？表面上看，我們是明顯利他的物種，而且隨著年齡愈趨如此：擔任志工、捐款給慈善團體、捐血、把資源給予他人，不僅是親友，也包括一些我們可能永遠不會見到的人，例如在泰國因爲海嘯、或是在海地及尼泊爾因爲地震而失去家園的人。

不過，我們「爲什麼」會這麼做，當中的心理學產生不少爭議。許多心理學家認爲，我們內心深處相信最終會得到回報：如果我幫助你，你或是其他人未來就會幫助我。這就是「直接互惠」。另外有些則主張，當你捐款給慈善團體、幫朋友搬家具，會得到間接的好處，諸如地位提升、獲得好人的名聲。有時候因爲社會壓力，利他實際上成爲一種要求：你上一次沒有留小費給餐廳服務生是什麼時候？

史丹福大學心理學家賈米勒·薩奇（Jamil Zaki）和哈佛大學心理學家傑森·米契爾（Jason Mitchell）並不駁斥社會壓力與聲譽的影響力很大，但是他們也相信還有另外的因素——做善事眞的讓人覺得快樂。

「經濟學稱此爲『熱光效應』，即爲他人做件好事所得到的溫暖感受。」薩奇說，「同理心的完整概念是分擔他人的情緒：當別人覺得舒服，我們也會覺得舒服；當別人覺得不快樂，我們也會覺得不快樂。進一步便指出我們可能會想要幫助他人，因爲這麼做會讓我們覺得很好。情緒會互相傳染，我們自己可能多少感受得到。這也許就是促使我們採取利他行爲的動機。」

透過在「獨裁者遊戲」中掃描人的大腦，薩奇和米契爾藉此測試自己的假說。在這個遊戲中，受測者有一定總額的錢，可以依照自己想要的方式分配：全部留給自己，或是給其他玩家一點錢，又或是給他們很多錢。當獨裁者處事公平，大腦中跟獎賞有關的部位就會發亮。

「我們可以說利他行爲看來與收到錢或吃頓大餐一樣，牽涉到某些相同的歷程或大腦系統。」

薩奇沒有提到性行為，不過他與美國國家衛生研究院及其他機構的一些研究人員都發現，捐款活化了獎賞系統，與食物、飲水、性行為、社會依附等我們最根本的需要相同。也許毫不令人驚訝的是，慷慨的大腦與自私的大腦，有著不同的反應。杜克大學的研究人員甚至可以預測，哪些參與研究者會把錢捐給慈善團體，哪些人則會留給自己。腦部掃描儀顯示，當慷慨的人把錢捐出去，讓他們明瞭他人行為與意圖的大腦部位便會閃閃發光。這是大腦所演繹的「黃金律」（恕道）：以希望其他人對待我的方式，對待其他人。

其他研究人員指出，顳頂葉交界處，也就是顳葉與頂葉相連的地方，是自我犧牲產生效益的位置。這個區域涉及到設身處地了解其他人的感覺。慷慨的人在這個接合處，灰質比較多。在腦部掃描儀友善的遊戲中，選擇拯救另一人免於身體上的傷害、即使這麼做會對自己帶來傷害的人，大腦這個區域的活動也比較活躍。甚至還有不自私的基因：有某種特定基因變異的人，會把自己穿的上衣給你。但是有些微不同基因變異的人，則很樂於把你手中的上衣拿走。

結論就是：利他主義並非演化的選項，而是深藏於我們之內的原始設計，對生存不可或缺。少了它，我們就不會成為現在的人類。

實際上它能夠如此深植，類似原始利他主義的同理心，甚至比人類更早出現。我這麼猜想，想必所有狗主人也都如此。我記得自己的鎖骨骨折隔天，曾短暫嘗試忍住相當程度的疼痛，不服用強效止痛藥Percocet。我的背靠著廚房牆壁，因為疼痛讓我徹夜未眠而筋疲力竭，我慢慢向下滑，直到坐在地板上。珊卓拉·戴密切注視著我，出現擔憂的神情（我沒有擬人化），然後迅速跑到客廳，想把戴文找來。他摸了摸珊卓拉．戴，繼續看著報紙，沒有察覺到她發出的訊息。很快地她就四腳敞開仰躺，讓戴文摸她的肚子。她的確不是靈犬萊西，但是我敢保證她原本打算尋求幫助，直到舒適感轉移了她的注意力。

我認為動物也有同理心，並且很高興這個懷疑獲得了證實。舉例來說，美國國家心理衛生研究院有位研究人員，到家中觀察幼童對家人情緒的反應。她指示家人假裝哭泣、啜泣、哽咽，發現幼童對此有所反應，寵物也一樣：牠們會在附近徘徊，把頭放在主人的大腿上。還有些倫敦的研究人員在狗面前打哈欠，將近四分之三的時候，牠們也會跟著打哈欠，機率比人還高。（當研究人員只是把嘴巴張得大大的假裝打哈欠，發現狗並不會被愚弄。）研究人員相信打哈欠會傳染，先前在黑猩猩當中就已觀察到，這是同理心的原始型態。

如果恆河猴（即普通獼猴）拉動鏈條把食物送給自己，同伴會因此遭到電擊，牠們便會拒絕這麼做。最近印度有一隻恆河猴，救了遭到火車站高壓電線電擊的同伴。在YouTube影音平台廣泛流傳的影片中，我們看到猴子把同伴抱起來，咬了咬牠，再用力搖搖牠，然後把同伴軟趴趴的身體浸入水中好幾回，直到二十分鐘後同伴恢復清醒。吸血蝙蝠這個名字聽起來雖然陰險，但牠們會與其他吸血蝙蝠分享食物，即使彼此沒有血緣關係。還有一項實驗是，科學家將一隻老鼠放在緊閉的籠子裡，把一塊巧克力放在另一個籠子裡，並讓第二隻老鼠自由漫步。未受到拘束的老鼠自己學會如何打開兩個籠子，不過牠並沒有把巧克力留給自己獨享，而是先把關著另一隻老鼠的籠子打開，讓同伴獲得自由，再把放著巧克力的籠子打開，接著兩隻老鼠分享了這塊巧克力。

沒有人會認為吸血蝙蝠的慷慨，與明茲捐贈腎臟給陌生人的層次相當。即便如此，這種萌芽狀態的同理心與利他主義，使許多科學家承認，幫助他人的衝動不僅是原始的，也是物種生存絕對必要的。

有種古老的化學物質，在人和動物身上都找得到，而這似乎即是驅動利他行為的因素。想要觀察這種物質實際的運作，需要我自己、我的狗，還有保羅．薩克（Paul Zak）。

培養你的快樂分子

「催產素是不易捉摸的分子。」薩克一邊告訴我、一邊在我的手臂上尋找靜脈，把針插進去。「半衰期只有三分半鐘，在室溫下會快速降解，所以我們必須很快抓住它，並且保持低溫。」

薩克是克萊蒙特研究大學神經經濟研究中心主任，也是位經濟學家。他從我身上抽出一管血液，把試管放進可攜帶的離心機中，啓動機器把比較重的紅血球與比較輕的血漿分離，我的激素會在血漿裡。這是我的基線血液樣本。幾個小時後，他會抽更多的血進行比較，看看我從事一個上午的利他行為後，催產素濃度是否急遽上升，以及幅度有多大。

薩克對這個「快樂分子」著迷，原因可以追溯到他的母親。她曾經是一位修女，後來離開修道院結婚了。

「她與上帝有直接溝通的管道，如果你有任何問題，她會讓你知道確切的答案，黑白分明。」

雖然薩克不相信這樣的觀點──「若上帝存在，祂處於灰色地帶」──他的成長背景引導他去追尋對道德本質和生理的了解。他愈是研究信任，接著是慈悲、慷慨及利他行為，便愈常撞見催產素這個道德分子。

薩克以催產素為主題，創建了自己的研究，過去有「懷抱激素」，或是「連結化學物質」、「信任激素」、「道德分子」、甚至「偽善激素」等等不同的說法。起初，科學家在生產與哺育中找到催產素，但是進一步研究後發現，每當人隱隱約約感到溫暖時，催產素似乎就會出現。在不同的研究中，薩克和其他研究人員看到這種激素使人比較容易信任他人，也比較願意相互交換及合作，並且更加慷慨、快樂與有愛心，甚至有助於使出現爭執的夫妻找到皆大歡喜的解決方式。催產素也有陰暗的一面：它可能使某些人更加猜疑、忌妒，有幸災樂禍的傾向，也可能使不好的記憶加深。不過大致而言，它是比酒精更好的社會潤滑劑。

「我們有如此深藏且與生俱來的感受，如果你好好跟我玩，我也會好好跟你玩，這不是很令人驚訝嗎？」薩克邊問我邊把裝著血液的試管放進內含乾冰的冷藏箱中。「因為從演化來看，催產素老早就存在，它指出這種互惠的行為類似黃金律的舉動，也是人類本性深奧的一部分。」

催產素極其微妙：當它快速增加，你可能會覺得稍稍放鬆，但身體並沒有感受到任何變化。它會減輕壓力，也會增強免疫系統。長期來說，它使人生活得更好。薩克表示，研究發現，分泌較多催產素的人也比較快樂，「因為他們的各種關係都比較好，包括愛情、友情，以及與陌生人、與家人間的關係。」

薩克以不同方式測量催產素，抽血的對象包括玩經濟類遊戲的人（以衡量合作與慷慨），觀看悲傷影片的人（以衡量同理心），心理病態的人（缺乏同理心），婚禮中的伴娘（愛），以及從飛機上跳傘的人（信任），證明這個激素不單單反映、同時也引發了慷慨的情緒。薩克與其他人把催產素噴進人的鼻子裡，看到的是他們變得比較願意合作，對慈善團體的捐款也比較多。

簡言之，催產素會激發人的慷慨和寬宏大量——除了你感到有壓力（這樣的狀態使你對其他人的感受麻木不仁），或心理病態之外。後面這一類人令我擔憂。就在一星期前，我在前往洛杉磯途中，薩克邀請我觀看一個令人心痛的影片，內容是一位父親與因爲腦癌而瀕死的兒子一起玩。他以這支影片測試過上百人，其中約有百分之九十的人催產素急遽增加。

「沒有增加催產素的那百分之十，」他告訴我，「有一半的人處於極大的壓力下，或者他們有心理病態的許多特質。」

糟了。我知道自己在觀看這支影片時心裡沒有任何感受，除了因爲前一天飛越美國大陸所導致的時差，還因爲在洛杉磯車陣中開了兩小時車，上午九點前抵達克萊蒙特時，我已筋疲力竭。果不其然，當測試結果出爐，我的催產素幾乎沒有上升，這是缺乏慈悲心或同理心的生理跡象。

不過今天我或許可以補救。我知道自己是個有同理心的人。眞的。只是需要證據。薩克正好在華盛頓特區參加會議，他願意陪著我和我的狗前往維吉尼亞州一家復健機構。這是爲什麼一小時後我們會在伍德拜恩復健與健康照護機構，珊卓拉．戴已經準備好要帶給病人歡樂，我則暗暗希望可以藉此機會彌補。

我們在病房之間遊走、進進出出，與需要從跌倒、疾病或手術中復原的病人聊天。十幾位病人圍著桌子，坐著吃櫻桃派，對於電視大聲傳出美國有線電視新聞網的播送聲，感到有點茫然。我注意到窗戶邊有一位非洲裔美國婦女，安靜地坐在輪椅上，不禁好奇她怎麼這麼年輕就在這裡。我們靠近她，她也很正式的向我打招呼。她名叫克勞迪雅，彎下腰摸摸珊卓拉的耳朵。我的狗迄今未曾爲了任何人而乖乖坐好，現在身體卻朝她前傾。

「嗨，寶貝，」克勞迪雅輕聲地對珊卓拉說，「我的女兒們會很喜歡有你的陪伴。你是隻很棒的狗，珊卓拉。」接著轉向我，「你只有她嗎？」是的，我告訴她，不過我們考慮再養一隻小狗。「你想要有弟弟或妹妹嗎？」她問珊卓拉，「這樣很好，對吧？」我們安靜地聊了十分鐘，談談她的孩子、即將到來的假期，但是話題總會再繞回珊卓拉身上。珊卓拉靠著克勞迪雅，已經快要睡著了，幾乎睜不開眼睛。

最後，我站起來。

「你們要離開我了嗎？」克勞迪雅這麼問，微笑著。

「我們要走了，」我說，「不過我們會再回來。」

克勞迪雅點點頭，握住我的右手，溫柔地撫摸著，然後舉起我的手靠近她的雙唇輕輕一吻。

薩克注視著我們，拉著我的手肘，引導我們到走廊上。

「你已經有了世界上最好的互動，」他低聲地說，「我們現在就去做吧！」

我們趕緊回到車上，他抽了兩管血液，放進離心機快速旋轉，然後封住試管，放進保麗龍冷藏箱中。我問他是否認為我與克勞迪雅的交談，會使我的催產素濃度上升。他點點頭，不過無法確定。我想到這種激素是以他人為焦點，涉及同理心和自我犧牲，薩克無法斷定是正確的。

「一般來說，你無法使自己的大腦釋出催產素，」薩克說，「你只能把催產素這個禮物送給其他人。所以當你以珊卓拉．戴為禮物，與這些人互動，若我抽取他們的血液，毫無疑問地，當中有許多人的身體會釋出催產素，並且覺得壓力減輕了。」

我不會自動感受到催產素快速上升，不過很可能在輕鬆交談之際，克勞迪雅已把催產素這個禮物回送給我。答案需要幾週後才會揭曉。

我請教薩克：有任何方法可以增加催產素嗎？有可能提升自己利他的生理表現嗎？當人們思考怎樣向外投入，投資於下一代，是否就會發生？

薩克說，沒有任何證據顯示催產素濃度會隨著年齡而自然增加，這也排除了以簡單的生理變化解釋中年階段的傳承創新。不過動物研究強而有力的指出，只要多加運用即可增加催產素。

「釋出的催產素愈多，」他說，「會使這件事變得愈容易做到，因為分泌激素門檻會降低。」換句話說，如果我幫助你，你因而變得比較快樂，那麼我們兩人都會獲得一劑多巴胺作為獎勵，以增強這樣的行為，由此便開始了一個良善的循環。

薩克在擁抱方面的親身經歷，把他從內向轉變成擁有許多深厚關係的人，這指出熟能生巧的重要性。如果我持續擔任志工，以同理心與他人往來，偶爾給人一個擁抱，就會不斷提升催產素濃度，這種生理助長因素又會回過頭來培養我慷慨的本能。

離開時，我看了薩克一眼。為什麼他願意花一整天時間，從華盛頓特區開車到一家復健機構，接著又陪我到處跑，直到我們找到聯邦快遞公司營業處，把以乾冰冷藏著的血液樣本容器寄出去？他的慷慨、對我一人實驗的熱情，改變了我們之間的關係，讓我的心胸變得開闊。我感受到了什麼？催產素湧出？一劑多巴胺？不管是什麼，都表明了良善正在循環。未來只要我幫得上薩克的忙，一定義不容辭的去做。

幾週後，薩克以電子郵件通知我檢驗結果。在復健中心，我的催產素濃度提高了百分之六十二。

「幅度非常大。」他聲稱，並指出觀看男童罹癌影片的人，催產素濃度平均上升百分之四十七。「有些人甚至哭了！增加百分之六十二顯示出你確實十分關心與你互動的人，你在情緒上與他們連結。有什麼比這更能帶來傳承創新的嗎？影響眞的非常深遠啊！」

我總算挽回一面，甚至覺得自己是利他主義者。

為什麼中年人更具同理心

薩克的研究指引了我，若想要增加利他的行為，甚至是傳承創新，就要像鍛鍊肌肉一樣去訓練它。幫助他人，創造更多快樂的互動，讓你不僅覺得人生與自己都很美好，也鼓勵你採取更多利他的行動，持續這個良善的循環。只要沒有到了使你「枯竭」的地步（研究指出，每週擔任志工兩小時最完美），利他的刺激將使大腦充滿催產素和多巴胺，讓你感覺愉悅，有如在閃閃發光的大海上翱翔。

不過我仍然感到疑惑的是：你可以「訓練」自己更有同理心，開啓良善循環的第一步嗎？迄今科學家以兩種方式處理同理心的問題。一種方式牽涉到「轉換觀點」。一九九一年有項著名的研究，心理學家丹尼爾．巴特森（Daniel Batson）發現，設身處地會激發同理心與利他的舉動。實驗中有位名叫伊蓮的女士（暗地與實驗者合作），被指派一項任務，每隔一陣子便隨機遭到電擊。當（不知情的）助理知道伊蓮對電擊感到恐懼，便決定由自己來頂替伊蓮的位置。經過一次又一次測試，幾乎沒有存疑的助理總是自願承受電擊。

另一個方式是靜心冥想。科學家發現，曾經接受過八週正念冥想訓練的人，看到有人拄著拐杖走進候客室，讓座的機率是控制組（候補接受靜心冥想訓練者）的三倍。受過靜心冥想訓練的人有一半會馬上從座位上站起來，控制組中則只有百分之十六的人會讓座。對此，我的回應是：眞的嗎？當某位可憐的婦女靠著牆、拄著拐杖、對著他們顰眉蹙額，大多數人會視若無睹的繼續翻閱《時人》雜誌？（是的，實驗者請她顰眉蹙額。）

另一項研究中，參與七小時慈悲冥想訓練的人，捐錢給陌生人的金額，是沒有接受訓練者的兩倍。此外，他們的大腦對慈悲的反應是：牽涉到理解他人痛苦與控制情緒的網絡變得比較活躍。還有一項研究是，持續練習以認知爲基礎的慈悲心訓練八週的人，相較於學習身心相關主題的人，更能辨認情緒，與同理心相關的大腦區域也比較亮。訓練人辨識情緒是同理心的關鍵：你可能想起研究發現，利他的腎臟捐贈者（另一個極端是心理病態），特點之一是能夠從臉部表情看出（或看不出）情緒的能力，特別是恐懼。

「從證據來看，這有望讓人更投入於參與利他的行爲。」史丹福大學的薩奇說，「在實驗的情境中，有很多方式可讓人變得利他且無私。問題是：這可以持續多久？我們不知道，不過大概不會太久。」

海倫．瑞斯（Helen Riess）指望得到長期的解答。她希望讓過去有同理心的人，重拾自己的人性：醫師。

瑞斯是麻省總醫院的精神科醫師，也是哈佛醫學院副教授。在我見到她約十年前，她參與一項研究，當中有二十對精神科醫師與他們的病人。研究人員預測，若醫師與病人的情緒同步——如果醫師有同理心，並獲得病人的信任——他們的生理跡象也會與病人同步，治療過程就會進行得比較順利。瑞斯從自己的病人當中選擇了比較年輕的一位，是個試圖減重多年的女大學生。研究人員把感應器放在她們的手指上，測量皮膚傳導，或手指上輕微的出汗。他們將整個過程錄影下來。瑞斯表示，那個影片「改變了我的職涯」。

「當我看到生理追蹤結果，完全出乎我的意料。」她告訴我，「看起來非常內斂又有自信的女性，實際上卻非常焦慮。」

瑞斯表示，反映她們壓力程度的生理指標曲線同時間起起落落，「差別只在她的追蹤曲線震盪速度劇烈許多，我的曲線則比較平緩，所以我們雖然同步，但她的焦慮程度是我的五倍。」

瑞斯把曲線圖拿給病人看，她點點頭說：「我覺得好像在看自己心靈的X光片。」

瑞斯研究錄影帶，有如一個「情緒偵探」，寫下什麼時候病人的壓力程度快速上升，以及她的舉止是否洩漏了那樣的壓力。瑞斯發現，每當病人覺得彆扭，就會把頭髮往後撥，降低說話的音量，或是轉移目光。此後，每當瑞斯看到這些線索，她就止住對話，更進一步了解，以便能夠對她感同身受。一年內，病人減重了十八公斤。

瑞斯並不缺乏同理心，畢竟她是位精神科醫師，不過她看到醫學界正面臨一項危機。實際上，醫學界最棘手的問題之一，可以回溯到欠缺同理心：研究發現，如果病人不認爲醫師具有同理心，就會將醫師的建議置之不理，並且不會服用醫師開立的處方藥。如果醫師很匆忙或很冷淡，不會看著你的眼睛說話，看病時把手放在門把上隨時準備離開，被病人控告的機率也會增加許多。瑞斯說，當醫師沒有什麼樂趣可言，倦怠感蔓延，自殺率比總人口高出約百分之五十。

「我們對是否可能教導同理心感興趣。」瑞斯說。

瑞斯盡其所能地學習情緒與同理心方面的神經生物學及生理學，了解鏡像神經元，以及我們如何在大腦中標記他人行爲。她發現，當你看到所愛的人深陷痛苦之中，大腦涉及情緒痛苦的部位就會發亮。其他研究指出，當醫師對病人很冷淡，病人在分子層次上便會有所反應。她的結論是：同理心能帶來療癒，缺乏同理心則會造成傷害。

瑞斯以我們的大腦如何察覺與回應他人的痛苦，設計了一套訓練課程。我見到她時，麻省總醫院已有六個專科爲住院醫師舉辦同理心訓練。住院醫師在實習期間，同理心會快速減少，原因是：年輕醫師開始與病人有更多的接觸，常常覺得不知所措，爲了保護自己，於是在情緒上與病人疏離，以避免捲入病人的磨難當中。隨機控制研究的結果顯著：完成三小時同理心訓練課程的醫師，病人評鑑給予的分數，較沒有接受訓練者高出許多。瑞斯還說，他們回報「從工作中感受到較多的喜悅」。

我問瑞斯，對於同理心訓練最主要的洞察是什麼。

「承認面容是情緒的指引，」瑞斯說，「花時間注視人的臉部和眼睛，看看他們所表達的情緒。」

好吧，目光接觸。其他包括一般常識的祕訣，在任何社交情境中都可以讓互動變得更順利：自我介紹，坐下來，目光保持平視。一開始就以名字稱呼對方，並且經常這麼做，因爲「人都喜歡聽到自己的名字」。詢問他們擔憂和煩惱些什麼。詢問有關他們本身的事，記得他們不單是「有高血壓，且父親因爲心臟病發而過世」。傾聽。瑞斯甚至測量出所需要的時間：同理心的互動只需多出一、兩分鐘時間，卻可使雙方比較快樂，更不用說比較不會發生訴訟。

「我們並未宣稱如果你處於光譜中最低的一端，沒有什麼同理心可言，也可以成爲馬可斯．韋爾比醫師[3]。」瑞斯說，「不過，或許你可以朝著光譜中間移動。」

我觀察兩組醫師如何吸取瑞斯的深刻見解。有天下午，我看到她在訓練五位住院醫師，其中兩人仔細聆聽，另外三人顯得無精打采、看起來很無聊且幾乎沒有參與。當瑞斯把燈關掉引導他們進行靜心冥想，兩位未來的醫師開始大笑。我心想：「眞是的，這提醒我不要期待年輕的醫師有同理心。」不過另一天上午，我看到瑞斯向中年醫師講述。整個教室坐得滿滿的，他們專心聽講，寫筆記、點頭表示贊同她的論點。或許是智慧隨著年齡增長，或許是他們看到日漸西斜，人生走到這一站讓人體會到自己的脆弱，因而也可以同理他人的脆弱，願意協助他人減輕痛苦。

離開波士頓後，我得到兩個結論：第一，無論是生理上或心理上，施真的比受有福。第二，對於利他內在動力的認識，我們還處於原始石器時代。

動物的療癒力

珊卓拉．戴和我總算收到了喬治華盛頓大學附設醫院的識別證。珊卓拉識別證上的照片是她白色臉孔的近照，下面打著一行字「珊卓拉．戴．哈格提」。警衛幫她塡寫了社會安全號碼111-11-1111。至少她不會忘記這組號碼。現在愛狗和我可以在醫院裡遊走，探訪病人、急診室工作人員，以及最需要她的加護病房護理師。

每隔一週的星期三晚上，珊卓拉和我會開車到位於市中心的醫院，抵達時大約是晚餐時間，很適合珊卓拉，因爲食物碎屑會隨意地從餐盤上掉落到地上。我轉過身時，有位男士把整個漢堡都丟給她。她狼吞虎嚥，不到五秒鐘就吃光了，抬頭往上看還有沒有機會再來一個。

幾個月來，珊卓拉和我探訪了幾十位病人，聽到一個又一個悲痛的與勇氣驚人的故事：四個月來都躺在床上安胎的孕婦，七週來無法吃固體食物的男士，罹患多發性硬化症的青少年手

3 譯註：Marcus Welby, M.D. 爲美國一九六九年至一九七六年的電視影集主角，是一位視病如親的醫師。

臂胡亂旋轉，只有在撫摸珊卓拉時才會平靜下來。有位看起來很好的婦女，告訴我她得了胰臟癌。還有中風病人、心臟有問題的男士、截肢後等待做復健的人。對他們而言，我的獵犬以及偶爾後續的交談帶來的撫慰，使他們得以躲避疾病或死亡的思緒。

有天晚上六點四十五分，我在醫院大廳遇到凱西和她的狗麥頓。當凱西和我正在討論病人名單如何分配時（有三十位病人希望見到狗），一對年齡約二十出頭的男女朝我們走來。

「這些是治療犬嗎？」年輕女子問我們，黑色的長髮隨意綁成一個圓髻。

「沒錯，牠們是治療犬。」我說。

「請問你們可以去探訪我們的朋友嗎？她住在四五一病房。」高高的年輕男子問，「她很想見到自己的狗，整天都為此而哭。」

凱西和我緊緊拉住狗鏈，躡手躡腳地走進四五一病房。裡面燈光昏暗，一名二十四歲的年輕女子躺在床上，身體不自然地伸展開來。裘莉（匿名）一看到狗，發出了一聲，奮力把自己從床上撐起來，無奈左手及左腳使不上力。朋友輕輕地扶起她，她把右手伸向珊卓拉。珊卓拉向前移動，沒有任何勉強，安靜地站著。裘莉溫柔地摸了摸珊卓拉光滑的左耳，淚水從她的雙頰流下。

「噢，哭一哭對她是好的，」女性好友要我們放心，「她整天都在問是否可以把狗帶來。」

我更仔細看著這位年輕的病人。頭部右側的金髮已經剃掉了，露出從頭頂到接近額頭處腫脹的紅色疤痕，有如一條長達二十公分的拉鍊。

「你怎麼了？」我問裘莉。我覺得她能理解，也希望對我們看到的事實給予她尊嚴。

「她中風了，」年輕男子說，「整整八天不省人事，這是她清醒的第一天。」

這時，我注意到病床另一側的護理師正注意著監控儀。她轉頭看看狗，又看看凱西和我。

「我整天都在想辦法，希望把她的血壓降到一百四十以下。」她邊說邊指著監控儀。不到一分鐘，血壓就降到一百三十一。

「你們都來自附近嗎？」我問。

黑髮的年輕女子搖搖頭。「裘莉和我從加州搬到這裡，我們正在找地方住，目前暫時住在我男友家。」她說，指向年輕男子。

「九天前，」他接著說，「我們都在家，裘莉走進浴室，鎖了門。沒有人注意到，直到她的狗發了瘋似地在浴室前跑來跑去，最後撞壞門把，我們才發現她。」

裘莉看著他說，緩緩地點點頭。

「你希望珊卓拉到你的床上嗎？」我問。

「是的。」她靜靜地說。

我拍了拍她右側的空隙，珊卓拉跳上來，正好壓到她的雙腿。

「噢，真抱歉，這樣還好嗎？」我說。

裘莉眉開眼笑，撫摸珊卓拉的背。

「這樣很好。」她說，聲音輕到我幾乎聽不見。

我等不及再去看看裘莉的狀況如何。隔週抵達時，她的女性好友在一旁閱讀，男性友人則在搖椅式休閒椅上睡著了。

裘莉大喊，「你回來了！你回來了！」

她移動自己的腳，騰出空間，珊卓拉跳上床。

「啊，你看起來好多了。」我觀察到。

「沒錯，今天滿難過的，本來以爲要去復健，結果發現是明天，整天都覺得自己很沒用。」

她轉頭看著珊卓拉，「不過如今你在這裡了。」

「你已經開始復健了嗎？」我說，「好快。」

「是啊，你看！」她說，慢慢舉起左手臂，直到與床平行。上星期她可是動都不能動。

「她還可以自己走到浴室，」朋友得意的說，「眞是不可思議。」

「所以他們認爲你會完全康復嗎？」

「是啊，完全康復。我等不及想出院去看我的狗。謝謝你。」她說，露出大大的微笑。「這是今天最棒的時刻，」她停頓了一下，「你什麼時候會再來？」

「排班是再過兩週，」我說，「不過，我會試著下星期再來這裡。」

「噢，謝謝你！我很想念自己的狗。請你再把珊卓拉帶來。我會進行復健，」她說，又自豪地加上，「不過時間不會太長。」

我們再也沒有見到她；一週內她就出院了。

我知道如果每星期把珊卓拉帶到安養機構，或是把她帶到學校，讓有學習障礙的孩子讀書給她聽，可以建立較持久的關係。然而不知道爲什麼，我覺得前往喬治華盛頓大學附設醫院探訪比較重要。也許我不會再見到這些人，但在他們最需要的時候，珊卓拉在那裡。很少人會記得救護人員或急診室醫師的名字，但他們是人們從死到生的橋梁。從某方面來看，珊卓拉也是如此。

無私的兩難

如果你想要擁有快樂的中年，散發健康的光輝，祕訣是付出：將你的時間、金錢……，任何你可以自在運用的事物與別人分享。特別是時間。擔任志工可延年益壽，讓你更快樂、避免憂鬱、心臟病發、維持神智清醒、增強免疫系統，也可消除倦怠，還會啓動多巴胺系統，提供化學性酬賞，減輕壓力程度和慢性疼痛。擔任志工讓你的生命更有意義。

史帝芬·波斯特博士（Dr. Stephen Post）觀察到：「如果你可以把『擔任志工』這件事放進瓶子裡拿到連鎖藥局販賣，你會成爲億萬富翁。」他是《好人肯定有好報》（*Why Good Things Happen to Good People*）作者，也是石溪大學醫學人文、同理照護與生命倫理中心主任。

不過並非擔任任何型態的志工，效果都相同。「爲什麼」要擔任志工，以及「如何」擔任志工，實際上事關重大：這兩項因素決定了你是否可從這樣的服務中獲得任何益處，以及嘗試幾次後，你是否會繼續擔任志工。

首先談「爲什麼」。研究指出，如果你擔任志工的理由是出於眞正的無私（「幫助別人很重要」），那麼你會活得比較久，也比較快樂。不過如果你幫助別人的原因是「自我指涉」，亦即與自己有關（「擔任志工是逃避自己煩惱的好方法」、「擔任志工讓我覺得自己是個好人」），那麼你早逝的機率跟什麼都沒有做的人相同。

中年人閒暇時間少，歷經磨練後可以運用自如的技巧卻更多，因而對「如何」格外關切。我指的是，在擔任喬治華盛頓大學附設醫院志工之前，我從未考慮過擔任志工與無酬服務之間的區別。它們有點類似一般傳承創新與「白金級傳承創新」的差異。

當珊卓拉．戴和我在醫院的走廊上遊走，我開始深思其中的不同。我們每兩週便前往探訪，幾個月後我看著珊卓拉從興奮轉變爲不情願，快到醫院時就會放慢腳步。她覺得靠近醫院入口的花圃趣味無窮（我的意思是沒完沒了），她可以在那裡東嗅西聞好一陣子。有天晚上我們在花圃四周遛達片刻後，我把她拉向醫院，她在自動門前坐了下來。我不能怪她，因爲她反映了我的情緒。每次我們前往探訪，都會收到一份名單，上面有一長串病人的姓名，有時多達三十位，接著珊卓拉和我便會在疾病與創傷當中展開三小時的漫長漂泊，最後總是又渴又累。

有個回憶給了我啓示。我們隨著凱兒和她的狗茉莉馬龍巡房。凱兒七十九歲，善於和病人互動，她還教會茉莉依指令打噴嚏。凱兒一聲「哈啾！」，狗就會打噴嚏，接著她說：「祝你健康！」[4]狗又會再打一次噴嚏。我看著她們娛樂一位病人，連續「哈啾—打噴嚏—祝你健康—打噴嚏……」循環了六次（總計打噴嚏十二次），感到十分驚奇。我心想：「這隻狗是天生的演員」，珊卓拉卻硬拉著我往門口去。

看過這場表演後，我們去探訪馬丁先生，他最近中風，臉色灰白、扭曲又消瘦，似乎一絲生機都沒有。

「嗨，馬丁先生。」我興高采烈地說，帶著珊卓拉大步邁入，一旁的護理師正在調整將機器與身體連接的管線。「這是珊卓拉．戴。」

馬丁先生看著她，嘴角抽動了一下。護理師仔細看著他。

「按著大法官命名的。」

他的嘴慢慢彎曲，露出微笑。

「我們想要幫她取個聰明金髮美女的名字，但『希拉蕊』容易引起爭議。」

現在他露出大大的微笑，目光從珊卓拉轉向我，然後又回到她身上。

「這是他住院以來，我第一次看到他微笑。」護理師對著我低語。

我站到旁邊。凱兒環抱起茉莉馬龍，把狗放在她胸前的半空中，剛好在馬丁先生的肚子上。這隻白狗費力地向下看著馬丁先生的臉，懸空的四肢晃來晃去，在空中比劃著，好像在游泳。人與狗彼此注視，畫面令人著迷。我低頭看著珊卓拉，她攤開四肢側躺在地，氣喘吁吁。我們四目相視，我的老狗奮力站起來，才剛剛在磁磚地板上站好，就把我拉向門口。她受夠了，我也是。我回過頭向凱兒和馬丁先生道別，珊卓拉拖著我，從走廊到電梯，等著我按鈕下樓。

因爲某種原因，這對我是關鍵的一刻，我看到自己誠摯的熱情耗盡，動物療法不是珊卓拉和我的「使命」。「我們爲什麼會在這裡？」我對此感到疑惑。在醫院探訪病人，與我的天賦和熱情無關，對珊卓拉也是如此。

---

4 譯註：此爲西方習俗，有一說是打噴嚏時，靈魂會離開身體，此說法可保護打噴嚏的人避免鬼魔入侵。

約略在重新思考動物療法之際，我與一位創辦塔希瑞法律中心的朋友談話。這個非營利法律機構位於維吉尼亞州福爾斯撒奇，專門協助移民婦女和兒童逃離暴力。蕾莉．米勒．姆若請我在年度募款餐會中，現場採訪受過他們幫助的一位婦女。第一次見到「憐憫」（Mercy）時，她花了兩小時告訴我，她如何度過痛苦又複雜的嚴峻考驗。接下來幾星期，我們把她的故事發展爲緊湊的十五分鐘訪問。在募款餐會中，「憐憫」掌握了全場，使觀眾時而大笑、時而因爲她所描述的殘暴而倒抽口氣。訪問完美無瑕，有如從美國全國公共廣播電台中聽到的。即使花了很多時間準備，我依然熱愛當中的每一刻。這件事交織起我深感熱情的領域（法律議題）與受過訓練去做的事（構思故事），然後呈現給大眾。

這讓我想起亞倫．赫斯特（Aaron Hurst）所提到的一項洞察。他是連結專業人士提供無酬服務的「主根基金會」執行長，他表示，當專業人士社群網站LinkedIn詢問會員是否有意擔任志工，有超過一百萬人回應，但是LinkedIn只有一千個機構要徵求志工。一位非營利組織的領導人告訴赫斯特，「如果還有更多人想要擔任志工，光是管理他們，我們其他的工作都要停擺了。」[5]

赫斯特建議專業人士，爲了得到更大的益處，應該有策略地運用他們的技能，而不只是花時間在滿足更有意義的渴望上。Encore.org 創辦人福瑞德曼也是這麼認爲。

「做自己熟練的事，以及運用自己花了時間發展出來的能力，不僅效應更大，所得到的滿足感也更多。」福瑞德曼告訴我，「與直覺相反，這種奠基於已有知識的作法，讓人更加成長。」

需要澄清的是，這並非抨擊志願擔任志工者，但是我認爲在職場上依然活躍的人，應該運用自己的技能和經驗，有策略地提供協助，而不是採取亂槍打鳥的方式，如同我在喬治華盛頓大學附設醫院所做的。對街友收容所來說，偏向請會計師協助處理帳務，還是提供早餐？仁人家園希望有經驗的律師協助處理法律問題，還是釘木板？

家人遭到綁架的家庭，會希望大衛．布萊德利[6]開張支票捐款保護新聞工作者，還是促使他安全獲得釋放？

中年生命不全然只剩日常的瑣碎不安

我哥哥戴夫不認爲自己是利他主義者或是傳承創新者，即使他創辦了好幾個慈善團體，也設立了一個基金會。戴夫在我父母家的客廳創業，僅以一個立意良好的概念就開創了一家研究公司，並且很快的成功致富，也以慷慨聞名。他不僅捐款，也付出自己的時間，特別是當人們面對職業或健康的危機時。當時他出售了自己創辦的兩家公司，分別是諮詢顧問公司（Advisory Board Company）與公司經理顧問公司（Corporate Executive Board）[7]，然後買下《大西洋月

5 譯註：作者引述的原文意指希望在美國許多非營利組織擔任志工者，比實際上需要志工協助的工作還多，而非營利組織從業者沒有那麼多時間管理志工。

6 譯註：David Bradley，英國演員，最知名的角色是在《哈利波特》電影系列中扮演的飛七。

7 譯註：兩家企業分別爲美國那斯達克股票交易所與紐約證券交易所上市公司。

刊》，將原本內容枯燥乏味、經營出現困境的雜誌，轉變為在觀念上引發熱議且可從中獲利的堡壘，無論線上或紙本皆然。我認為保存了美國的指標性新聞媒體，也算是種傳承創新。

不過二〇一一年，戴夫邁入傳承創新的另一個階段，恰好與我鼓吹中年人從事傳承創新的定義相符：針對一個問題，運用個人獨特的才能與資源。

故事從二〇一一年四月開始，亦即「阿拉伯之春」發生後幾週。那個週五下午，戴夫與幾位《大西洋月刊》的編輯會面。大家坐下來開會之前，他們告訴戴夫，有位獨立記者克萊爾．吉利斯（Clare Gillis）在利比亞遭到挾持。她曾為雜誌的網站撰寫過五、六次報導。

「我問道，『我們有為這件事做些什麼？』」二〇一四年十一月一個週日下午，我們坐在戴夫的辦公室，他這麼憶起。「我們什麼都沒有做！我說，『我們需要採取行動。』」

那個週末，戴夫聚集了八位還是十位員工，以及兩位會說阿拉伯語的喬治城大學學生。

「因為我經營過研究公司，對研究分工很有經驗，便立刻著手。」他說，「大概過了幾分鐘，其他人都看得出來，接著我自己也很清楚，事實上我根本不知道自己在說些什麼。我停下來，說：『其實我不知道應該怎麼做。有人有任何想法嗎？』」

他們拉出一個黑板架，放上一疊大型紙張，紙張可以向後翻，然後開始在紙上畫同心圓：中心是克萊爾，接下來是綁架她的人，然後是認識這些守衛的人等等。他們垂直的畫了一條線，經過圓心。他們說，左側部分先假設克萊爾遭到伊斯蘭極端分子挾持。媒體報導細述了在她被挾持的地區有哪些派系，以及帶頭的人是誰。右側部分則假設挾持她的是格達費政府。找到格達費的途徑比較直接：他曾買下義大利足球隊，也曾捐款給哈佛大學，報章中曾寫到他去過哪些朋友的宴會，或哪些人與他有商業往來。第一天到了最後，戴夫的團隊已經有五十條線索，很快就會增加到九十條。他們開始打電話。

戴夫處理問題的方式，如同他所說的，習慣「探究地圖上的每個角落」，直到完全了解所有事情爲止。突破果然來自最遠的角落。有位名叫賈姬．弗瑞澤的女士，是格達費兒子薩地的朋友，薩地聘用她在利比亞首都的黎波里替他做事。轟炸開始後，格達費把她送往位於南歐的馬爾他，她待在一家飯店裡無所事事。

「我說，『好吧，我來打這通電話。』」戴夫說，他善於讓人鬆懈下來。「我打電話過去，起初她起了疑心，不過幾分鐘後她就在講笑話了。她具有幽默感，而且反應非常快。她說：『好吧，如果我回得去，我就幫你。』」

兩天後，賈姬回去了，不僅找到克萊爾．吉利斯，還有其他三位外國記者，並且安排把他們四人轉送到的黎波里的一棟別墅。

幾天後的一個晚上，戴夫接到格達費總參謀長的電話。

「他說，『你在找的記者，人在我們手上。她非法入境。』」戴夫回想道，「我說，『我知道她這麼做了。』他說，『她沒有簽證，我們必須在法庭上處理。』聽到他這麼說，我的心一沉。接著他說，『週二之前應該就會進行，週末前她就可以離開。』」

如他所說的，四位記者都回國了。不過其中一位詹姆斯．佛利（James Foley）回到中東，二〇一二年感恩節當天在敘利亞被挾持。當戴夫聽到佛利被挾持的消息，就打電話給佛利的母親，提議組織一個小組再去把他找回來。

「營救克萊爾的行動，從頭到尾花了六週，我設想在敘利亞大概也差不多。」

事實並非如此。利比亞的案子，有時令人覺得有如喜歌劇，裝模作樣、愚蠢和殘酷全都混雜在一起。

「敘利亞的案子，從未出現一絲曙光，」他說，「黑暗得令人驚懼。」

不像在利比亞，這次不是政府、而是伊斯蘭極端分子挾持了美國記者。這個案子困難得多。

戴夫持續接獲拯救人質的任務。在他同意接下並投入詹姆斯．佛利的案子幾週後，在紐約的一場晚宴中，他坐在一位女士身旁。

「她說，『我的表兄弟彼得．希奧．科蒂斯（Peter Theo Curtis）也被挾持了。他的母親已經七十六歲，無依無靠。他是位獨立記者，沒有雇主，也沒有人為他工作。他只有幾名表親和一位高齡七十六歲的母親。你願意幫助我們嗎？』我說，『當然。』我愛上了這一家人。」

很快的，戴夫承擔了佛利、科蒂斯，以及另外三位年輕美國人淪為人質的案子：史蒂文．索特羅夫（Steve Sotloff）、彼得．卡西格（Peter Kassig）與凱拉．穆勒（Kayla Mueller）。《大西洋月刊》從未聘用他們當中任何一人，不過當所有的家屬聽到吉利斯的案子後，都紛紛與戴夫聯繫。據他們所述，雖然這些家屬都曾向美國政府求助，但是美國聯邦調查局告訴他們的消息少之又少。當時白宮處理這些案子最主要的原則（後來已有所改變），可用四個字總結：不付贖金。這些家屬全都轉向戴夫，在敘利亞及其周遭的消息來源也一樣，全都將資訊提供給他。

最後，戴夫與阿里．蘇凡（Ali Soufan）會面，他曾是美國聯邦調查局幹員，創辦了一家安全顧問公司，在亞洲西南部的阿拉伯國家卡達有好幾個辦公室。蘇凡安排在卡達首都多哈與卡達國家安全首長會面。在齋戒月的一個週五下午，他和戴夫抵達多哈，計畫日落後與這位官員會面。他們從晚間六點等到午夜一點，這位官員並未現身。第二天他們又從晚間七點等到午夜三點，依然未能如願。

到了第三晚的午夜一點，這位官員總算到了。戴夫把他試圖協助的五位人質傳單拿給官員看：佛利、索特羅夫、卡西格和穆勒遭到所謂的「伊斯蘭國」（簡稱ISIS）挾持，科蒂斯則是遭到基地組織分支努斯拉陣線挾持[8]。

卡達官員的目光停留在科蒂斯的照片上。

「他說，『噢，我知道這個名字。我正在努力處理這個案子，我可以把他救出來。至於被伊斯蘭國挾持的這些人，我就不知道了，因爲我們與伊斯蘭國沒有任何關係。』」

「我問，『你願意這麼做嗎？』」戴夫說，「他說，『是、是，我會這麼做。』」

卡達人說服了努斯拉陣線，沒有付贖金，就將科蒂斯釋放了。戴夫說，科蒂斯獲釋的那個晚上，有位美國聯邦調查局幹員奉派到約旦邊界接他；不過根據戴夫的消息來源，並不是那個邊界。戴夫通知美國聯邦調查局，科蒂斯會越界到以色列。兩天後，戴夫收到來自卡達聯絡窗口的簡訊：「完成了。」

8 譯註：努斯拉陣線或稱「敘利亞支持陣線」，爲敘利亞反政府組織，後爲撇清與基地組織的關係，更名爲「征服沙姆陣線」。

「令人快樂的一刻！」他回想，向後靠著椅子大笑。從更黑暗的時刻短暫歇息：一週前，他看到詹姆斯・佛利遭斬首的影片。

「音樂劇《瑪姆》（*Mame*）當中有一幕，」戴夫說，「原本大家都很消沉，接著爆出歌聲：『我們需要點聖誕氣氛，就在這個時刻。』這首歌整天在我耳邊迴響。我知道這樣的事即將發生。然而我們眞的需要一點聖誕氣氛，非常需要。就算剛失去吉姆（佛利），殘酷依然會再降臨，後來也確實如此（索特羅夫亦遭到殺害）。此時此刻給我們一點聖誕氣氛，我們眞的很需要。」

其他的人質都不幸喪生：男士都在影片中遭到斬首，穆勒則在被伊斯蘭國囚禁期間死亡。自從將近三年前聽到吉利斯遭到挾持的消息，我的哥哥每週至少花四小時試圖營救人質，還加上四處奔走：三趟到卡達、一趟到比利時、一趟到倫敦、一趟到伊斯坦堡。

「這些行程加起來還不少。」他說，指的是時間，不過也包括金錢。他不僅自費去這些地方，還三度在華盛頓接待這些家庭，甚至幫忙支付部分家屬的旅費。

「你爲什麼願意這麼做？」我問。其他媒體同樣有錢、有研究能力、有關係，可以找尋人質，但是他們並沒有這麼做。戴夫說當他見到這些家屬後，他沒辦法不幫忙。

「如果你的孩子死於癌症，歷經的過程或許一年、甚至兩年，情況時好時壞，但至少你在孩子身邊。」他說，「不過遭到挾持，你不會有孩子的任何消息，除了得知他遭到水刑、持續受到鞭打和電擊，接著有一天在影片中看到他被殺害。眞的很難不感同身受，把自己置身於這些家屬的處境中。」

我指出這樣的同理心，是利他主義不可或缺的要素。不過戴夫堅持他並不是利他主義者，因爲他發現這整個過程令人著迷——研究、追蹤、找出人質在哪裡、與幹員及間諜見面，在不違反美國法令下，找出解救這些年輕美國人的方法。他相信這些與更純粹的意圖互相抵銷了。

「如果你問，『這麼做好嗎？』我會說，『這麼做很好。』」戴夫說，「不過如果你問，『這是自我犧牲嗎？』我會說，『不是！』」

「你從不期待得到稱許。」我說。

「不，這並不歸功於我。」

「沒有人給你錢去做這些事，你甚至還要自掏腰包。」

「我的意思是，錢我有，」戴夫說，「你無法付錢給我，使我得到滿足。現在吸引我的，是我真正感興趣的事，有點類似參與社會運動，一群人有著奮鬥的目標。對我來說，這才真正引起我關注，讓我覺得一切都值得。」

我告訴他，我不同意他的觀點。福瑞德曼也不認爲如此。

回想福瑞德曼的看法，傳承創新是特定時期所表現的利他主義：在中年時期或之後不久，當你的生命還很活躍時。福瑞德曼指出，戴夫歷經多年努力，建立自己的成就、聲譽和財富，現在才有這樣的本事，營救兩位年輕美國人質的性命。

「也許當他還是斯沃斯莫爾學院大三學生、參加成績優異學生測驗時，就想要這麼做，只不過當時他什麼都不知道。」福瑞德曼這麼陳述。他和戴夫都是斯沃斯莫爾學院校友，是小戴夫五屆的學弟。「不過他現在的地位，可以整合他生命的各個部分——發展出來的研究專長、過去建立的人脈及財務資源——以最終可能帶來最大貢獻的方式組合起來，即使成果不若創辦諮詢顧問公司或是經營《大西洋月刊》這麼廣為人知。」

當然，並不是所有人的傳承創新都能夠達到偉大地步，不過無論成就大小、是營救人質還是教導兒童閱讀，皆可讓人深感欣慰，也同樣源自相同動力。此外還有一種內在動力，同樣來自中年時期的焦躁不安——在埋首於日常工作的瑣碎後，舉目四顧，你是否疑惑生命不應僅僅如此。

至少對我是這樣。

第10章 重塑熟齡世代工作的意義

十月

幾年前，哥哥和我在爸爸搬家前協助他打掃公寓。整理檔案櫃時，我看到幾個檔案夾上面標記著「芭比」，裡面有我泛黃、字跡依然清楚可讀的幼稚園成績單。

「我們讀故事書時，芭比總是專心聆聽，並就人們為什麼要做這些事提出疑問。」老師這麼寫，又加上：「她使用剪刀很靈巧。」

暫且不考慮剪刀這部分，最終我會從事什麼樣的工作，由此就可以找到蛛絲馬跡：以問問題和說故事為主要工作的記者。事實上，許多同為記者的朋友告訴我，他們童年時也有相同的傾向。大學畢業後，我在《基督教科學箴言報》擔任低階的文稿編輯，無疑是進入了正確的專業領域。這些興趣與才能，是自我認同的核心部分，成為我數十年後有所貢獻的根源。

不過正如因為結婚、生子，你需要一間更大的房子，雖然你可能仍住在同一個地區、郵遞區號相同，地址卻已經有所變更。而隨著需要、優先順序及興趣開展，重新思考你的職涯也是很自然的事。這是中年美妙卻也可怕的部分。在美國全國公共廣播電台工作初期，我發現廣播新聞的要求——現場報導、立即回應最新發生的事件、放下一切去追逐新聞——雖然令人非常興奮，卻也耗損了我大量的情緒和體力。十幾年來，爲了建立自己在全國聯播報導的地位，我逃避了心中叨叨絮絮的疑惑，使盡全力投入工作之中。然而不久前的某一天，我卻開始自問：我有可能微調自己的人生劇本嗎？我可能在生命中，提升早在幼稚園就可以看出端倪、自我認同核心元素的比重——好奇、聆聽、說故事，以及運用這些技巧去吸引人們關注重要觀念——並且降低我已經不希望或沒有精力去做的部分嗎？到底怎樣才能做到這些？

二〇一三年十月，這些問題已累積到關鍵的臨界點。

數以百萬計的人發現，自己面對著同樣令人不安的問題。中年挑戰的其中一部分，是仔細檢視過去的劇本——家庭和社會爲你撰寫的，而你也循此滿足其他人的期望——看看是否需要修改。依照核心自我認同，亦即你的才能、熱情、人格，量身打造新劇本，發展出自己的目標。對有些人而言，這意味著大幅修改，找出一組新的角色，前往全新的地點。對另外的人來說，這代表將自己的精力朝稍微不同的方向引導，藉此帶來更多的意義和活力。

五十歲時，職涯全盤轉向，可能讓人覺得險象環生，因此許多人，或說是大多數人，並不會愉快地漫步走上這條道路。我們當中最幸運的人，發現工作已經爲他們帶來了滿足，想不通自己爲什麼需要離開。其他人若情況許可，也願意隨順自己的熱情前進，不過因爲大學學費、房屋貸款、照顧父母或子女或兩者，使他們不得不留在目前的工作，至少現在是如此。另外還有些人只是單純因爲恐懼而停頓，這情有可原，因爲就業市場對中年轉職不見得抱持友善和包容的態度。

不過還是有許多人對工作充滿新的想像，從中發現全新的活力與喜樂，値得爲此做出犧牲。透過採訪與通信，我花了一年時間蒐集了數十個人的故事，他們在擔憂與障礙的叢林中篳路藍縷，開拓了自己的新天地。如同你可能預料到的，人生目標的轉換是種藝術，而不是科學；是心理學，而不是神經學。請容我從哈佛商學院當中提出一些改變的個案研究。

勇於破壞工作的舒適圈

比弗莉．瓊斯把茶、牛奶和糖擺在我們面前。我暗忖這個餐桌旁，曾出現過多少出乎意料的人生重大轉折。清新的十月天，南西．奧古斯汀（Nancy Augustine）和我，爲此到了位於華盛頓特區住宅區一角，一幢雅緻的住宅中。南西的筆停在筆記本上，我的錄音機正在轉動，我們期待在此經歷轉變。

瓊斯經營「路徑通暢顧問公司」，指導了數百人走過職涯轉換階段。奧古斯汀四十八歲，是喬治華盛頓大學客座教授，合約將在學年結束時期滿。她並不在教授終身職的職涯軌道上，不知道自己後續可以做些什麼。接下來六個月，南西將與比弗莉重新展望自己的未來，探索大學教授從未考慮過的職涯途徑。

「我不想只是輕鬆度過餘生，」南西說，「我可以再工作三十年。我希望在決定了我適合做什麼工作時，便扮演主動積極的角色。」

比弗莉從記錄南西的過去開始：詢問她高中和大學的情況，父母的價值觀（「他們教導我，沒有任何使命比公共服務更崇高。」），曾經做過的工作，個人與職業生涯的轉折。南西在兩方面很幸運：第一，在離開目前的職位之前，她還有一段時間，也就是九個月後才會失去現在的工作。第二，而且這是關鍵，她已婚，配偶有工作。這兩個現實給了她喘息的空間。

南西四十歲取得博士學位之前，大多從事都市規劃工作。這位公共政策與公共行政教授，如今對於自己的焦慮非常坦率以對。「我感覺時間漸漸在流逝。」她一度這麼說。

比弗莉仔細端詳南西，想要從她的臉部及身體語言找到線索。比弗莉相信，從一個人的過去讀取心理主軸，有助於此人朝更可充分發揮潛能的方向邁進。比弗莉自己也曾跨越這樣的情緒橋梁。十幾年前，她在一家能源公司擔任高階主管，公司被併購後，與其在能源產業再找一份工作，擔任法務顧問，她自問：「我的職涯主軸是什麼？每天去上班時，能帶給我活力與喜悅的是什麼？」

「令我驚訝的是，我喜歡當律師，但是那與法律無關。」比弗莉回想。她喜愛的是擔任年輕專業人士的良師，幫助他們培養領導才能。於是，比弗莉成為一個職涯教練。

「我找到一種方式，能夠把自己熱愛去做的事轉變成職業。」她解釋，同時也打算幫助南西這麼做。

比弗莉緩慢且巧妙地詢問南西，她如何定義成功的職涯，以及她如何定位自己。南西面露光輝地描述自己嘗試制定地方政策，為在喬治華盛頓大學講授的課程規劃教學內容，或是指導學生。不過有些時候，南西的聲音變得平淡，聽起來充滿疲憊，似乎承受著不確定的重擔。

「成長過程中，我以爲自己的職位必須不斷升遷，直到爬上最頂端。」南西說，「我有能力可以成爲頂尖、而且也應該如此，爲此我必須盡全力工作，成爲其他女性的優秀楷模。另一方面，我懷疑自己是否仍有這麼多精力，還能夠繼續追尋這些？或是我可以走向一條較不費力、卻一樣有意義的路？」

「讓我們宣布，你已經在巔峰了。」比弗莉說。此時，我們可以一窺商業界所謂的「破壞」：挑戰南西對成功所持有的階層概念。「如果朝巔峰努力變得不再有意義，你希望能做些什麼？」

「這個問題令我驚訝，」南西說，「我從來沒有想過這些。」

我點點頭。十多年來一直有個疑惑糾纏著我不放，現在比弗莉把它說出來了。四十歲時，我發現自己寫作的水準永遠不會與大衛．布魯克斯（David Brooks）或史蒂夫．科爾（Steve Coll）相當，廣播報導的技巧也不可能跟艾拉．格拉斯（Ira Glass）或艾德華．默羅（Edward R. Murrow）一樣好。[1]

1 譯註：David Brooks爲《紐約時報》專欄作家，並在美國公共電視網節目《新聞時刻》擔任評論員。Steve Coll現爲哥倫比亞大學新聞所所長，著作《私人帝國》（*Private Empire*），獲二〇一二年「英國《金融時報》／高盛年度商業圖書獎」。Ira Glass自一九九五年主持廣播節目《這就是美國生活》（*This American Life*），二〇一四年進入美國廣播名人堂。Edward R. Murrow是美國廣播新聞界的一代宗師，爲哥倫比亞廣播公司著名播報員，二戰期間他對德軍進占維也納的報導，被視爲廣播史上第一次「現場直播」。

我知道自己有才華，也可以聲稱有一定次數的美國全國公共廣播電台「車道時刻」（driveway moments），讓人們因爲坐在自己的車子裡聽我的報導結局如何，以致上班遲到或延遲了晚餐。不過這些作家及播報員，他們的本事屬於另一個國度，處在天才的境界，他們所寫的、所說的，不僅提供資訊和娛樂，也塑造（或挑戰）幾乎所有讀者或聽衆的世界觀。

有超過十年的時間，我以爲只要自己更努力，就可能達到那樣超凡或至少美好的境界。我頑強的堅持，不斷的奮鬥，卻籠罩在徒勞無功的陰影下。我以無法與這些記者相較量來定位自己，發現自己落入漫長又可悲的衰頹中。瓊斯的建議對南西和我都適用，我猜想對其他中年人也是如此：把眼光從人生階梯的更上一階轉移，因爲那一階距離我能力所及遠了一些；然後朝地平線望去，看看自己獨特的貢獻。結合說故事與聲音的工作最適合我——或許沒有人能夠像我一樣這麼做。

比弗莉接著轉向處理動力的問題。當你待在一種職業中一段時間，便很容易看到自己毫不嚮往下一個機會或階層。

「『噢，我就是找不到再做一次的動力。我老了，這到底是怎麼回事？』這麼想並非例外。」比弗莉解釋，「缺乏動力的感覺，實際上可能比較像是無趣、不再讓人興奮、或是缺乏新鮮感。你的學習停滯了。」

「我十分贊同這個說法，」南西點頭說。她表示，在喬治華盛頓大學教書有如「一股新鮮的空氣」，不過因爲教學聘任合約無法延長，光想像自己又要回到先前的職涯，在政府或非營利組織中工作，這樣的前景讓她感到厭煩又無力。

「我覺得自己面對的是某種無聊感。我陷入了一成不變的窠臼之中。」

南西攀登「學術研究與都市規劃」這座山很久了，原以爲這是山脈中唯一的一座，不過再過去一點，或許有座山，更適合她四十八歲的人生。比弗莉鼓勵南西舉目看看，從這座山、這個職涯軌道，環顧四周的山巔，或許另一座山才是她目前生命所需要的。比弗莉建議下次見面前，南西先以腦力激盪的方式，想想自己可能有興趣的職務或組織，拋除疆界、揭開縫隙，探索自己從未夢想過的可能性。

比弗莉又投下第二顆「破壞彈」。長久以來，南西看待自己是政府或學術機構的一員，然而比弗莉建議她，在腦海中將自己重塑爲一獨立個體。

「開始把自己當成一家企業，有如提供某些產品的創業家，」比弗莉說，「你的品牌是什麼？你可以提供什麼？誰是你的潛在客戶？我們如何對他們行銷？」

南西看起來十分困惑，我的鏡像神經元則發出訊號：想像自己是需要行銷的品牌，換作是我也一樣會退卻。

「這讓人有點不知所措，」南西說，「不過我需要了解自己有哪些與眾不同。當我描述自己的長處，諸如領導、管理、研究等等，都屬泛泛之詞。好吧，我覺得自己有點普通。但是我知道自己並非只能如此，我只是需要更精確地指出自己的獨特之處。」

「一點也沒錯，正是如此。」比弗莉說，「這麼做令人恐懼，而且非常、非常困難。」

找出自己的「品牌」，是以行銷學的術語來描述心理深層的一面，藉此辨認出自己獨有的身分、才能、人格特質、傾向與經驗，而這些都是界定人本質的元素，特別是在中年時。不過這個洞見要到後來才會浮現。

我對南西的故事非常感興趣，因爲她的情況與我的對應。我感覺得到自己迄今爲止的直線路徑，即將要來個轉彎。有些記者力求引人注目的新聞：衝向火災現場或地震震央。我曾希望自己也是如此，不過在花了三十年嘗試改造自己之後，我必須承認自己並非這樣的人。我確信多年來面對截稿期限的壓力，直接導致我的聲帶持續疼痛。

不過美國全國公共廣播電台已經成爲我的認同與名片：當我與人初次見面、在自我介紹時，這是我提到的第一個細節，我也十分以美國全國公共廣播電台爲榮。我怎麼可能會考慮拋棄這份舒適的職業生涯，以及對我如此合用的身分認同？不，我不是這項探索的目擊者。我害怕得要命。

引爆中年時轉換職業跑道的因素

並非所有人都會以這麼浮誇的方式，描述對改變的渴望。不過我猜測，中年時幾乎所有的人都有這種感受，至少在我認識的人當中，從年輕到年老的路途上，在某一個時點都會嚮往「更新」。瑪希．艾波赫（Marci Alboher）深入思考，什麼會驅使人做出可說是人生中最令人畏懼的決定之一：展開新的職涯。艾波赫是《安可職涯》（*The Encore Career Handbook*）的作者，自稱是「連續職涯再創者」。從她還是位年輕律師，在紐約專事廣告法時，就已開始「再創」。

「我是這樣的人，我會對客戶說，『嗯，這完全不道德。你爲什麼會希望那麼做？你是在欺騙顧客。』」她回想道，「我不適合這樣的工作。」

不過艾波赫繼續留在這條路上，因爲還沒有到達她所謂「早發安可時刻」。直到有一天，這個時刻出現了。她在里約熱內盧的海灘上晒太陽，享受兩年來第一次的假期，此時電話響了。老闆告訴她，有位客戶的案子很緊急，她可否搭下一個班機回來？

「就在那個當下，我知道自己不會回去。」她說，「我很確定，也知道回家後我會離開那份工作，找到一個與自己的價值觀更相符的工作方式，並且讓我以它爲榮。」

從這裡，我們看出使人離開原本職業的一個觸發點：良知的危機。艾波赫離開公司，生活一切從簡，並開始從事與職業再創相關的寫作。最後她出版了自己的第一本書，爾後在《紐約時報》寫部落格。有好幾年時間，她享受著從事夢想中的工作，直到自己又面對第二個觸發點。她稱爲「終點站」，是指到了職涯的最頂端，你已不再成長；或是另一個極端，職涯把你拋諸腦後——實質上終結了你的職位，或是藉此比喻工作上的巨變大到即使你接受再訓練都無法跟上，或是你選擇不改變。就艾波赫來說，二〇〇八年經濟衰退，導致最可怕也最羞辱的情況發生：《紐約時報》不再刊載她的專欄。

「我首次真正面對許許多多美國人所經歷的，」她說，「我深知現在已走到終點站。我回頭看看自己過去所寫的專欄和部落格文章，有關在這樣的處境中應該做些什麼，然後試著採納自己的建議。」

例如告訴周遭人你在找工作，或是還在尋找正式職缺時，暫時先以臨時性工作銜接。後來她幸運地得到一個機會：《紐約時報》請她以專欄和部落格被迫取消的自身經驗爲主題，寫兩篇文章。接著她又接了幾個案子，最後獲得在Encore.org擔任副總裁的職位。這個非營利組織開創了一項社會運動，協助中年以後的人運用技能與經驗，改善社區及世界。

艾波赫也指出了其他觸發點，而且這些因素通常互相交疊。它們可能在任何時候出現，不過偏向在中年時發生。除了「良知的危機」與「終點站」，她發現人之所以離開原本職業，還可能是因為「枯竭」，那是一種揮之不去的感覺，讓你不禁懷疑，人生眞的就這樣了嗎？其他的因素還有「失去或危機感」（死亡、離婚、疾病）突然改變了你的觀點，以及「延遲的夢想」。除了「良知的危機」，其他四個引爆改變的因素，我看到自己的人生中都有。

如果你年過四十，我打賭你在自己身上，至少看得到一種觸動改變的因素。如果你年過六十，卻宣稱自己從未體會上述當中的任何一項，那麼你眞的非常、非常幸運。如何處理這些觸發點，從全盤翻轉，到微小卻有意義的微調都有可能。

找到重塑自我的勇氣

布爾看起來出神、平靜，試圖享受當下的一切愉悅。牠穿著黃色救生衣，奮力地划動四肢逆流游泳，想要拿到一袋點心。牠是條老狗，黑色拉布拉多犬，鼻子上有一圈白。不過這一個小時，牠不需要因為關節炎而一拐一拐的走。牠的主人瑪麗坐在狗療水池旁，眉開眼笑地看著布爾，猶如一個以牠為榮的快樂母親。有個人與布爾一起在水池裡，懷抱著牠，將牠的鼻子保持在水面上，偶爾會把牠拉回來，這麼一來，若牠想要拿到點心，就需要花些力氣。她是全國最成功的女性律師之一，或者說曾經是——在她爲了狗而離開法律之前。

蘿瑞．布雷薩拉．杜普瑞爾每週最多花上三十五小時在這個約十四平方公尺的小小水池中，這是專爲絡繹不絕的狗與寵愛牠們的主人所設計的。陽光自落地窗灑下，再從磁磚上反射，帶給這個小小房間義大利式的優雅氛圍。蘿瑞五十歲，表情豐富，似乎隨時都會開口大笑。可能因爲我知道她有多麼成功，從微笑中，我看得出她聰慧過人：她衡量過代價，毫不在乎這樣的職業轉換看來有多麼古怪。我最喜歡的就是這種精神，大膽無畏卻又能屈能伸。

蘿瑞在德州的亞瑟港長大，從小就知道法律是她的人生目標。父親、哥哥、甚至表哥，全都是律師。因爲「缺乏想像」，她也步上同一條路。不過她的表現傑出，最後加入菸草公司菲利普莫里斯，外派香港、瑞士，後來又讓她回到美國，帶領一組律師，支持菸草公司遊說等工作。她是公司裡少數的女性高階主管。

四十歲左右，蘿瑞覺得自己身心枯竭，對於「每天有如發射出去的大砲」感到倦怠。「早上我會對自己說，我想我還可以再撐個幾年，」她在兩堂狗治療之間告訴我，「不過我會賴床到最後一刻。我的熱情盡失。我可以告訴你，客觀而言，這眞的是份很好的工作，但是永遠無法讓我到達快樂的境界。即使我可以繼續往上爬，內心卻毫無喜悅可言。」

四十二歲時，蘿瑞知道自己必須離開。但是之後要做什麼呢？她沒有嗜好，缺少燃燒的熱情。她所做的一切皆是爲了工作。接著有一天她發現，能夠爲她帶來快樂的，除了丈夫之外，就是照顧自己所愛但卻病重的黑色拉布拉多犬庚尼。當她仔細考慮這麼激進的一躍時，理智起而反抗了，畢竟未來幾年，她即將進入收入的巔峰。金錢與影響力是如此誘人，直到吊床壞了那一刻。

那天是週日，美好的九月天，最適合下午躺在吊床上閱讀《華盛頓郵報》。當她坐下來，吊床的支架裂了。

「吊床的支撐彈射出來，打到我的頭，我從吊床摔到地上。」蘿瑞說，「我不知道自己不省人事有多久，當我醒來，到處都是血，因爲頭部受創會大量出血。」

被打中之處只要朝這邊偏一點，她的一眼就會失明；往那邊一些，她可能就死了，或是腦部受重傷。這個危機，亦即蘿瑞的觸發點，去除了她對離職的疑惑。

「我以爲自己有時間把一切都想清楚，卻從未想到自己在後院閱讀《華盛頓郵報》可能就此喪命。」她說，「我腦海中浮現的問題是：我打算等多久才要開始過自己想要的人生？答案看來是：不必太久，因爲在後院閱讀《華盛頓郵報》也可能讓人一命嗚呼。」

蘿瑞發現自己的熱情在照顧狗方面，比對訴訟或制定法令都多。她待在獸醫院的時間不知凡幾，知道很多狗需要做水療，但是當地專供狗使用的游泳池卻很少。她也知道當地有許多夫妻，子女已經長大或沒有子女（與她相似），很樂意花錢讓自己的老狗暫時舒緩疼痛。蘿瑞和丈夫賣掉房子，買了新家，有足夠的空間可以蓋室內泳池。這還算簡單。說服朋友和同事她沒有發瘋，反而比較困難。許多人無法理解她的新工作有什麼意義。

「對我來說這很諷刺，不是嗎？」她一邊說一邊大笑，「我是菸草公司律師，老實說，他們看得出我在那裡工作的價值，但是卻看不到讓老狗覺得舒服些，讓牠們的媽媽安心，知道牠們直到臨終都過得很快樂，有什麼價值？」

理論上當泳池蓋好，顧客就會來。不過在經濟衰退期間，蘿瑞創業提供的治療服務卻不見任何顧客。到了五年前我們談話時，已經有二十五到三十五條狗，每週到她那裡接受治療，收入是她擔任律師時的十五分之一。

「當你終其一生都領薪水，然後不再有人付錢給你，感覺有點怪怪的。」她說，「這樣的調適非常困難，也為我的人生帶來前所未有的新壓力。」

不過，她「沒有一天、沒有一分一秒」，後悔自己做了這個決定。回顧過往時她表示，中年轉換職業最難的部分，是鼓起勇氣停住。

「一旦你開始做其他的事，就會不斷地向前行。」蘿瑞說，「只要你走過那扇門，就會有愈來愈多門打開。如同我無法停止思考，現在我就可以告訴你，我還想做哪三件不一樣的事。」

然後，她微笑了。

「這絕對不會是人生最後一章。」

在一成不變的工作中尋求改變

「我會把中年定義為：你開始衡量未來的時間，並停止測度過去的時間。」霍華・史蒂文森（Howard Stevenson）如此觀察，「就是你一開始所說的：『我怎麼善用這段燦爛的歲月，以產生最大的效果？』」

史蒂文森是哈佛商學院最受愛戴的教授之一，已經退休了。二〇一二年一個風大的十月天，他在一九七七年畢業校友的三十五週年同學會中演講，重點一如過往：不管你多麼成功，都需要定期暫停下來，冷靜分析自己的職涯。特別是中年時期，或許已到了重新校準的時刻。

「我很訝異的是，這麼多有才華的人，所實現的成就卻不多。」他說。

對於一九七七年畢業校友而言，這樣的說法令人大吃一驚。從所有的標準看來，這是一群非常成功的投資銀行家、創業家、高階主管、不同領域的企業總裁。不過，史蒂文森並非以金錢或頭銜來衡量成功，而是勇氣、敢做敢當、願意重新開始而不是守成。

「擁有二十年經驗，與有二十次一年經驗不同。」他告訴我，「只做相同的事，不面對新的挑戰，人是不會成長的。」

史蒂文森指出自己多次翻轉職涯，從哈佛、企業、非營利組織，又回到學術界，甚至放棄商學院的終身職，因爲展望未來所看到的，嚇得他臉色發白。

「我訪問了一大群有終身職的教授，」他回想，「全都是同事和朋友，我請教他們：『你們覺得如何？』然而我發現，大多數人並不快樂，覺得自己被困住了。在所從事的工作當中，他們做得很好，但是二十五年來，他們都做同樣的事，有些人甚至教授相同的課程。我心想，還好那不是我。」

史蒂文森所講的觸動了我的生理反應，把我從來不敢承認的疑惑說出來，雖然不是大聲的說。新聞工作，特別是美國全國公共廣播電台，永遠都是我起初的最愛。新聞報導的內涵，諸如競選總統的曲折、深度報導的故事、喚起回憶的專題，都可以吸引你，終身繞著它運轉。不過，新聞寫作的架構，亦即如何組成一個故事，卻可能變成一種公式。實際上，依循公式或許是唯一可行的方法，讓你可以定期在很短的交稿期限內，匆匆打造一則四分鐘的廣播新聞，或是八百字的文字報導。史蒂文森促使我思索：擔任記者三十年，我擁有的是三十年的經驗，或者是有三十次一年的經驗？藉由另一種方式，可以引導我的好奇心與對故事的興奮嗎？這些都是十分個人的問題，同事或競爭者或許不願意考慮這些，但是我開始自問：我可以攀爬不同類型的山嗎？還是我太害怕，連看都不敢看？

改變是中年存在之必要

卡洛．史純格（Carlo Strenger）相信，大多數人在中年時變換跑道並不是一種享樂，而是「存在之必要」。

史純格是以色列的精神科醫師，就我看來，他寫出了對中年職涯轉換最有見地的論文之一。他指出這個改變，可能是外在因素所激起，例如失業，或是發現自己在工作中落入死胡同，前方已沒有路。對此轉變，每個人看來都不同。有些人的轉變出乎意料，可能是離開安穩的工作，從事新的職業；有些人的轉變則幾乎感覺不出來，例如將工時減少為每週工作四天，留一天擔任志工。不過他相信，即便中年時蓬勃發展而不只是虛度日子的人，最終仍必須加以改變。如果他們不這麼做，沒有採取任何行動，就必須付出代價。

「有些案例是遺憾，有些則是開始出現症狀，」史純格告訴我，「從身心症狀、憂鬱，到生理疾病的實質症狀，全都因心理困擾及痛苦所導致。」

史純格說，他有許多病人出現生理症狀，特別是胸痛。就我個人而言，我懷疑從事每日跑新聞的工作這麼久，加劇了我的聲帶持續疼痛，即使一開始不是由此引發的。

「如果人們不認眞探究自己希望做出哪種轉變，最後便會被強迫做出這些改變。」史純格說，「根本的觀念就是：不要等到這些轉變強加在你身上。請積極的採取行動吧！」

史純格並非鼓吹任何改變都好，而是必須基於現實，經過審慎的考量。

「我們都幻想要全然來個大翻轉，」他告訴我，「你知道，大衆媒體非常喜歡超級戲劇性的改變，例如律師轉行當廚師，醫師變成有機農夫，不過這些都是罕見的案例。」

史純格相信，人們在職涯中期時，會遭受兩種非常有力的迷思襲擊，以致必須行走在進退兩難之境：一旁埋伏著「錫拉」（Scylla），也就是因爲侷限愈來愈多而放棄自己，直到六十五歲時才憤而離場；卡里布迪斯（Charybdis）[2]則躲藏在另一側，即我們在中年時享有「無限改變」的幻覺，必須從頭到腳激進地轉變。

若你接受第一個，也就是比較漫無目標的迷思，那麼你很可能持續拖著沉重的步伐，直到退休。史純格說，幾乎沒有人可以承受得了這麼做，因爲現在退休之後，可能還有二十年、甚至三十年的壽命。他稱第二個迷思爲「魔幻轉變」，更加誘人、卻也更可能突然熄滅。史純格指出，在這兩者之間前進，方是最佳路徑。

「病人來接受治療時，我非常強調的一件事是：『讓我們看看你過去四十年、五十年、六十年來，由經驗證實並建立起來的資產與能力。』」史純格說，「讓我們看看如何將這些重新配置，以更符合你目前的需要，讓你更滿意。」

處於職涯中期的專業人士已經活得夠久，寫下的自傳也夠長，他知道自己的長短處，喜歡和害怕什麼，先天與後天學習的能力，所以應該指引他邁向下一個階段。史純格提出以下的概念，對我來說，幫助最大：德文的*Sosein*，意指「本質」，或是依史純格所翻譯，「正是如此，沒有其他。」

每個人與生俱來都「頑強地抗拒改變」，史純格這麼說，「想要成為自己人生的作者，就必須接受我們無法選擇自己是誰的素材。我們只能依據對優劣勢的清楚了解，選擇如何塑造這些素材。」

這是個帶來重大變革的觀念：在天賦才能、偏好、人格特質與技能所界定的範疇中改變。

「這要怎麼做？」我問史純格。他以亞伯特為例，他是一位銀行經理，不顧一切地想要離開自己的工作。亞伯特的夢想是拍電影，史純格卻認為那是「幻想」。不過當他們探索電影業有哪些地方吸引亞伯特，卻發現並不是因為亞伯特深深渴望能擔任電影演員或導演，而是希望自己周遭都是有創意的人，並且制定策略來實現藝術概念。最後，他遇到一群演員和製作人想要自行成立媒體公司，他們有創作才能卻沒有管理或募款的技能。亞伯特有這些，並很高興能將他的技能和抱負結合在一起。他不必拋棄自己的能力，只需要改變用途。

2 譯註：Scylla及Charybdis皆為希臘神話中的女海妖，盤據墨西拿海峽兩側，前者出沒於義大利本土側的岩礁，準備吞吃水手；後者則變身為西西里島海岸側的大漩渦，凡捲入的船隻都會滅頂。

找回工作的初衷

若要我猜猜瑪提・楚奈爾的「本質」，亦即她的核心是什麼，我會說：療癒者。她的父親是醫師，是從早年黑白電視節目中，我們會回想起的花許多時間在病床旁陪伴病人、傾聽他們故事的那種醫師。瑪提成爲醫師助理後，得以從事這樣的治療，聆聽病人所述，用心也用腦。然而過去二十五年來，瑪提提供基層醫療照護的工作，墮入「乏味的地獄」中，工作環繞在數字間：特別是指每個工作日，她能擠進多少位病人。她每天看二十位病人，病人滿意度總是獲得最高評價，然而生產力卻是最低的。

「你知道，我不認爲人的故事，單靠塡上一筆筆資料就能代表。」瑪提說，「這麼做，扼殺了我的精神。我覺得自己快要滅頂了，我必須成爲一個不像自己的人，因此我需要做些別的事。」

當她的三名子女離家（離婚後，她獨自撫養他們），瑪提總算有機會暫停一下，思索如何找回初衷——傳統提供治療的方式。她接受聘請，到阿拉斯加北冰洋中的北極星島診所工作。「我步下飛機，氣溫是攝氏零下四十度、風速是每小時六十四公里，」她一邊回想、一邊大笑，「我在想，自己來到了哪個星球？我做了什麼？不過同時也很興奮，因爲這眞是個冒險。」

她的診所是專爲普魯德荷灣油田的六十位工作人員及家屬所設置的，她連續工作三週，接著休假三週，飛回猶他州。她回歸到職業的本質——病人比數字重要。

「如果有人需要談談，我們可以談談。」她說，「如果需要進行詳細檢查，我可以請他們躺下來，開始做靜脈注射。診所提供全方位的服務，我可以一對一花時間替他診療。能夠這麼做眞的很幸運，和之前有著天壤之別。我稱爲『天賜之福』。」

與許多人類似，楚奈爾經歷了好幾個觸發點，才決定離開在猶他州的工作：當然有枯竭、良知的危機，但是她也到了職涯的「終點站」。醫療科技大幅改變了她的例行工作，因此她選擇尋找另一個方式，不再單調地快速奔走。實際上，飛躍發展的科技正襲擊每一種專業。

瑪提很幸運：她受過訓練，所屬的產業永遠歡迎她。一大群嬰兒潮世代的人變老，確保了醫療照護產業（從護理師、外科醫師到心理學家）需要相關專業人才全數地投入。對於想要尋求轉換職業，或以原本職業爲支點調整方向的人，也可以嘗試其他有前景的產業：諮商、法律、編輯、教學、職涯輔導、整個非營利部門——任何需要智慧、經驗與圖形辨識的工作，都值得詳細了解。

在轉變的過程中重拾自由和意義

安靜的、在許多對話當中——與史純格及史蒂文森，與重塑及更新自我的人，他們突破了無趣和恐懼，找到更崇高的目標——我心深處漸漸潛入一個微小的想法。也許你也可以那麼做。一開始好似耳語，不過一旦承認，我的希望與顧慮之聲便愈來愈大，直到變爲合唱，唱個不停且四面環繞，讓人無法強迫它們不出聲。

左邊的音響大聲送出的是負面因素，把我推出美國全國公共廣播電台的大門。雖然我喜愛廣播電台與自己所做的一切，但我已來到一個門檻：持續地疼痛（截稿期限的壓力讓疼痛更加惡化），一方面使我確定自己不適合擔任重大新聞的記者，一方面我又害怕自己永遠只能是廣播電台宗教領域的記者。這些掛念縈繞我心。

右邊的音響所發出的是音調較高、較悅耳的顫音，快樂的可能性吸引我邁向新的歷險。我喜愛撰寫自己的第一本書《上帝的指紋》（*Fingerprints of God*），以自己的口吻，描繪自己與他人靈性旅程的自由，無須擔心聽起來必須如實客觀。我知道自己在那本書中還未臻熟練的長篇敘述文體，然而這樣的挑戰讓我感到興奮。我主要希望嘗試的是非常困難且原創的東西，唯有自己才能成功實現。我無法精確地說出它是什麼，不過我知道大概的範疇，也相當確定若依循現在的路徑，我不會找到。

每位我採訪過的人，似乎都找到了自己眞正熱愛的工作。我也勇於這麼想：「爲什麼那個人不是我？」自己的報導，引我入勝，藉此我了解到自己無意於全面重塑，而且我非常喜愛問問題和說故事。不過對於類似楚奈爾這樣的人，我則感到好奇，他們以自己的核心優勢爲中心點，進而將自己轉到不同的方向，在此過程中不但找到自由，也獲得意義。

選擇人生下半場的工作

我回溯自己首度一瞥「安可職涯」，是在加州海灣小鎮蘇沙利多一個燦爛的二月天。在由Encore.org主辦的安可運動年會中，我鬆了口氣，覺得自己很幸運：我是當中最年輕的人之一

（這樣的事會愈來愈罕見），幾十位快樂、有目標、樂觀的人環繞著我——通常不會把六十歲以上的人與這些形容詞聯想在一起。

負責這項會議的男士是馬克·福瑞德曼，他是Encore.org的創辦人暨總裁，被視爲是安可運動的創始者，其宗旨是將中年人和老年人，與有意義、可增進社會福祉的工作連結在一起。或者如福瑞德曼所說的，「熱情、意義與酬勞」。

福瑞德曼五十四歲，比多數參與者年輕，備受尊敬，受到達賴喇嘛才會有的愛戴。捲曲的白髮、金屬邊框眼鏡、羞澀的微笑，在一群人當中，不會讓人馬上注意到他。事實上，他飛快地逃離聚光燈，因爲有點弓著背，以致比實際看起來矮了些。

他對著焦躁、接近退休年紀、被拋棄、張皇失措的嬰兒潮世代，拋出了救生索，並且同時發出我們尚未過了有效期限的訊息。

「有些人的認同，與職涯緊緊綁在一起，接著便發現自己的認同有如自由落體般快速下墜。」他告訴我，社會對待他們的態度，猶如他們「只差一步就會變成殭屍」。

他認爲如此看待嬰兒潮世代，很可笑也很浪費資源。至少有一方面，他們與之前的世代不同：過去可以預期人們在退休後幾年內就會死亡，但是許多嬰兒潮世代退休後將再活三十年，時間幾乎與傳統的職涯一樣長。另一方面，他們健康有活力，還不想被送到佛羅里達州安養。最後（這點我自己也有發現），他們衡量歲月價值的方式，與年輕有優勢的同事不同。人生下半場的角色並不是在爲自己累積什麼（家庭、職業成就、房屋），而是開始給予自己時間、精力和才能。

「人們發現未來的年歲，比過去少了。」福瑞德曼指出，「在優先順序的調整上，他們比較專注在留下無形的資產，真正地活出榜樣。同時也領悟未來還有時間讓他們做些具有重大意義的事，而那些事很多時候是迫切需要的。」

看待這樣的人口統計，有兩種方式：一是嬰兒潮世代是個負擔，只會不斷提高國家的醫療照顧支出，一點一滴耗盡孫子女的未來；或者是五十五歲以上的人所提供的經驗與觀點，可視為無價之寶。福瑞德曼思考著，與其浪費這麼多智慧，為什麼不將它們運用於促進公共利益？

如果福瑞德曼在法庭中為自己的看法辯護，湯姆．考克斯將會是案例之一。我在年會中見到考克斯時，他六十三歲，粗獷的容顏，來自經歷了多年嚴寒的緬因州冬天。一九七〇年代，年輕的他來到緬因州，是位金融業律師，專事追討債務及資產沒收。一九八〇至九〇年代，全美國發生了信貸危機，考克斯發現自己竟把公司、甚至鄰居拉進法庭，強迫他們放棄抵押品贖回權或宣告破產。

「我變得憂鬱，我的意思是非常憂鬱，」他告訴我，「最後我離開了這個行業。」

他的婚姻破裂，失去與子女的一切聯繫，開始與朋友一起蓋房子，直到二〇〇八年經濟衰退來襲。當時他五十五歲。

此刻的考克斯什麼都沒有，只剩下時間。他參與了緬因州志願律師方案，這些年來無酬處理法律案件。他就當時剛開始的一項計畫提供諮詢，協助因為房屋即將遭到沒收而失去家園的人。巧合的是，過去他曾寫過一本有關如何在緬因州進行房屋查封拍賣的書。他接獲一個案件，有一家人即將失去自己的住處。

「美國國內最大的一些銀行，濫用法律制度的程度，著實令我大吃一驚。」他回想道，「我看到一家房屋抵押貸款公司 GMAC Mortgage 所提出的宣誓書都來自同一個人，就知道那是捏造的。你看不出來他們造假，但是我可以，因爲我曾做過另一方的工作。」

簡短地說，考克斯揭發了自動簽署的弊案。銀行聘人來宣誓，說他們審閱了支持借款人喪失抵押品贖回權的文件，即使他們並沒有這麼做，接著便創造了一個詐欺的資產沒收機制，把成千上萬人逐出家門。考克斯勝訴，美國國內最大的住宅貸款公司，包括GMAC、摩根大通和花旗集團，都暫停了抵押品沒收。

考克斯向來不是充滿抱負的律師，他並非來自身世顯赫的權貴家庭，年紀不小、不是電視名嘴，也不再處於事業巔峰。他不過是一位住在緬因州、六十三歲的金融業律師，卻改變了成千上萬人的命運。

「很多人以爲一旦到了六十幾歲，人生就結束了。」我觀察到。

「是啊，這是種迷思。」他大笑，「或許我無法像三十歲的人一樣拚命地工作，但是你知道嗎，我比年輕人知道的多得多，在這個體系所累積的經驗也更多。」

他停頓了一下。

「很難描述爲了公共利益，能夠有效地運用這些知識和技能，讓我感到多麼歡喜。」考克斯靜靜地說，「言語難以形容，這樣的經歷眞的很特別。」

考克斯偶然躍入自己的「安可職涯」，不過福瑞德曼相信，在五十幾歲、甚至四十幾歲時，就應該開始規劃自己人生後期的工作，給自己進行轉換的時間，這麼一來，你依然可以享受長達二十年有意義的工作。他堅持這是聰明的作法，畢竟除了少數有錢或幸運的人，我們大多數人在退休多時後仍然必須做點事。

「這比較不是選擇要工作或是三十年都打高爾夫球的問題，」福瑞德曼說，「工作得更久已不可避免，所以若是如此，問題在於：你要做什麼工作？那份工作能夠讓你認同、感到有意義、覺得自己的人生有價值嗎？」

還是你要奮力爭取你想要的——力抗嚴重的精力衰退，以及不斷湧現的年輕同事和新科技——繼續走在同一條路上？

中年能奉獻的智慧和力量非同凡響

福瑞德曼創立了一個組織，主旨圍繞在最足以代表中年的問題：如何運用尚餘的燦爛時光？這個問題糾纏了艾瑞卡・雪爾・卡斯楚許多年。當這股聲音從遠處傳來，大半時間她可以忽略，直到她再也無法這麼做。有兩項劇變，一個是快樂的、一個則令人恐懼，將這個問題放到她生命舞台正中央。

到了四十五歲，艾瑞卡養育了兩名子女，建立了自己的事業地位，生活步調緊湊。她為美國中西部一個大型醫院體系創設了一個方案，提供聽障及英語能力有限的人們傳譯服務，並成為其他醫院的典範。她在各種會議中演講，最後被一家希望透過影音平台提供醫院這類服務的科技公司挖角。

接下來幾個月，艾瑞卡的內在世界不再讓她以自動駕駛模式發展職涯。四十四歲時她懷孕了，讓她感到又驚又喜；生產後六個月，她被診斷出罹患多發性硬化症。在了解到自己未來美好的時日已所剩無多後（危機觸發點），她不希望再花時間頻繁出差，離開人生的重心——她的家人。

「坦白說，我不太記得大兒子的童年，因爲我總是在工作。」艾瑞卡回想道，「當時我正開始在醫院裡規劃這些方案，建立自己的事業。當我閉上眼睛，可能只會浮現一、兩幅兒子小時候的畫面，不過已經快要想不起來了。我心想，『知道嗎？我必須重新評估自己做的一切，爲人生、爲心靈，不管你怎麼稱呼它，重新排序，並以對我而言最有意義的事物爲優先。』」

她開始在大型免費分類廣告網站 Craigslist 上，尋找非營利組織貼文，其中一篇吸引了她的目光：爲宏都拉斯愛滋病毒測試爲陽性的兒童所設立的育幼院「光之山」，徵求執行長。那裡大部分的孩子一出生就被診斷得了愛滋病，有些是因爲家人無法負擔昂貴的治療，有些孩子的遭遇更悲慘：父母過世後，親戚便把孩子送到育幼院，因爲他們害怕跟孩子使用同一個餐盤或水槽，以爲會因此遭到感染。

「我的反應大概是，『嗯，我一直都想擔任育幼院的執行長。』」她回憶道，「我應徵了，並且接受第二次面試。回到家後我告訴丈夫，『我去面試一份工作，我眞的很想要做這件事，不過年收入大概會減少兩萬五千美元。』他說，『你知道嗎？如果你眞的想這麼做，我們會讓這件事成眞。我們可以停止有線電視服務、賣掉一輛車，不管需要做些什麼。』」

最後，她不必採取任何激烈的手段縮減家庭開支，科技公司的總裁提出，只要她每週一天擔任公司顧問，就願意補足薪水的差異，並保留她原有的所有醫療福利。對多發性硬化症病患來說，最後這點極爲關鍵。

現在，她運用自己在企業界工作時磨練出來的技能，包括專案發展、指導後進、策略規劃、領導，給被自己親屬拒於門外的孩子們一個棲身之處、藥物與未來。育幼院一開始提供安寧照護，但是有了新的藥物和療法後，這些孩子現在已經成年，離開育幼院、進入世界。

「每天醒來，我對自己得以這樣的方式繼續人生旅程，滿懷感恩。」艾瑞卡告訴我，「我不知道自己爲何如此幸運，所有的事都爲我安排得剛剛好。我想一部分原因是，感恩並有勇氣敞開自己，迎向新的機會。我擁抱改變。我的意思是，並不是所有時候我都這麼想，因爲其實我不喜歡混亂無章，但是我喜愛接受新的挑戰。」

她表示，多發性硬化症並沒有帶給她任何困擾，這點令她感到驚奇。我的看法是，這並非幸運，也不是難以理解之事。與考克斯類似，與年長者腦部裡盡是纏結和斑塊、卻沒有出現失智症狀（「逃脫者」）類似，我們擁有比自己所能療癒的更大目標。

中年職涯的微調

在職涯教練比弗莉．瓊斯的引領下，南西．奧古斯汀的進展飛快。過去兩個月，南西與比弗莉就南西如何創辦自己的顧問公司、讓退伍軍人有機會接受大學教育、或是培育及教導後進、或是找出留在喬治華盛頓大學的方法，進行腦力激盪。南西也很積極活躍，她邀人共進午餐，運用自己的人脈找工作、設計夏季線上課程。

南西也開始留意什麼事能讓她感到興奮，因爲熱情可能是指引職涯方向的訊號。她說每次看到高等教育轉變的文章，「我就會一字不漏地詳細閱讀，做筆記，圈出重點。我對此著迷不已。」最終這成爲關鍵的線索。

到了第三次見面，南西和比弗莉開始覺得進入新的階段：轉換鏡頭，從廣角鏡變成望遠鏡。

「現在我們希望收斂一些。」比弗莉說。她建議將南西的任務分爲三類：立即找工作；研究退伍軍人教育或線上學習；與人討論如何開創企業，並廣泛接觸喬治華盛頓大學的同事，看看有哪些機會。

「此時的祕訣是，當你來到了自然的停頓點，當你做了顯而易見該做的事，你便需要督促自己更進一步。」比弗莉說，「一旦你看穿表相，將有助於突破發生。」

人們總是偏好容易做到的事，只願意告訴讓他們覺得自在的人，自己正在找工作。

「許多人對於打電話給陌生人，或是請求不太熟識的人協助，感到難爲情。」比弗莉說，「人們傾向對此說『呃……』，接著便感到氣餒，或就此放棄，或是嘗試別的方法。在這些時候，當事情變得困難，你需要對自己說：『好吧，過去所做的只是平台，現在上場的才是眞槍實彈。』難就難在更努力思考，看得更廣，想得更遠，不再當井底之蛙。」

「接著就去打那通不容易撥出去的電話嗎？」我提議。

「去打那通不容易撥出去的電話。」比弗莉說，「我想，經常發生的是，當人們嘗試去做不易做到的事時，令人興奮的機會就會開始出現。去做不易做到的事，迫使你離開正常的軌道，新的想法和機會才會浮現。我們幾乎需要對自己半哄半騙，因爲所謂不易做到的事，有時聽起來很愚蠢。」

比弗莉說自己曾經應徵一份工作，是一家法律事務所在找稅務專家。即使自己資格不符，她還是寄了信。獵人頭公司回覆表示，雖然她不適合那份工作，但是讓她與另一家法律事務所搭上線。一週後，比弗莉收到成爲合夥人的提議。

我點點頭，提到將近二十年、在我進入美國全國公共廣播電台之前，電台聯播網出現一則廣告，徵求編輯部主管。雖然這份工作的層級，遠遠高過我當時的資歷，我還是去應徵了。新聞部副總經理打電話給我，幾乎立即拒絕我，因爲他看出來我志在想要出去採訪，而不是管理其他的記者。當然，他說得沒錯。六週後，我接到國外新聞組編輯的電話。

「她說，『你想不想在長假期間前來擔任短期編輯？』」我很高興的回憶道，「這是十八年前的事了，我因此得以進入美國全國公共廣播電台。我知道自己應徵的工作，遠超過我原本的職位，但是我明白自己想要在那裡工作。」

「訣竅就在於，朝一個不太可能發生的方向延伸，特別是當你不想這麼做或不認爲會成功時。」比弗莉說，「發展總是出乎意料，接著忽然變得清晰，因此當你回頭看時會這麼想，『爲什麼我等了這麼久？這是再明顯不過的啊！』不過我認爲當狀況還很抽象時，的確看不出端倪。」

比弗莉和南西討論接下來一個月的目標：南西需要思考自己的「品牌」是什麼，建立更多的人脈，透過商務導向專業社群網站LinkedIn接觸更多人，打電話聯絡不太熟悉的人，就自己的專業領域，開始透過推特或部落格發表見解，或在其他人的部落格上提出自己的看法。如果每隔一兩天，南西都能夠在上述幾個方面督促自己向前邁進，最後將如同烏龜跨越終點線，她也會找到自己的新職涯。理論上是如此，但是這些讓我暈頭轉向。

恐懼和習慣使人抗拒改變

在「哈佛教授俱樂部」的一間小型會議室中，十二位女士與三位男士安靜地等候。接近上午九點鐘，史瑞尼・皮雷（Srini Pillay）大步走進來。他的外表是反差的典型範例：戴著哈佛領結、卻穿著黑色牛仔靴，一頭亂蓬蓬的黑髮，有如突然被人從床上叫醒一般。皮雷同時在哈佛醫學院和商學院任教，並在這兩個領域中找到有利可圖的缺口：身爲神經商業集團（NeuroBusiness Group）的創辦人，他試圖運用有關大腦的發現，協助企業領導人了解自己爲什麼抗拒改變，以及如何克服這種抗拒。

「我想，期望其實在你們每一位心中。」他對著這群人說，「如果你眞的想把自己帶到轉捩點，我認爲你就會轉變。」

從此我們就開始賽跑。皮雷說話速度很快，幾乎讓你來不及思考。他爲人很風趣，舉止介於匆忙的創業家與有智慧的諮商師之間。他藉由比喻來描述大腦：恐懼中心、思考中心、行動中心、導航中心、會計師、衝突偵測器。他還提到「習慣地獄」、「記憶磁鐵」、「情境牢籠」。

這些概念來勢洶洶，有如春天融化的山泉。不過他還是頗討人喜歡、充滿熱情，把你捲入他所創造的尾波中，讓你不得不一起前行。

皮雷表示，大腦喜歡習慣（細胞一起發出訊號並連結在一起），厭惡改變。大腦鄙視衝突：它會推論就算到那裡，我可能會比較快樂，但是在這裡薪水很高。一般來說爲了解決這樣的認知失調，我們會傾向熟悉的人、事、物。他說，感受到進退兩難，最根本的原因即是恐懼，而大腦永遠都偏好已經掌握的，即使手中有的不過是隻骨瘦如柴的烏鴉，都比冒險進入叢林來得好。當杏仁核發出訊號，譬如在職涯中考慮採取冒險行動時，你也會傾向朝安全的方向跑。

皮雷說，想要離開沒有前景的工作，從事可能令人興奮的職業，需要把心智模式從「各就各位」轉變成「預備」；也就是，從只是空想卻沒有認眞的投入，轉變爲在起跑板上準備好往前衝。一直到你決定起跑，大腦會一直找出留在原地不動的理由。

「大腦會回頭告訴你，『好吧，你打算怎麼支付房貸？孩子才剛上大學，你怎麼負擔得起他們的開支？』大腦傾向把你拉回來，以解決這樣的失調。大腦會說，『你知道嗎？不要往前走，回頭吧！』」

他說，想要激勵膽怯的大腦，使它從停滯到前進的方法，是直接面對問題，朝著找出解決方式而努力。

「你必須對自己說，『好吧，讓我仔細看看。』」皮雷說，「我必須想想怎樣找到管理自己支出的方式，因爲一定有辦法。如果我對大腦說，『我想要達成這個目標』，當我提供大腦愈多有關想要前往之處的資料，它便愈有可能找出方法，讓我到達那裡。」

皮雷聲稱，大腦不喜歡冒險，更討厭模稜兩可。提供大腦愈多如何處理風險的資訊，例如「我們可以搬到小一點的房子，我還可以兼職擔任顧問」，它對改變就會感到愈放心。

審視皮雷的研究，理論上他的觀念聽起來有道理，不過並沒有受過太多實際測試。科學家測量過恐懼對大腦的影響，以及如何透過訓練來克服恐懼，不過這些研究以有恐懼症或焦慮疾患的人爲對象，而不是考慮諸如換工作或創辦非營利組織的人。皮雷似乎是第一位試圖將神經科學研究成果應用於職涯選擇的人。目前面對現實人生的窘境，似乎都落入精神醫學、而不是神經科學的範疇。

對我而言這是好消息，因爲皮雷是位很好的精神科醫師。

在下午的課程中，我發現了這件事。皮雷請每個人寫下「改變承諾契約」，也就是他（她）希望改變的一個習慣或生活方式。他們分成兩人一組，一位扮演導師，另一位扮演案主。我走向皮雷，想就上午授課當中的幾點問題，請他說明。最後我得到的卻是一個啓示，有如在情緒的洛磯山脈上上下下全速奔走，歷經每分鐘七十八轉黑膠唱片般快速的精神醫療。皮雷問我，是否也想試試其他人正在做的改變練習。爲什麼不？以下就是對話的精采片段。

皮　雷：好，你能指出自己生活中想要發生的一種改變嗎？

哈格提：是的，我可以。我想要一個比目前所擁有更能夠掌控的人生。

皮　雷：你希望這件事什麼時候發生？

哈格提：立刻。今天。

皮　雷：有什麼事情阻止你今天就這麼做？

哈格提：有啊，就是我的美國全國公共廣播電台記者身分……那對我而言是認同問題。

皮　雷：所以聽起來我們所討論的與長期記憶有關。我們在談的是，身爲記者的想法塑造了你的認同。有什麼其他方式可以重塑那樣的認同？

哈格提：嗯，基本上我是個說故事的人，這就是我在工作中所做的。我說故事。我在乎的是人們所關注的一些觀念，而我獲得他們關注的方式是好好講故事。如果以這樣的方式重新架構人生，我就不必受截稿期限所驅使。

（這時我停頓了一下，因爲除了對家人，我從未向任何人坦承這件事。）

事實上，我不在乎即時新聞或最新消息。我關切的是，在其他人得悉之前，人們從美國全國公共廣播電台、從我這邊所聽到的觀念。

皮　雷：好，你目前實際上面對的衝突是什麼？

哈格提：我認爲衝突來自害怕他們說「不」。如果我走進廣播電台，告訴他們，「你知道，我想要看看是否能以不同的方式從事我的工作」，我擔心他們會否定這個想法，一部分原因是目前的經濟情勢，還有一部分原因是他們可以找一個成本更低的人來取代我。這當中有經濟上的衝突。

皮　雷：這是你目前遇到的衝突嗎？

哈格提：好吧，並不全然是，因爲我的丈夫鼓勵我朝新的領域發展，嘗試在工作中創造新的認同，所以當中還有其他因素。我想我是害怕自己無法再說：「嗨，我是美國全國公共廣播電台的芭芭拉．布萊德里．哈格提。」這麼說能讓我立即獲得認可。

皮　雷：所以若你改以新的方式生活，有什麼回報？

哈格提：應該是身心健康。我的聲帶出現慢性疼痛，醫師認爲一部分原因是壓力造成，所以若我能不處在那種壓力下，對身體會有好處。

（這時，我把手舉起來，摸了摸自己的喉嚨。）

皮　雷：我注意到，當你談到自己的健康時，情緒比較激動，因爲你認清了當中的某些事。如果你今天或下週不作這樣的改變，你擔心的是什麼？可能因此發生什麼事嗎？

哈格提：如果不改變，我想最終我的身體會崩潰。喉嚨痛到這種程度，我不認爲自己的身體負荷得了。我覺得自己撐不下去了。這樣的後果很眞實。

只花不到六分鐘時間，皮雷就讓我面對自己的衝突，想像一個不再有疼痛的新生活。我有點震驚，但是也稍感安心了些。眼前有一位哈佛精神科醫師以獨特的方式看待我，而不單是我身爲美國全國公共廣播電台記者的角色。沒有幾個人會這麼看待我。少了新聞廣播緊迫忙亂的截稿期限，我還有可能說故事嗎？也許我不必爲此自刎。或許還有另一種生活方式。

對於想要尋求改變的人，皮雷建議可藉由正念靜心冥想，冷靜地觀照自己的恐懼。他也建議可透過「視覺心像」，想像自己身在新的處境中，有如跳水選手在做三重後空翻前先想像自己這麼做。

這兩種練習，我都沒有做，不過我很快就遇到一些人，他們找到了不需靜心冥想或心智鍛鍊就打敗恐懼的方法。

轉換新的工作前先測試水溫

我採訪過的專家，每一位都提出這個建議：在躍入新的職涯前，先試試水溫。擔任志工是體驗新職涯最快速且花費最少的方式。在提出辭呈前，可先參與環境非營利組織的委員會，或志願協助仁人家園當地分會的會計作業。若你非常喜愛這份工作，那很好；即使不然，你也還沒有斷了與目前雇主間的後路。

想知道所嘗試的新產業是否適合你，重返校園是另一個途徑，不過花費比較高。有些人立即開始求學，因為他們知道若想開始從事自己熱愛的工作，就必須取得新的學位。如果你考慮了所有的選項，知道自己的目標，那麼及早進行轉換，永遠都比拖延好。在中年時，你大概還有時間再進行一次重大的職涯轉變。

其他人依循的途徑則比較謹慎小心。艾爾．布尼斯在大學主修經濟，畢業後成為紐約的銀行家，最後在投資銀行高盛集團待了下來，專事資本市場與資金管理業務。

「我從來沒有熱愛過自己的工作，」他告訴我，「我就是對此缺少熱情，也從未自然而然地對它產生興趣。」

艾爾婚後與妻子琳育有兩子，也在紐約高級住宅區布魯克林高地買下一間公寓。他眞的無法毅然決然離開金融業。他考慮過其他職業：教學、廣告、政治、玩具產業、房地產、非營利的領域，然而沒有任何一項讓他感到興奮，直到一九九〇年代他們全家人開始參加鄰近的教會。

「我忽然覺醒，對自己和上帝的關係感到強烈的興趣，」他說，「我找到了自己一直以來所追求的。」

琳是一個實事求是的人，對於艾爾怎樣可以跟隨神聖的呼召，又能夠靠她一人的薪水支應所有的開銷，感到懷疑。爲此，艾爾選擇以緩慢漸進的方式成就自己的熱情，這麼做，讓琳鬆了一口氣。

「並不是有一天回到家，他就說，『你知道嗎，明天我要成爲牧師。』」琳說，「而是他回到家後告訴我，『嗯，我要去念神學院。』」

四十幾歲、有兩個年幼的孩子，艾爾在晚間學習聖經註釋學、參與教會牧養，並在出差行程之外，安排上課和寫作業的時間。對他來說，就讀神學院，讓他比較可以忍受在銀行的這份工作。

「我眞的不再拖著沉重的步伐前行，」他說，「我覺得隧道終點處有一道光。」

接下來有近十年時間，艾爾繼續這麼做，同時也保留自己選擇的餘地。直到有一天他與神學院的同學談話，當同學描述自己在教會實習的經歷時，艾爾發現自己「忽略了一點，頓時有如當頭棒喝，『我在做什麼？我在等什麼？』」他回想，「我一開始找教會、成爲神學院實習生，就知道這一切會很棒。」

艾爾擔任過渡時期主任牧師之後，與琳搬到邁阿密，現在他是普利茅斯公理教會主任牧師。

「人生中我首次覺得，這是我受到感動而去做的事。」

當我聽到這些「測試水溫」的故事，領悟到有位很熟識的人就是這麼做：我自己。

約莫十年前，當我了解自己不適合每天跑新聞後，便決定嘗試寫書。我喜愛長篇敘述文體，認爲自己的個性適合做這樣的工作：或許我是烏龜而不是兔子，不過鐵定是隻執著的烏龜。我幸運地找到經紀人願意與我合作，還有一位願意冒險的編輯。

撰寫第一本書那一年，是我的職涯中最愉快的時光之一。我找到說故事的新出路，運用自己多年的新聞報導經驗，容許我自行管理時間，聚焦在我關切的故事上。我覺得每次的採訪都很重要，因爲那會引領我看到自己認爲重要的洞察。

寫書假結束，當我回到廣播電台時，我已築好一條交流道，可以走下職涯的高速公路。在我的聲音出現問題後，另一條路的展望愈來愈吸引我。我對於自己創造的選擇，還是有點緊張不安；比起期盼可能永遠不會收到的版稅，留在新聞界、週週有薪水可領這條路，似乎安全多了。每當聽到有人告訴作者，「不要辭掉全職工作」，我便感到焦躁，因爲那聽起來是正確的。不過有個事實不斷呼喚我：我知道自己喜愛寫書。有如在水池中划槳繞了一圈後，我已等不及再回去這麼做了。

尋找支持的後盾

九月十七日星期二

美國全國公共廣播電台這週宣布希望縮減百分之十的人力，並且會提供最後看來相當慷慨的自願退職條件。你可能會想，我心裡應該很雀躍，然而我卻覺得自己背負著一顆滴答作響的定時炸彈。理論忽然變成現實，需要在下個月此時做出決定。這讓我想到「損失趨避」，意指人強烈偏好避免損失，多過獲得價值相同或價值更高的事物。突然間，前方烏雲隱約逼進，即使那是我自己的選擇。失去在美國全國公共廣播電台工作的陰影，比夢想的自由與新鮮的挑戰都大。我進入了皮雷所描述的領域。

我向戴文提及自願離職這件事，並且試著讓語氣聽起來像是隨口說說。

「你在考慮這麼做嗎？」戴文問。

「有一點。」我小聲地說。

他安靜了片刻。

「你知道，我希望你開始下一個階段。」

「不過我不想讓你覺得被困住了，」我提出異議，不過卻非真心實意，「而我卻自己跑去追尋夢想。」

「現在該輪到你去逐夢了。」他說，並指出長久以來我支持他維繫與女兒的關係，幫助他存下女兒的大學學費（即使在我看來，這麼做很划算，因爲我有了薇薇安這個繼女）。

「我們不會有問題的。」他說，「我希望你這麼做。」

我很想哭。

在採訪的過程中，我一次又一次注意到，轉換職涯最大的掙扎是必須獨自走過這一切。我與奧古斯汀相同，伴侶願意提供財務支援，給你喘息的空間，讓你更有膽量，得以冒更大的險。不過我發現單單是心理上的支持，就能緩和當中的衝擊。我聽過不少故事，獨自撫養子女的單親媽媽，孩子給了她們愛，以及尋找另一份工作的動力（即使失去了原有的工作），或是換到一個可持續發展的職業。

重要的是，有人跟你站在一起。

檢視自己的優勢

想要冷靜地看待夢想，最有效的方式就是大幅面對現實。在做出決定的關鍵數週中，我開始閱讀美國全國公共廣播電台聽衆寫來的電子郵件。如果你還想得起來，我曾在廣播電台的臉書粉絲頁上提出一個問題：「中年如何對待你？」十二小時內湧入了七百封郵件，把我的信箱灌爆了。當然，其中有幾十個鼓舞人心、滿懷盼望的故事，不過當我一一閱讀大量的郵件，便開始看到陰暗的一面。

讀了一封特別令人難過的郵件後，我這麼想：「如果這是美國的縮影，我眞想自我了斷。」

請別忘了，就人口統計特性而言，這些回應的人，是美國受過最多教育、見聞最廣的一群，然而有些人卻覺得十分絕望。

一位房地產開發商告訴我，他以車為家。有博士學位者，靠著食物救濟券過日子，除了教導佛朗明哥舞，再也找不到其他教學的工作。有多年經驗的業務員，現在擔任法律事務所臨時雇員，工作是幫忙接電話。

一位五十五歲的女士曾是銀行經理，二〇〇九年失業了。她在哥倫比亞大學取得永續管理的碩士學位，即所謂的「綠色」商業管理碩士。畢業後第一年最慘：她失去了自己的房子，需變賣一切才能應付開銷。第二年有點希望：她有幾個實習機會，也獲得幾個非營利組織及綠色企業委託，承接小型專案。因為她的母親答應讓她住進自己的公寓，又把一個房間分租出去，她才能夠活下來。我最後一次聯絡她時，即使她已寄出上百份履歷，並與哥倫比亞大學職涯諮商師合作，還是沒有找到工作。母親向她訴請收回租屋，所幸一個好心朋友的幫忙，她才能分租一處負擔得起的公寓。

她並不介意簡單過生活。「比較難做到的是，」她說，「放棄自己的盼望與期待，在自己最後有生產力的二十年，從事有意義的工作，有足夠的報酬可以支付日常開銷、貸款，以及儲存足夠的退休金。那樣的夢想正在快速消失。」

不過她又說，「我會繼續奮鬥，直到無法再戰。」

實際上，從這些電子郵件與追蹤採訪中，我目睹了令人驚異的韌性。有位五十歲的男士，離開在新墨西哥州聖塔菲報社擔任科技部主任的工作，轉而攻讀寫作碩士學位，卻因為積蓄用完了，不得不休學回到當地，擔任報社對面咖啡店的店員，服務以前的同事，爲他們準備脫脂拿鐵和雙倍濃縮咖啡。他花了四年才重新站起來，不過他擁有的專業有市場需求。他培養了線上技能，在聖塔菲的媒體產業中，擁有這些技能的人不多。現在他是一份非主流週刊的發行人，辦公室離他先前工作的咖啡店不遠，都在同一條街上。

我最喜歡的應該是羅伯特．彼德尼的故事。經濟衰退剛開始發威時，五十二歲的羅伯特即被佛羅里達州廣告公司資遣。他所從事的產業，工作都接連消失了，因爲經濟衰退期間，第一個被刪減的經費通常是廣告預算。他承接自己可以找到的任何專案，不過連這些也不可得了。最後他在幾家當鋪工作，一週上班七天。他的妻子是獨立記者，找到一份在電話客服中心的工作。他們失去了兩輛車，銀行也展開沒收他們房子的法律程序。人生看似暗淡無望，不過並非一片漆黑：每週有一兩次，他前往爲身心障礙成人所設立的訓練中心，拿著吉他彈奏音樂。

「這讓我覺得自己有價值，對我的幫助很大，」羅伯特說，「眞的非常大。」

他還譜寫並表演一首歌曲，名爲《貧窮的藥丸》。我在聆聽時，驚訝得說不出話。這位中年白人男士，不單是希望、甚至連尊嚴都被剝奪了。不過雖然沒有職涯教練告訴他如何運用人脈、推特、部落格、專業社群網站，羅伯特卻擁有一種東西：二十五年來慷慨、正直的名聲。

「在我的職涯當中，我建立了許多美好的友誼與人際關係。」他說。當辦公文具零售商Office Depot的廣告部門出現一個職缺，「天時地利人和，完美的條件成形。」

有四個人分別向公司推薦他，於是他獲得聘用。即使薪水比過去少了許多，他依然「非常非常感恩」。他喜愛這份工作及同事，隨著工作表現，薪水也逐漸增加，已經接近他先前的水準。

當我思索自己的下一步之際，羅伯特最後的評論，在我的腦海中不斷迴響。他說，自己每天都跟同事一起搭電梯。

「週一，他們唉聲嘆氣，『唉，又是星期一。』週三時，當你搭電梯下樓，他們會說，『噢，星期三了，一個星期過了一半！』到了週五早上，搭電梯上樓時，他們會說，『今天是星期五！好高興自己又過了一週！』

「每次聽到他們這麼說，我都會對自己說，『我是多麼高興自己有份工作，而你卻在抱怨怎樣度過令人厭煩的一週！』」

修正工作方向，開展另一階段的人生

「噢！」當我們坐下來，開始最後一次會談，比弗莉這麼說，「旅程已接近終點。你準備好要啓程了嗎？」

「我想，我已經大致準備好了。」奧古斯汀邊笑邊說，「我也試著思索，爲什麼一切進行得這麼順利，我認爲主要原因在於釐清自己擅長什麼，以及希望看到怎樣的未來。」

「是的，的確如此。」比弗莉說，「我一再看到的是，一旦清楚自己想要的，事情幾乎就像變魔術般，一切開始就緒。」

自從我們三個月前見面後，南西最新的進展是：承接了一項醞釀許久的聯邦政府顧問專案；喬治華盛頓大學提供她幾個兼職的長期職缺，她可以保留她的職銜及辦公空間，但是教學時數會減半。

「除此之外，下個學年我將擔任一個小型研究所的所長。這是運用人脈所產生最好的結果之一。」南西說，「津貼雖然不多，但是我可藉此轉進領導階層的職位。」

「太好了！」比弗莉眉開眼笑地說，「這眞的很奇妙，原本零散的人生拼圖，現在已經一片片組合起來了。」

不過並非所有人都如此幸運。其他人不見得擁有與南西相同的優勢。南西的丈夫有工作，她自己受過高等教育、擁有專業技能、身體健康且還未滿五十歲。即使如此，她有個電腦空白工作頁，用來記錄她花了多少時間擴展人脈，建立自己顧問公司的品牌，研究教育的未來，邀請人共進午餐，查閱求才廣告，在推特上發文，並且做了每件比弗莉所建議卻讓人不舒服的事，足以證明她有多辛勤努力。更重要的是，她在大學中有策略地採取行動，自願爲所屬的系所草擬使命宣言，並且檢視有哪些不足之處，「那恰好也是我想做的。」換句話說，她開始將自己感興趣的事與大學的需要作連結，此舉果然奏效。

我承認自己很訝異，通常只有媒體報導的奇人軼事，過程才會如此直截了當，但在眞實人生中卻很罕見。當我省思南西所經歷的一切，不禁想到父親曾告訴我怎麼發射魚雷。他曾在第二次世界大戰中服役，那時的科技相當粗陋。發射魚雷後，工程師會藉著聲納探測儀觀察它的路徑，一百次中有九十九次都會越過目標，不是在這一側，就是在另一側。這時，他會進行細微的調整，先是左邊兩度，接著是右邊一度，然後左轉半度，一步步進行校準，直到「碰！」

一聲，魚雷正中目標。

我認爲這就是南西和比弗莉航向未來的方式。沒有引人注目的轉動，只做了小小的微調；南西並非從法律跳到動物治療，她只是在自己擅長且喜愛的領域中——教育、研究、管理、環境、諮詢顧問——一點一滴更接近她的理想。到了她們最後一次見面，我很驚訝這些小小的修正已引導她走到這裡。

「南西，我試圖回想你第一次走進來時希望做到的事。」我大膽地說，「當時你有什麼計畫嗎？」

「我覺得很迷惘。」她說，「說眞的，那時我有什麼特別的打算嗎？」

比弗莉回顧了第一次見面時，她所寫的筆記。

「你不知道自己是否想要再找工作，也不清楚是否希望從事教職，或是到另一所大學試試。當時你考慮去其他大學，或許可以扮演另外一些角色。」比弗莉說。她抬起頭：「老實說，你進步很多。」

裹足不前或大步邁進

十月十三日星期日

昨天戴文和我到專賣戶外休閒用品的里昂比恩（L. L. Bean）門市，想要買條經典剪裁的藍色牛仔褲。我們看到五十幾歲的店員，戴著L. L. Bean的名牌，漫無目的地在整理架上的長褲。

「你在這裡工作嗎？」我問，因爲即使別了名牌，他似乎仍對商品毫無興趣。

「這麼推測沒錯。」他回答。

「哪裡找得到經典剪裁的牛仔褲？」我問。

「在那邊。」他說，面無表情地指向我的後方。

我等了一下子，看看他會不會帶我們過去，不過他轉身繼續工作，整理架上的商品。

戴文和我只好走開。

「我猜他是失業的白領員工，」戴文私下對我說，語氣中滿是同情，「也許是銀行行員，或是其他類型的專業人士。不過我認爲他在這裡工作，絕非他所願。」

再過兩天，我打算告知美國全國公共廣播電台，我同意自願退職，不過這位L. L. Bean的店員對這項決定沒有助益。我在做什麼，離開一家自己喜愛的公司，只因爲我的職務不盡完美？我都還沒有找到下一個工作就決定辭職？離開一家充滿創意及影響力的媒體，而且大衆都聽得到我的聲音，究竟是爲了什麼？希望自己可以發揮創意，靠著書維生？

我到底在做什麼？

我的回答是：不然自己還能做什麼？如果不是現在，要等到何時？恐懼的當下，它的另一面即是自由；有如隔音牆的一側，既紊亂又喧擾，直到我穿越了這道牆，才能找到平靜。我當然很害怕，這是意料中之事，不過至少不覺得無聊。

中年轉業需深思的三個問題

對於中年職涯各式各樣的建議，有如濃密錯綜的叢林，我們篳路藍縷，總算找出幾個有助於走出叢林的主要途徑。在我看來，任何人有意在職涯中修改路程，都必須深思三個根本的問題。

第一，在這些燦爛的歲月中，你想做些什麼？長壽是福分，也是責任。幾乎沒有人負擔得起六十五歲退休後，什麼事都不做，只打高爾夫球。即使財務狀況允許，你會希望這樣過生活嗎？因此問題是：如何組織並運用這些增加的年日？向內投注更多東西，抑或對外投入更多意義？若我們有機會留下典範，那會是什麼？

第二，你到底是誰、你的本質爲何，這些特質如何引導你前行？相較於二十五歲的人，五十歲的人或許少了點衝勁，卻能以自身知識來補全。他們知道自己所擅長的是什麼，什麼事會讓他們感到充滿活力。經歷過這種轉變的人，很少徹頭徹尾重塑自己，反而奠基於自己已有的諸多技能、經驗和熱情。地點或產業也許換了，然而他們的本質從未改變。從外在看，好像很激進；但是對內在來說，卻覺得很熟悉。

第三，你眞正害怕的是什麼？可以預期的是，你必然會感到焦慮，因爲大腦抗拒改變，抱怨你想這麼做，而且杏仁核向來都希望選擇看起來安全的路徑。不過這些障礙，眞的無法克服嗎？它眞的是一面磚牆，牢不可破；抑或它是一扇滑門，一旦你決定走近，它就會「唰」的一聲開啓？即使我們的大腦短期內偏好安全，長期而言卻渴望意義、挑戰與新奇的經驗。

*

週六早晨剛過五點，我醒來已經好幾個小時，努力尋找滿意的方式來結束這一章——結論簡潔，勝券在握。我躺在床上，瞪著時鐘，感受著丈夫靜止的重量，狗在一旁輕輕地打呼。我發現故事尚未結束，自己怎麼可能說出明確的結局。會失敗嗎？不，至少我會盡全力。無論如何，這是昨日的問題。現在回頭問自己，只會讓我動彈不得。煩惱不安與深思熟慮，如今已經太遲。

今天的工作更急迫、更榮耀。我需要寫後記。

後記：把中年過得豐富精采

中年是停下來盤點的時機，後記也是如此。當我回顧這十年來對中年的體會，以及兩年多來研究中年的過程，發現自己不單外表上有所改變——從皺紋就可以看得出來——內在核心也不同了：我變得比較留意人際關係與日常的獨特時刻；對於從挫敗中站起來，比較有所準備；早上起床比較快些，因為這一天可能會有好事發生、有新事物可以學習、或是出現驚喜。我的進展當然起源於研究人員的洞見，不過也從其他人的故事而來，他們遇到困難，歷經悲劇，重新評估未來的景況，並為自己開闢走過中年的新路徑。最後在自己的故事中，我試圖融合這些學術研究與生命智慧。請容我就當中的一些情節做點結語。

二〇一四年四月四日星期五

今天早上戴文打電話給我。在出差途中，有時他無法觀看最喜歡的一些電視頻道，只好不情願地看著早晨與晚間的聯播新聞。廣告時段中，他忽然注意到一件事。他觀察到晨間廣告大多針對中年女性，向她們推銷面霜和消除皺紋的神奇科技。晚間新聞的廣告，則似乎以過了人生巔峰的男男女女爲目標，宣傳壯陽藥品犀利士，以及緩解關節炎疼痛的藥物。

「全都是治標不治本的解決方法，藉由局部外用乳膏，試圖抓住青春。」戴文說，「這麼做很簡單，不過你發現的卻是：解藥來自內在，與自己怎麼想、如何持續運用大腦、積極參與婚姻和職涯有關。這麼做比較困難，卻能實質奏效。」

深思戴文的這些觀察後，我領悟到他指出了中年研究沒有說出來的一個主題。沒錯，處於人生自動駕駛模式將導致衰亡，你的確需要懷抱著熱情參與人生，不過也請詳讀字體微小的警告。這很艱鉅，每一天都需要刻意從不假思索的自動駕駛模式轉換至積極參與，並且盡力嘗試。

這本書中的觀念，每一個都違反了我們自然的傾向——數十年來忙於工作和養育子女，希望能夠不再緊張，可以放鬆一下、獎勵自己。中年的預設模式是混亂失序，不過並不代表注定要如此。就這點，研究明確指出，面對人生岔路，選擇比較費力的那一條，似乎比較好。當下比較困難，但是隨著時間過去，會變得容易些，只要你在身心方面維持健壯。力抗混亂失序，克服要我們多停頓一下、稍微慢一些的引誘，直到人生縮小到只剩一丁點的慣性。當你抵制這些力量，與家人、朋友緊密交織，投入智能發展，以及激發超越自我的意義，如此一來，將大幅增加你直到人生最後一刻都過得豐富精采的機率。

沒錯，要做到這些很困難，但是値得。

二〇一四年七月三日星期四

我無法繼續與聽力問題奮戰。我打算投降，配戴助聽器。我厭倦了處在電視影集《歡樂單身派對》所說的「低聲說話者」當中，拚命地想要聽到他們在講些什麼，有如做填充試題般拼湊對話，最後因無法注意內容延伸到哪裡而耗盡心力。研究指出那會導致死亡，或者至少是失智症。

一旦跨越了心理障礙，我發現二十一世紀的助聽器其實挺有意思的。不熟悉的人，幾乎看不出這種裝置，小型又時髦的微小擴音器，緊貼著耳道口。因爲保險給付了大多數的支出，所以我訂製了豪華型助聽器，有十六個頻道，可以排除環境噪音，辨別想要聽到的聲音是來自前方還是後方，還可自行學習我所偏好的設定。我懷疑它是否也能幫我烹煮晚餐，或是寫一本有關中年的書。

「你還可以選擇兩種配件。」聽力學家丹妮爾說，手上拿著翻開的型錄。

「可以選兩種？好比沙拉和甜點？」我問。

丹妮爾笑了。「就是那樣。」

我訂了音量遙控器，以及無線連接助聽器和蘋果行動電話的裝置。做了這些決定，也意味我進入了聽障的世界。實際上我處於這個世界已經很久了，只不過直到現在才承認。

二〇一四年八月一日星期五

昨晚我們邀請一些朋友共進晚餐，我已等不及在現實生活的情境中測試新的助聽器。溫暖的夏日夜晚，我渴望眞正聽到對話，於是拋出這個問題：「二〇一四年是怎樣的一年？你有什麼樣的洞察、發生了哪些意外的好事、學到什麼重大的人生功課？二〇一四年，你會記得什麼？」

我們的朋友傑瑞開口了，狀況卻出乎預期。當他敞開胸懷說出心事，三個字中我只聽到一個字，不過對於非人類所產生的噪音卻聽得一清二楚。這頓晚餐有如身處建築工地中，我聽到他說「分水嶺」，接下來的話即被鏗鏘的聲響、大家傳遞盛裝漢堡的盤子、或把酒杯放在鍛造鐵桌上發出尖銳的碰撞聲所掩蓋。傑瑞又說到「危機」，隨後麥可的休閒椅劃過地上的石板，發出的刺耳聲令人吃驚。我以爲自己聽到「門漸漸關閉了」這句話，這時，珍妮佛正把更多的義大利麵舀到自己的盤子上，在一片嘈雜聲中我聽不太到。我只好對著傑瑞點點頭，心裡對這些噪音感到退縮，但是我不想讓他知道其實我不確定他在說什麼，只知道我錯過了一些非常有趣的事。下次我會坐在傑瑞旁邊，請他說話大聲點，也會把助聽器留在床邊。

後來我換了型式比較簡單的助聽器，現在可以聽到人聲，以及非言語的撞擊聲及摩擦聲。車子的冷氣聲，聽起來有如尼加拉瀑布般大聲。他們告訴我，大腦要花幾個月的時間重新連結，才能分辨出非人聲與人聲。我熱切希望是如此。不過現在我只能胡亂應付過去，直到腦中的碰撞聲轉變成輕快的言談；甚至不需要到這樣的地步，我只要能聽得清楚明白就夠了。

找到小小的熱情

二〇一四年五月十七日星期六

從自行車上猛地高飛出去、撞斷鎖骨之後九個月，今天我想取得資格，參加為五十歲以上運動員所舉辦的全國壯齡運動會。阿德斯特和我來到維吉尼亞州新港紐斯市參加州競賽，前三名可以於二〇一五年七月參加全國競賽。

「結束時我會很高興。」麥可嚴肅地說。

「我也是。」我附和，對他聽起來有些喪氣的口吻感到吃驚。他參加自行車競賽很多次了，而我只參加過兩次，還都被小我二十歲的女性選手徹底擊敗了。我希望今天能夠表現得好一些。

我們提早抵達，先在競賽車道上騎了三回，每次轉彎，麥可都會指導我怎麼做。

「轉彎時最短的距離是直線。」他大喊，接著快速轉進內車道，再對角切向邊緣，只差一點點就要撞上了。我跟隨在後，模仿他所做的動作，忽然覺得自己對這位男士充滿敬愛。他帶領我對這項活動有了新的熱情。雖然是新朋友，關心我的競賽比對自己的還多。麥可轉了個彎，回頭看我。我心想，他已騎過了許許多多經歷，包括癌症、骨髓移植、精神上的創傷——幫助其他癌症病人，最後他們依然過世了。

幾分鐘後，他們呼叫參加二十公里競賽的選手。十幾位女士排列整齊，鳴槍開始後，另一位女士和我衝向前。我對於要跟上瑪姬不太有信心，不過一旦開始跟車，我便放鬆了。她在五公里環道的前半段領先，偶爾搖搖頭，似乎想要避風。

「你希望我騎在前面嗎？」我氣喘吁吁地說。她揮揮手，我騎到前方，風有如波浪般襲來。我們快速前進，彼此善意的合作，輪流領車和跟車，以至於雙方在面對兩個共同的敵人——風與路時，都可以騎得快些。路徑筆直時可快速騎過，在九十度轉彎時則需小心不要摔車，不過看到終點線時，禮讓就消失了。瑪姬快速從我身旁超車，我則追趕她，愈來愈接近，不過沒有足夠的時間可超越。瑪姬打敗了我，早一分鐘完賽。二〇一五年七月，我將會參加全國壯齡運動會。

幾乎競賽一結束，我就開始斥責自己。「較量的精神跑到哪裡去了？」我這麼想。在這個領域想競爭並不難：我半途而廢了嗎？

不過接著我馬上領悟到，來到新港紐斯市，與自行車賽沒有太大關聯，而是二十年來我首次創造了新的挑戰，對準自己極有可能達不到的目標——騎得更快、不摔車、不撞車，克服自己的恐懼，把自行車推上起始線，驅使自己跨出舒適圈。在忙碌的中年時期，很少能發生這樣的事。我們看著自己的身體與大腦漸趨遲緩，黯然接受年輕的身體和大腦飛越我們，卻沒有發現世界提供了這麼多鍛鍊與改進自己的方式。只要我們有心，就能找到。

二〇一五年五月三日星期日

一年後，全國壯齡運動會前兩個月，我不得不接受自己身體方面的事實——它有如鉛製防護衣般罩住我。過去一年並沒有把我從一名快樂的騎士，變成一位狂熱的競爭者。中年的責任，包括探望無法出門的母親、撰寫這本書，占據了我大多數時間，把我從冒險的白日夢中喚醒。在明尼阿波里斯見到其他五十幾歲的選手時，我不會以電影《奔騰人生》（*Secretariat*）的方式從他們身旁匆匆走開[1]。

今天在「小兔彈跳選拔賽」中，我曾有的幻想破滅了。這項在馬里蘭州蘇特蘭舉行的比賽，是個令人害怕的活動，自行車手必須在長達一公里、路面布滿坑洞的環道上奔馳，一圈又一圈，爲時四十分鐘。自行車手跟著前車，距離前一輛車的車輪只有約八公分。一組人緊靠著彼此，有如魚群般移動，要麼和諧一致，要麼一片混亂。有時當他們試圖脫離隊伍，就會互相推擠；有時當他們橫衝直撞地下山或轉彎，就會互相碰撞。有時還會撞車，需要救護車前來。

「我自找了什麼麻煩啊？」我心想，一邊暖身、一邊覺得反胃。我已經五十五歲了，沒有過與一組人共騎的經驗，而且鎖骨已經斷過一次，難不成還想招惹第二次骨折嗎？

然而我從未落入危險中，絲毫沒有。當你在後方獨自騎車，沒有人會推擠你。前三圈我跟著其他自行車手，一旦他們拉開與我的距離，我就很輕鬆了。跟著前方的人騎車，可以少花百分之三十的力氣。若你單獨騎車，必須自己對抗風阻，辛苦又枯燥，令人氣餒，最後還有些丟臉。每次我孤單地騎到大看台前，播報員就會大喊：「芭芭拉．哈格提來了！」我會邊笑邊搖頭。到了第五次播報我的名字時，他說：「哈格提來了！她在想，『他會停止播報我的名字嗎？』」

完賽時，我位居倒數第二。我的第一個感受是感謝——感謝上蒼，結束了。雖然排名這麼

1 譯註：《奔騰人生》爲二〇一〇年上映的電影，由眞實故事改編，描述一名平凡的家庭主婦爲了完成父親的夢想，不顧家人反對，重整父親的馬場，並訓練一匹名爲Secretariat的馬，贏得賽馬三冠王。

後面，我依然很努力的騎，以每小時三十二公里的速度騎完二十一公里。很明顯地，我比不上年輕的選手——優勝者比我快了近四分鐘，不過對五十五歲的自行車賽新手來說，我的表現不算太差。

比賽結束開車回家的路上，我打電話給戴文。

「我是倒數第二名。」

「噢，我很遺憾。」他說，語氣聽起來有點驚訝。他總是把我想得比實際上更好。

我告訴他比賽的一些狀況，然後脫口而出，「我討厭比賽，好厭煩、好厭煩、好厭煩！我喜愛騎自行車，難道這就表示我非得在壯齡運動會中參加比賽嗎？也許我應該單單享受騎車，忘了壯齡運動會這回事。」

戴文停頓了一會兒，斟酌字句。「中年時期有一個重點，不就是無須再從事所有你討厭的事嗎？難道你不應該做自己喜歡的事嗎？」

他說得對。中年的好處之一是放手。也許到了五十幾歲，我需要長大，停止遵循內心那個墨索里尼的指示，他總是毫無道理的大聲發號司令。我不必聽從，而且可以要這個小小的獨裁者閉嘴。我是中年的美國人，我有這樣的自由。

不過說到自由，則必須等到壯齡運動會比賽之後。

二〇一五年七月八日星期三

我慢慢走向起始線，因爲恐懼而麻木了。再過兩分鐘，我將騎著自行車，瘋狂的全速衝向前，展開這一生最恐怖、可能也最痛苦的一小時。令人忐忑不安的一刻來臨了，壯齡運動會的第一場比賽，也是我首次參加全國性自行車賽。我的對手是二十幾位女士，年齡介於五十五歲至五十九歲，當中有些是國內速度最快、最優秀的自行車手。

我瞄了一下參加四十五公里公路賽的競爭者，希望看到一些體型鬆垮、有如冷凍麵粉製造商貝氏堡廣告中的麵糰女孩：溫柔、友善、有如慈母。然而，我看到的卻是肌肉修長有力、表情沉著的精銳戰士，好似美國陸軍特種部隊第一特種作戰分遣隊，只不過全都是女性。

接著，比我想的還快，比賽就開始了。二十位女性全力衝刺，如同從大砲發射出去，想要成為第一位抵達轉彎處的人。我本來就害怕轉彎——有時選手太靠近轉彎處，以致撞倒旁邊的人——得知這個在明尼蘇達州展覽會場的車道有一百一十二個急轉彎後，我更感到恐懼。轉彎處的景象就好比幼兒在神奇畫板上亂畫一般。「就算是專業車手，要騎在這樣的車道上都很困難。」阿德斯特喃喃地說，不過這對我一點幫助也沒有。除了畏懼轉彎，雪上加霜的是，我沒有太多在一組人當中騎車的經驗，而且還要推擠、跟車、突然超前。在此之前，我已經想像到自己在路旁倒下，猶如童謠中穿戴全副車裝的蛋矮人（Humpty Dumpty），外加鎖骨斷了，甚至其他更糟的情況。

不過在第一個轉彎處，奇妙的事情發生了。我覺得異常的輕鬆，便隨口提醒身旁的女士，「順口一提，請靠右側」，讓她能和我保持安全距離。「這樣還不賴嘛！」在準備下一次轉彎時，我心想。我們很有禮貌的騎車，並互相警告留意路面上的縫隙。我們騎得很快（對我來說），約每小時三十二至四十三公里。我很快就發現，想要留在領先群當中，只能跟車，緊貼著「好的輪子」（指能夠穩穩地掌控自己車子的車手），由她為我擋風。「我在跟車！」我的內心哼唱著。「我正在比賽！」我的恐懼消失了，過程雖然稱不上有趣，但不至於覺得吞下有毒的氰化物還痛快點。過了三十二公里處，領先群超前了，在其他兩人和我之間創造了很大的間隔。不過當我越過終點線，成績位居第九，我對自己的表現很滿意：緊跟著領先群的時間相當久，轉彎時很冷靜，跟車時充滿自信，更重要的是，我克服了深藏的恐懼——這在中年很少見，因為泰半時間，我們都是駕輕就熟的忙碌著。

二〇一五年七月十一日星期六

阿德斯特於兩天前抵達，他是個充滿使命感的男人。他慎重地告訴我，我必須把所有的精力都用在這段騎車的路途上。在計時賽時，每三十秒有一位自行車手從起始線出發；沒有跟車、沒有策略，單單只是全速疾馳十公里。我移動到起始線，裁判把我的自行車扶正，等我把踏板扣緊。我在這裡倒數計秒，這件事本身就是個小小的奇蹟。不到三年前，我幾乎爬不上一層樓，深受右膝關節炎之苦。不過後來我認識了麥可，他得過癌症卻活了下來，如今也是個優秀的自行車選手，就是他鼓勵我買一輛自行車，並指導我取得壯齡運動會參賽資格。

「你的心思和想法會開你玩笑，」麥可說，提出最後的忠告，「它會哄騙你，讓你以為自己沒有辦法更努力，你就因此停滯不前了。這時，你要注視一根電線桿，盡全力騎到那裡，然後一根接一根，繼續努力的騎。當你看到終點線，就全力衝刺。若有必要，我可以抱你回到上車。不過你必須專心，不能有一秒鬆懈。」

我點點頭。三、二、一，出發！我衝了出去，把風拋在腦後，騎過了小山丘，然後是湖泊。我感覺得到自己的呼吸與腳都處於舒適的節奏中。突然間，我想起麥可的警告：「心思和想法會哄騙你」，我發現這不只適用在這場比賽，中年也是如此。「自動駕駛模式會導致死亡」，我告訴自己，接著專注在前方九十公尺的電線桿，我只意識到自己的呼吸聲突然變得很大，雙腿十分痠痛，以及那根電線桿。

到了中途，風轉向了，直接向我襲來。這道關卡困難得多，我開始覺得自憐，然後想到母親中風後，說話無法成句，直到有一天她低聲對自己說，「用力、用力、用力，推向另一邊……」然後抬起頭把話說完，這成爲她將完全復原的前兆。我憶起自己的聲帶痛到幾乎受不了時，我會怎麼想：「我可以忍耐一小時嗎？不行。三十秒呢？可以，我撐得過去。」我可以盡力這麼騎，直到過了下一根電線桿嗎？是的，我做得到。然後一根接著一根這麼做。忽然間，我看到麥可在路旁大喊，「加油、加油、加油，向前衝！」我更快的向前衝刺，肺好似在燃燒。我爲了我的人生、你的人生以及我的朋友而衝刺。

我位居第七，就自行車賽新手而言，成績相當不錯。不過對我來說，這項比賽代表情緒上的重生。五十幾歲出頭，我躍上一輛自行車，設定了獲得全國競賽參賽資格的目標，並且超越自己現實的期望。這次比賽揭示了中年的新開始，我結交了新朋友，也在中年時期看似無限延伸、沒有終點的段落中，加上標點符號。我的雙腿重如鉛塊，但精神卻覺得無比輕鬆。

完賽後，攝影師爲我拍了一張照片。我伸長身子，在麥可的臉頰上親了一下。我的臉紅通通的，髮梢懸著一滴滴汗水。麥可咧嘴一笑，閉上雙眼。如同這裡的許多人爲了對抗癌症而促使他們參賽，麥可在中年時也找到了新的熱情，並且把這個人生禮物傳給了我。

心思的力量

二〇一四年六月十三日星期五

我漸漸斷除對止痛藥的依賴。我看出了當中的諷刺：二十年前，當我發現普拿疼可立即緩解疼痛，以它所帶來的喜樂，就離開了年輕時所信仰的基督科學教會。現在我想脫離與藥物的關聯，但不是完全與它決裂，而是或許可以減少使用的頻率，就好似減少約會的次數，但並非毅然分手。一年前，每隔三小時我就必須服藥，造成的結果是聲帶的疼痛大幅增加。不過這些日子以來，每幾個星期的其中一天，我會減少服用一錠止痛藥，週日時，我竟然可以整天都不需要吃止痛藥，只在晚間吃了一點藥幫助睡眠。兩年來，我首次覺得自己的心志可以從一個思緒跳到另一個，而不被累積的藥物阻礙。

這是我個人的研究，屬於我的祕密心智實驗，直到自己匯集了一些結果之前，我不想讓人知道。現在總算有了。我迫不及待想在每個月透過網路電話Skype交談時，告訴治療我聲音的布來斯醫師。

「這件事事關重大。」戴安驚嘆道。我想她和我一樣，以爲我的餘生都會爲持續疼痛所苦。「你是怎麼做到的？」

「嗯，當我覺得喉嚨痛時，第一步就是對自己說，『誤觸警鈴！』」我說，笑得不太自在。「我告訴自己，聲帶沒有癱瘓，疼痛沒有緣由，這是大腦連結的問題。接著我發出幾個顫音，放鬆喉嚨，最後出去採訪或是做點能夠分散注意力的事。疼痛就這麼消失了。我希望有一天可以完全停藥。」

「我認為這有可能。」戴安說。我們相視而笑，既高興又驚奇。

那天是星期一，迄今已經過了五天，我依然維持這樣的狀況。偶爾還是會感到一陣疼痛，特別是當我需要撰寫講稿、或是堆積如山的錄音帶等著我謄寫，造成我極大的壓力時。不過對於所發生的這些事，我還是無法置信。兩年多來，喉嚨成為主導我人生的現實，有如雷雨雲在我頭上徘徊，如今已逐漸消散。慢慢的，可能是神經病變減輕的正常進展，或是藉由思考重建大腦連結所創造的奇蹟，我不知道是哪一種，只覺得身上的腳鐐已經移除，只剩一副寬鬆的手銬把我跟這面疼痛之牆束縛在一起，而我就快要掙脫並得到自由了。

中年尋夢仍不晚

二〇一五年二月二十六日星期四

冒著冰風暴雪，朋友和我在我們最愛的小小壽司店見面，今晚她需要一些鼓勵。朋友請我以匿名的方式撰寫她的故事。她的職涯發展得很好，有一份很棒的工作，但這是對其他人而言；對她來說，這份工作並沒有善用她獨特的天賦、興趣和人格特質。她夢想開啓人生第二幕，將自己核心的熱情放在舞台中央，不過這也令她感到害怕。

我發現這個問題十分常見：自己喜愛的與所做的，並不相配。年過五十，朋友知道自己熱情與才能的輪廓，不過她大半生所從事的工作卻是把自己塞進大型機構既有的要求中。

「你知道嗎，在我同意自願退職當天，傑夫．戈德堡打電話給我。」我告訴她。傑夫是我的一個朋友，同時也爲《大西洋月刊》撰稿。「他說，『讓我告訴你，接下來會怎麼發展。完成這本書後，你會離開這個主題領域，思緒飄向自己有興趣和念念不忘的地方。你會領悟到，『噢，我眞正有意探究的是……』然後你會寫一本書，主題是十五年前你曾經報導過的故事。現在你可以全心投注於這些想法中，去追尋令你著迷的事，直到自己才能與敏銳度的極限。』」

「戈德堡，」朋友如此觀察，「果然是個很好的朋友。」

「是啊，他的確是。」我同意，忽然覺得自己好喜歡他。「在我做了這麼多研究之後，學到一件事：人到了中年，時間已經有限，在人生的輪盤前，頂多可以好好再轉一次，所以一定要去實踐理想中的計畫，做自己眞正想做且充滿熱情的事。如果失敗了，沒關係，你可以再回到比較安全的應變計畫。但是請先不要這麼做。現在先把備用計畫忘了，以你的理想爲目標向前行。」

我放鬆地往後靠，感到有些訝異，自己竟然不假思索地說出兩年來聆聽了許多人在四十歲、五十歲、六十歲找到有意義的工作，從中所醞釀出來的洞見。沒有人對於追尋自己的熱情感到後悔，即使他們失敗了，又回到先前的工作。失敗只會讓他們對先前所從事的專業，更加心存感激。我發現，只有那些從未嘗試這麼做的人，才會表示後悔。

那時我完全沒有意識到，自己在考量職涯的下一階段時，這個洞見的影響有多麼深遠。

選擇人生首要

二〇一四年八月二日星期六

這星期我們占據了天堂的一小角：我哥哥位在美國東岸的豪宅有泳池、自行車、水上摩托車，更棒的是還有一艘汽艇可以拉著超大的筏，進行泳圈漂流。在小孩尚未到青少年階段前，理論上父母沒有自己的人生，所以我們邀請孩子還小的家庭，夏季週末前來度假，讓孩子玩到筋疲力竭，爸媽才可以在晚餐時優雅的啜飲一杯酒。今天早上所有的父母都騎著自行車消失了，我則充當約翰船長[2]的「瞭望者」，花了一小時看著三名男孩在玩泳圈漂流。他們興致勃勃，試圖站上搖擺不定的充氣筏，接著便無可避免地彈出來、掉進水裡。我大笑，並幫他們的父母拍攝影片。我想不透自己為什麼犯了這麼大的錯誤，沒有生養兒女。我怎麼會讓人生最重要的部分從指縫中溜走？

2 譯註：Captain John 指美國早期的英裔移民 John Underhill，曾任麻薩諸塞灣殖民地總督。

幾小時後，我在TED網路影片平台[3]觀看克雷頓．克里斯汀生（Clayton Christensen）的演講。他是哈佛商學院教授，以發展「破壞式創新」理論聞名。他主張成功的企業最後會失敗，並非因為產品不佳，而是因為做了短視的小小決定。他說，例如豐田汽車進軍美國市場，首先引進的是看起來普普通通可樂娜（Corona）車款，而不是凌志（Lexus）汽車。由於美國汽車公司無意保護自己在一般房車的市場地位，於是拱手讓出。這樣小小的決定，一個接著一個，並且只考量維持利潤率。不過克里斯汀生表示，日本汽車製造商不斷移向高階市場，原本看起來無關緊要的決定，引領他們走向阻力最小的路徑，最終導致美國通用汽車破產。

克里斯汀生相信，這也可以用來解釋自己哈佛商學院同學所面臨的情況；我則認為這同樣發生在許多婚姻中，亦即一開始充滿希望，到中年時卻瓦解了。他說第五年同學會時，大家都過得很快樂，多數人已經結婚，職涯蓬勃發展。不過到了第十年、第十五年、第二十年同學會時，他的許多同學已經離婚，沒有與子女同住，生活過得很悲慘。

「我可以保證同學們當中沒有一個人打算停止工作和走向離婚一途，因為他們若有勇氣這麼做，子女將會厭惡他們。」克里斯汀生說。

從外表看，這些人擁有一切——財務成功、職涯成就、有大房子和跑車——不過隨著人生的開展，他們必須為短視的決定付出代價。正如美國通用汽車因為花力氣維繫一般房車顧客，甚至不惜賠錢，以致把市場占有率讓給了豐田汽車；克里斯汀生的同學所採取的策略，是把自己帶到情緒破產的地步，差別只在他們所保護的不是利潤率，而是成就。

「這裡所有的人都有想達到成就的動機，」克里斯汀生告訴TED的觀眾，「當你有多一點精力或是多出三十分鐘，你會本能且無意識地分配給生命中最能立即給你成就證明的活動，不管那是什麼。」

我們達成交易、送出產品、熬夜製作廣播報導、升遷、得到表現優異的讚許。

「相反的，投注於家庭中，要很久以後才看得到好處，」克里斯汀生繼續說，「結果是像你我這樣的人，本來想要擁有快樂的人生——因爲家庭是人生中最深刻快樂的來源——卻發現即使自己如此希望，但從我們投入的時間、精力、才能的方式來看，我們所採取的策略並非我們原本打算依循的。」

當我聽著這些，覺得驚呆了，心想，「這就是我！」我想到所有的小小決定，短期間的確讓自己感覺受到肯定。當我還是《基督教科學箴言報》的菜鳥記者時，週六都在寫稿，而不是和朋友出去玩。二十九歲時因爲職涯發展去了日本，但單身女性在那裡結婚的可能性十分渺茫。在美國全國公共廣播電台狹小的編輯室裡，我長時間努力工作，夜復一夜。每次報導、每個獨家新聞，看起來都如此迫切、如此重要，可以立即滿足我。接著我環顧周遭，四十歲仍單身，唯有美國全國公共廣播電台是人生中的最愛。

不管機率多小，我仍在四十三歲時結婚了。現在我的身邊有了丈夫戴文，還有薇薇安這個

---

3 譯註：TED爲英文Technology, Entertainment, Design的縮寫，即技術、娛樂、設計，爲一九八四年於美國創立的非營利組織，召集眾多科學、設計、文學、音樂等領域的傑出人士，分享他們關於技術、社會、人的思考和探索。二〇〇六年起，TED將演講的影片上傳至網路。

曠世最佳的繼女。不過我永遠不會知道，發自本能的生理驅力去愛與保護另一個人，勝過自己的生命，每天陪伴孩子經歷童年的起起落落，因爲孩子在學校稍稍遭到霸凌而哭泣，爲了孩子的安危，夜晚躺在床上卻徹夜清醒，苦惱又擔心，爲了愛護自己的基因庫，疲憊不堪且完全被榨乾，究竟是怎樣的感覺。

即便如此，中年邀請你再試一次，特別在愛人這方面。哈佛精神科醫師韋蘭特追蹤哈佛男性校友長達六十年，進而發現了這個令人愉快的洞見。當中許多男士歷經幾次失敗的婚姻後，才找到堅定的愛情；他們蓬勃發展，與在人生早期就找到長久愛情的人相同。

這帶給我希望，以及責任。我很幸運自己當時找到了戴文和薇薇安，現在我需要每天做出小小的決定，以家庭爲優先，即使當下看起來不切實際：延後採訪，去一場又長又熱的棒球賽，或是去探望戴文生病的父親，就算我比較想去辦點事。最主要的是，我付出心力參與能讓家人快樂的事。雖然這些毫不起眼的決定，可能不會帶來立即產生成就的滿足感，最終卻是充滿智慧的投資。

成就所帶來的短暫興致，以及對家人深植內心的愛，不僅理論上有所差異，薇薇安也活生生證明了這兩者確實大不相同。在我前往新港紐斯市試圖取得壯齡運動會參賽資格前幾天，才十九歲的薇薇安順道路過，當時我正要把自行車推到門口，打算練習騎車。

「芭比，我以你爲榮。」她說。

「爲什麼呢？」我問，「我都還沒有取得參賽資格。」

「因爲鎖骨骨折後，你又回到自行車上。」

我注視著她，充滿困惑。有個洞見滲入我的思緒中，速度有如冰河移動般緩慢，也很陌生。薇薇安佩服我的，不是我的表現，而是我的堅持。她不太在乎五天後我會不會在比賽中獲勝，而是很在意我是否變得更茁壯、更滿足、更勇敢。被世界拋棄的人，家人擁抱了他，並且提供了風暴中的避難所。我還有很多需要向薇薇安學習的地方，而且幸運的是，我還有好多年可以這麼做。

故事的尾聲

二〇一四年六月十九日星期四

結束前，請容我展望中年以後直到人生終了的未來年日，過得滿足又有意義的祕訣。這讓我想到自己的母親。做了這麼多研究後，結論是像我一樣的中年人，想要找到人生下半場的路線圖，最好的方式就是看看我母親的日常生活。

沒錯，她有形的世界泰半侷限在五十五坪大的公寓裡，但她的家庭和社交圈依然蓬勃發展，除了到紐澤西州參加孫子的大學畢業典禮，還打算在九十六歲時看到最小的孫子畢業。她邀請年齡比她小一、兩個世代的朋友來家裡共進午餐，堅持聽聽他們人生中所有的細節，並為此讚美他們；或是當他們提問，便給予自己深思熟慮後的建議。她的智能世界則無邊無際，維持著對新聞的熱愛，求知若渴，遊歷於國內外各種辯論和災難當中。直到臨終，母親都充滿熱情、積極參與，願意接納完全違反自己世界觀的觀念。我希望自己也是如此。

今天我走進母親的客廳，在我常坐的椅子上坐下。她指著《紐約時報》，頭版新聞敘述國會的共和黨議員計畫要控告歐巴馬總統，因爲他無法說服國會通過他提出的法案，卻濫用行政權力推動自己所主張的政策。

「親愛的，這不是我認識的共和黨。」終身支持共和黨的母親宣布，「我想我會改變政黨傾向。」

我首先想到的是：「你已經九十二歲了，下次舉行總統大選時，你都九十五歲了。」

我的第二個念頭是：「幫你按個讚，媽媽。」

「我認爲你應該這麼做，」我說，「我可以幫助你。」

「噢，謝謝你，親愛的。」母親說，然後話題轉向她最喜愛的主題：狗狗艾傑克斯。

我漫不經心地聽她描述愛犬騎士查理王獵犬又做了什麼新鮮事，幾乎都圍繞著牠睡在沙發上或對著飛機狂吠，我的思緒則飄回到二〇〇八年選舉日。當時母親八十七歲，還沒換髖關節。她很少走路，因爲走路時會痛。我知道母親從未投票給民主黨候選人，卻很欣賞巴拉克．歐巴馬。選舉日早上，我提議帶她去投票所。

「噢，親愛的，謝謝你，」母親說，「不過我想今天待在家裡就好。」

「媽媽，這或許是歷史性的一天，」我提出異議，「歐巴馬可能成爲第一位非裔美國總統。你眞的想錯過參與其中的機會嗎？」

她停頓了幾秒鐘，我可以想像她面對的疼痛正使她剛強起來。

「親愛的，你完全正確，」她說，「謝謝你。」

隊伍從投票所蜿蜒而出，沿著街道排列至少有八百公尺長。在大大的傘下，我們沒有淋雨，對暴雨無動於衷，一路上喋喋不休，還與陌生人閒聊，最後總算到了寬闊的大廳，當中有十幾個以幕簾圍著的投票間。母親拿著拐杖，一瘸一拐地走進其中一個投票間。過了一會兒她走出來，我可以看出，她的臉上泛著當下的認眞與興奮。

母親掃視四周，不遠處站著一位年長的非裔美國女士，是個投票觀察員，指引投票者前進的方向。她們看了彼此一眼，這兩位八十幾歲的長者，一位是白人、一位是黑人，走向彼此，接著擁抱了幾秒鐘，無言地承認了她們以及我們，跨入了另一個境界，膚色不再阻礙人爭取全世界權力最大的職位。她們放開彼此，直視對方微笑。

這是母親到了九十幾歲仍蓬勃旺盛的部分原因。自從我長大成人、對這些事有所意識以來，母親逆流而行，不拘泥於慣常的見解，不僅謙卑地考量新觀念，也信賴理智使她自有定見。她從未將他人的判斷視爲信條，更不用說對政黨。她永遠都在學習、閱讀、傾聽、評估，從不落入自動駕駛模式、人云亦云之中。雖然她是白人女性，在波士頓富裕的郊區成長，當時的黑人必須從後門進入屋內，她依然選擇投票給歐巴馬。這是爲什麼就算到了九十二歲，她仍舊斟酌是否要改變自己的政黨傾向；也是爲什麼她會在狗狗艾傑克斯的幫助和陪伴下，活到一百歲的原因。

結語：給中年的十六項建議

回顧這本書中的研究與故事，有些洞見值得重述。一開始我寫下上百個想法，不過野心似乎太大了。想讓中年過得有意義，請容我提出以下十六項建議。

好好變老

- 中年時若感到憂悶，記得其他人和你一樣。還有，最喜樂的日子仍在前方。
- 以意義而非快樂爲目標，就能魚與熊掌兼得。
- 經常自問：如何善用這些燦爛的歲月，創造最佳的效益？
- 中年的大腦令人驚奇。挑戰它，你可以學會任何新把戲。

豐富人生

- 在人生的任何階段都應該學點新東西。
- 中年可能有如堪薩斯州，道路又長又平。請設立目標，讓生活充滿活力。

心念的力量

- 大笑時，比較不會感到疼痛。
- 泰然面對困難。有點挫折，其實對我們有幫助。
- 留意自己的心念。你的想法會影響你的經歷。

行善

- 盡可能去從事你最希望做的事，而且你通常都做得到。
- 以你的長處爲主軸，比從零開始好。
- 依據自己的價值、而不是周遭世界的價值，重新界定成功。

選擇人生首要

- 付出關心：成熟婚姻最大的威脅是彼此忽視。
- 你珍惜這份關係嗎？那就放他一馬吧！
- 在社會邊緣很危險。
- 如同韋蘭特醫師指出的，快樂就是愛。

結束。

致謝

負責這本書的企鵝／河源出版集團（Penguin / Riverhead）編輯傑克・莫勒希（Jake Morrissey）很勇敢。他承擔風險，推動這個計畫，當中的內容可以輕而易舉地變成幾十冊。當中年意外擾亂了我的時程，傑克展現出超人的耐性，並且將新鮮的洞見，注入他仔細編輯的每一頁。我現在知道，當初應該全盤接受傑克的建議。他總是對的。加上他絕頂的幽默感，身爲作者的我很幸運。凱文・墨菲（Kevin Murphy）樂意且快速地回答執行方面的每項問題。多莉安・黑史汀斯（Dorian Hastings）編審時，修潤了每一個句子，工作艱鉅。最後，凱媞・弗瑞曼（Katie Freeman）與麗姿・何南得（Liz Hohenadel）聰明又熱情，制定的宣傳計畫，盡力避開我不善於運用社群媒體的缺點。

我的經紀人拉法耶爾・沙葛林（Raphael Sagalyn），堅定又有遠見，在我還存疑時，就看到這個計畫的價值。當骨折與家庭責任的風暴肆虐時，他說服我不要放棄。我很感恩有拉法耶爾這麼廣受敬重的經紀人支持我。

這本書的核心議題——中年時如何蓬勃發展？——引領我在沒有邊際的研究汪洋中漂流。我很幸運地找到兩位才華洋溢的年輕記者與我並肩共事。布里安・修紹（Breann Schossow）投身研究、進行採訪，還嘗試教導我使用社群媒體；到了她轉往下一份工作時，已經到了一個地步——句子還沒有完成，她就知道接下來我會怎麼說。在鎖骨骨折後，戴思瑞．摩希（Desiré Moses）拯救了我，開車載我去採訪，製作工作頁以追蹤成千個故事，尋獲單靠我永遠也找不到的研究。美國全國公共廣播電台研究圖書館員莎拉．奈特（Sarah Knight），經常透過有創意的搜尋救了我。最後若沒有莎拉．梅森（Sarah Mason）的幫助，幾十次採訪的語音檔案一上載，就把內容轉成筆錄，我不確定是否能夠完成這個計畫。

新聞工作，無論是四分鐘的廣播報導，還是四百頁的書，都奠基於一個奇特的「社會契約」。記者請人挪出時間說明他們的研究或是描述個人的故事，回報是幾個段落或一句引言。有些人甚至連這些都得不到。就一本涉及超過四百次採訪的書，這樣的現實令人難過卻又無法避免。我想感謝一些形塑這本書、卻沒有列名的受訪者，同時也知道我必然遺漏了其他許多人。我感激透過分享個人故事，讓我對中年處境有所洞察的一些人。凱薩琳．賽勒斯（Kathleen Sellers）在維吉尼亞州邀請朋友，組成焦點團體；茉莉．摩爾普斯（Molly Molpus）在克里夫蘭市也這麼做。在美國全國公共廣播電台的同事珍妮弗．盧登（Jennifer Ludden）與傑瑞．荷爾姆斯（Gerry Holmes），把幸福的夫妻介紹給我（克里斯．康納里與東妮．哈克；卡爾．柏格倫與柯爾特妮．登納肯；蘇珊與吉米．坎普，以及麥可與莎拉）。從瑪他．沙丁．史密斯（Marta Satin Smith）與大衛．史密斯（David Smith）、珍．麥克留德（Jen MacLeod）與戴瑞爾．拉布朗克（Daryl LeBlanc），以及艾瑪．賽勒斯（Emma Sellers）的朋友露希爾與威廉．蘭道夫（Lucille & William Randolph），我學到了許多。六十幾歲的壯齡運動員海倫．懷特（Helen White）激勵了我。格瑞葛利・格德森上校（Colonel Gregory Gadson）、印蒂亞・潘妮（India Penney）、莎拉・格拉茲（Sarah Glatz）、瑪莉亞・蒙東雅（Maria Montoya），讓我看到韌性的面貌——在態度上，也在職涯中。克里斯・迪歐尼吉（Chris Dionigi）、鮑伯・巴敦諾（Bob Paterno）、傑夫・諾里斯（Jeff Norris）、蘇・伯頓（Sue Burton）、萊斯里・尼可爾（Leslie Nickel）與約翰・吉斯林（John Guislin），也是如此。

許多研究人員無私地塑造了這本書，功勞卻看不太出來。就健康老化：康乃爾大學的卡爾・皮勒摩（Karl Pillimer）與作家布朗妮・維爾（Bronnie Ware）。就中年的大腦：華盛頓大學的大衛・巴洛塔（David Balota）與凱薩琳・麥克德莫特（Kathleen McDermott），德州大學達拉斯分校的珊卓・龐德・巧門（Sandra Bond Chapman），威斯康辛大學的艾倫・柯斯坦索（Erin Costanzo），丹佛大學的凱特里・麥克瑞（Kateri McRae），以及拉許大學醫學中心的羅伯特・威爾森（Robert Wilson）。就訓練中年的大腦：喬治亞大學的雪倫・美利安（Sharan Merriam），西門菲莎大學的希爾文・莫雷諾（Sylvain Moreno），喬治華盛頓大學的卡蘿・郝爾（Carol Hoare），哥倫比亞大學教育學院的維多利亞・瑪西克（Victoria Marsick）。就中年友誼與婚姻：作家卡琳・福洛拉（Carlin Flora），加州大學聖地牙哥分校的詹姆士・馮勒（James Fowler），「小兄弟—年長者之友」（Little Brothers-Friends of the Elderly）的亞歷西斯・修伯特（Alexis Seubert）與瑞內・莫利希特（Rene Morrissette），研究心理學家碧昂卡・阿西維多（Bianca Acevedo）與蓋倫・巴克沃爾特（Galen Buckwalter）。就韌性：史丹福大學醫學院的大衛・史匹格爾（David Spiegel），康乃狄克大學的奇斯・貝里其（Keith Bellizzi），史丹福大學的阿莉西亞・克魯姆（Alicia Crum），以及創傷專家琳達與丹尼爾·金（Lynda & Daniel King）。就職涯：道格·迪克森（Doug Dickson）是許多傳授智慧的職涯專家之一，此外還有泰瑞伊·貝爾夫（Teri-E Belf）、瑪麗·拉度（Mary Radu）、大衛·柯貝特（David Corbett）、尼克·羅爾（Nick Lore）、珊卓·莫布里（Sandra Mobley）、傑·布倫姆（Jay Bloom）、萊斯特·史垂龍（Lester Strong）與南西·莫若·豪威爾（Nancy Morrow Howell）。

就個人而言，從起初、漫長的中途，直到終點，我的朋友穩住了我。戴安·布來斯（Diane Bless）透過友誼與聲音治療，把我的聲音找回來。法蘭克·希斯諾（Frank Sesno）提供了我在喬治華盛頓大學的棲息之處；寫書的歷程中，他與我同病相憐，相互支援。美國全國公共廣播電台十分慷慨，六年內二度同意我請寫書假。我也提名感謝在美國全國公共廣播電台大家庭中的一些人：瑪格麗特·羅·史密斯（Margaret Low Smith）（現在任職《大西洋月刊》）、克里斯·圖品（Chris Turpin）、史蒂夫·築蒙特（Steve Drummond）與欣蒂·強斯頓（Cindy Johnston）。教會朋友爲我代禱、給我鼓勵，從牧師大衛·漢克（David Hanke）開始，還包括伊麗莎白與雷·菲奇（Elizabeth & Wray Fitch）、瑪麗與羅根·布里德（Mary & Logan Breed）、蕾潔與格利芬·弗斯特（Rachael & Griffin Foster）、麗比·博爾德（Libby Boulter）、珍與蓋瑞·郝根（Jan & Gary Haugen）。我的靈性導師，在賓州沃納斯維爾耶穌會中心的蘇珊·鮑爾斯·貝克（Susan Bowers Baker），在華盛頓特區的瑪汀納·歐西雅（Martina O'Shea）、湯姆·瑞斯（Tom Reese）神父也提供了靈性指引。瑞斯神父不但迷人、風趣，並且是暢銷書作家，對上帝的愛也毫不忸怩。在拍照前後，喬治·桑雀斯（George Sanchez）顯著地改善了我的外貌。史蒂夫·利文（Steve Levin）值得一提，嘗試爲本書命名，頗具創意，更重要的是我們之間恆久又有趣的友誼。

麥可．阿德斯特（Mike Adsit）在書中占據了不少篇幅，但是依然不足以表達我的謝意。少了麥可，我不可能參加壯齡運動會，鎖骨不會骨折，也不必克服嚴峻的逆境。沒有他，我在中年時或許會找到騎自行車的熱情，也可能不會；加上他開車到明尼阿波里斯，單單爲了在競賽中指導我。因爲麥可，我的人生豐富甚多。

少了我母親瑪麗．安．布萊德里（Mary Ann Bradley）生氣勃勃的出現，這本書顯然會乏味許多。她每天提醒我，即使到了九十幾歲，仍可以充滿活力、積極參與。她的生命力讓人驚奇。至於我的哥哥與嫂嫂，戴夫與凱薩琳．布萊德里（David & Katherine Bradley），沒錯，無論在新聞或教育改革方面，他們的公衆影響力很大，但是成就的底蘊更深——品格、慷慨、洞察、幽默。我很幸運有他們在我的世界中。

珊卓拉．戴（Sandra Day），我們十三歲的獵犬，每天早上五點尾隨著我，長時間寫作之際，即使打著盹，依然忠實地守著我。另外還有兩位支持我完成這個計畫。薇薇安．葛麗絲．哈格提（Vivian Grace Hagerty），我二十一歲的繼女，教導我許許多多何謂無條件的愛。她敏捷又聰慧、典雅又美麗、深厚又仁慈，是我認識的年輕人當中，最出衆的一位。我覺得自己有如電影《眞善美》當中的瑪莉亞：我鐵定做了什麼好事。

對戴文，我還能怎麼說，打從一開始他就相信這本書以及我的能力。你親身經歷這些研究，從聆聽我每天發現了什麼，到開露營車。當我被細節淹沒，你看出當中的主題。我需要寫作時，你保護我免受干擾。當我對完成這個計畫感到絕望時，你給我希望。你花了許多天，仔細編輯這本書的每一頁：多麼慷慨的舉動。你是我等候愛情的獎勵。你是我在風暴中的避難所。

MI1018

重新定義人生下半場：新中年世代的生活宣言

Life Reimagined: The Sicence, Art, and Opportunity of Midlife

作　　者❖芭芭拉．布萊德里．哈格提(Barbara Bradley Hagerty)
譯　　者❖賴皇伶
封面設計❖馮議徹
內頁排版❖張彩梅
總　編　輯❖郭寶秀
特約編輯❖劉芸蓁
行銷業務❖力宏勳

發　行　人❖凃玉雲
出　　版❖馬可孛羅文化
104台北市中山區民生東路二段141號5樓
電話：02-25007696
發　　行❖英屬蓋曼群島商家庭傳媒股份有限公司城邦分公司
104台北市中山區民生東路二段141號11樓
客服服務專線：(886) 2-25007718；25007719
24小時傳眞專線：(886) 2-25001990；25001991
服務時間：週一至週五9:00～12:00；13:00～17:00
讀者服務信箱：service@readingclub.com.tw
劃撥帳號：19863813　戶名：書虫股份有限公司
香港發行所❖城邦（香港）出版集團有限公司
香港灣仔駱克道193號東超商業中心1樓
電話：(852) 25086231　傳眞：(852) 25789337
E-mail：hkcite@biznetvigator.com
馬新發行所❖城邦（馬新）出版集團 Cite (M) Sdn.Bhd.(458372U)
11, Jalan 30D/146, Desa Tasik Sungai Besi,
57000 Kuala Lumpur, Malaysia
電話：(603) 90578822　傳眞：(603) 90576622
E-mail：services@cite.com.my
輸出印刷❖前進彩藝股份有限公司
初版一刷❖2017年2月
定　　價❖430元

ISBN：978-986-94104-3-4

城邦讀書花園
www.cite.com.tw

國家圖書館出版品預行編目資料

重新定義人生下半場：新中年世代的生活宣言／芭芭拉．布萊德里．哈格提（Barbara Bradley Hagerty）著；賴皇伶譯. -- 一版. -- 臺北市：馬可孛羅文化出版：家庭傳媒城邦分公司發行, 2017.02
面；　公分--（不歸類；18）
譯自：Life reimagined: the science, art, and opportunity of midlife
ISBN 978-986-94104-3-4（平裝）
1. 自我實現　2. 中年危機　3. 生活指導
177.2　　105024256